DEIN COACH ZUM ERFOLG!

So geht's ins ActiveBook:

Du kannst auf alle digitalen Inhalte zu diesem Band online zugreifen. Registriere dich dazu unter **www.stark-verlag.de/mystark** mit deinem **persönlichen Zugangscode**:

gültig bis 31. Juli 2021

Das ActiveBook bietet dir:

- Viele zusätzliche interaktive Übungsaufgaben zu allen prüfungsrelevanten Kompetenzbereichen
- Sofortiges Feedback und Auswertung der Ergebnisse
- Interaktive Lösungen: in kleinen Schritten zum Ergebnis
- Vorgerechnete Beispiele als weitere Hilfe

ActiveBook

DEIN COACH ZUM ERFOLG

So kannst du interaktiv lernen:

Interaktive Aufgaben

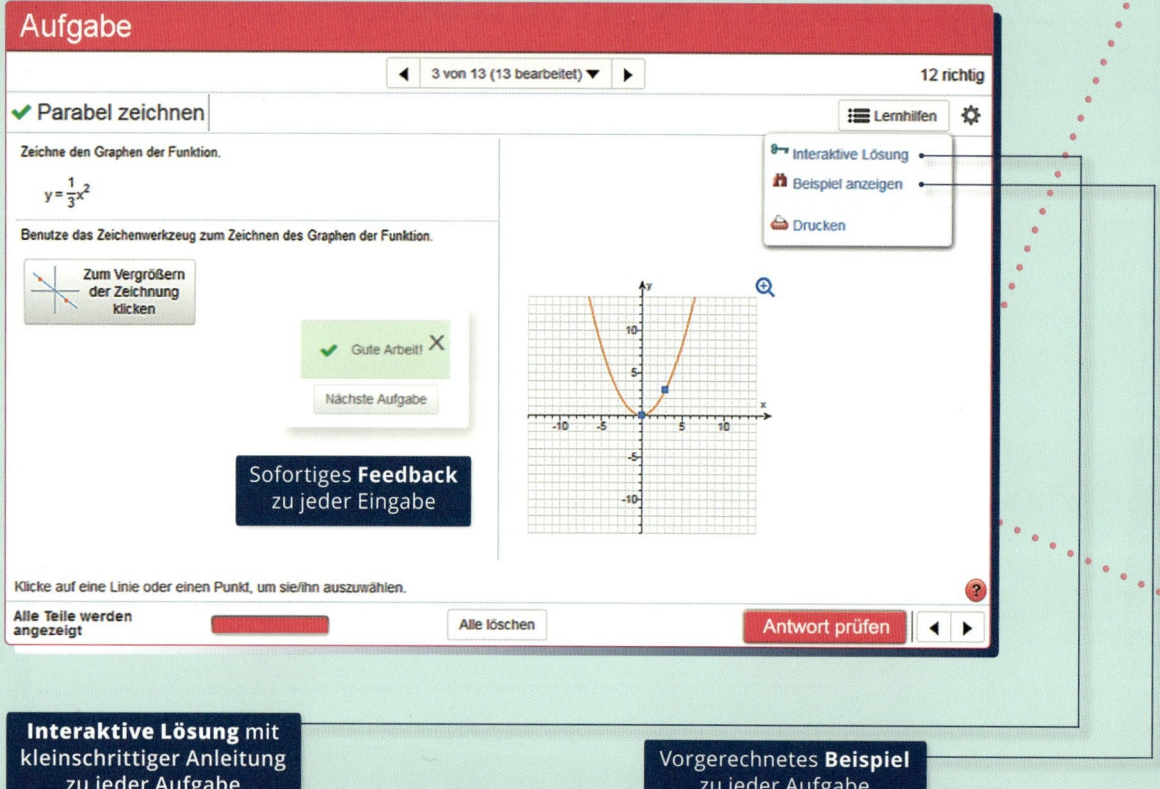

Sofortiges Feedback zu jeder Eingabe

Interaktive Lösung mit kleinschrittiger Anleitung zu jeder Aufgabe

Vorgerechnetes Beispiel zu jeder Aufgabe

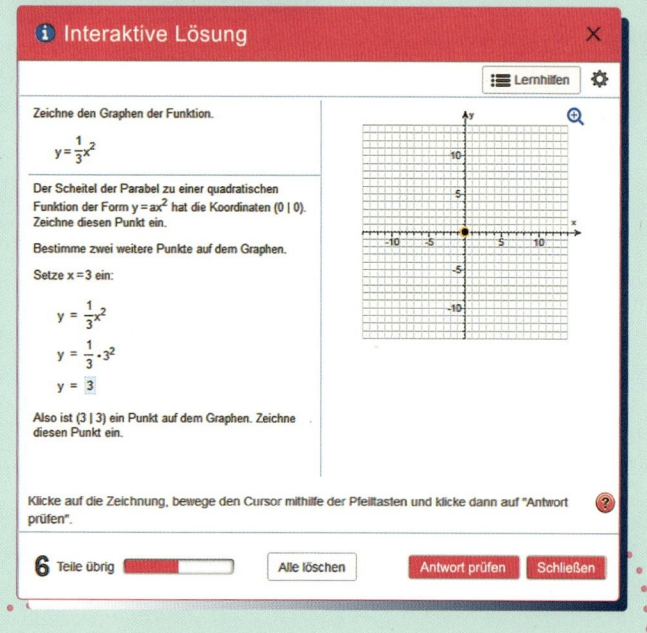

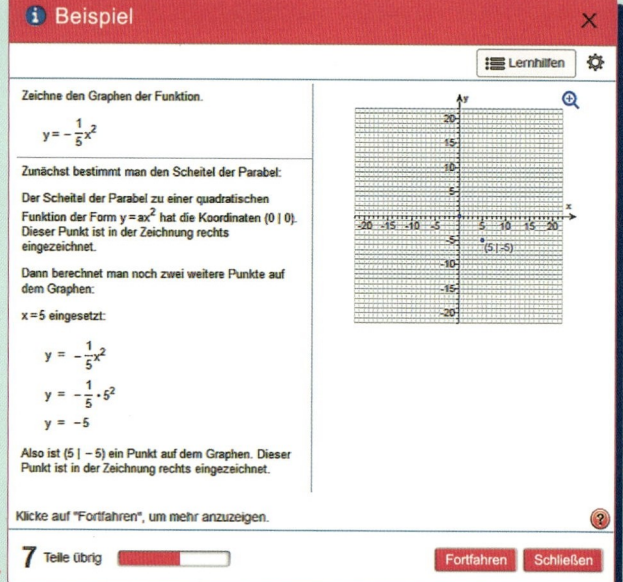

Systemvoraussetzungen:
- Windows 7/8/10 oder Mac OS X ab 10.9
- Mindestens 1024×768 Pixel Bildschirmauflösung
- Chrome, Firefox oder ähnlicher Webbrowser
- Internetzugang

STARK

2021

Training
Abschlussprüfung

Realschule Bayern

Mathematik II/III

STARK

Bildnachweis

- S. 1: © Joe Gough /Dreamstime.com
- S. 10: © Willi - Fotolia.com
- S. 28: Ölkanister: © Frolov Andrey /Dreamstime.com
  Zeitung: © Sonia Boukaia-Murari - Fotolia.com
- S. 76: © Otto Durst - Fotolia.com
- S. 81: © Prinzlinse - Fotolia.com
- S. 86: © Vincent Giordano /Dreamstime.com
- S. 100: © DeVIce - Fotolia.com
- S. 113: Erde: © NASA /NSSDC; Schnur: Sergej Razvodovskij - Fotolia.com
- S. 116: © Zts /Dreamstime.com
- S. 127: © Ioana Grecu /Dreamstime.com
- S. 141: © Stephen Bazely /sxc.hu
- S. 151: © Nruboc /Dreamstime.com
- S. 155: © DeVIce - Fotolia.com
- S. 161: © Florea Marius Catalin - Fotolia.com
- S. 167: © NASA /Visipix.com

© 2020 Stark Verlag GmbH
12. ergänzte Auflage
www.stark-verlag.de

Das Werk und alle seine Bestandteile sind urheberrechtlich geschützt. Jede vollständige oder teilweise Vervielfältigung, Verbreitung und Veröffentlichung bedarf der ausdrücklichen Genehmigung des Verlages. Dies gilt insbesondere für Vervielfältigungen, Mikroverfilmungen sowie die Speicherung und Verarbeitung in elektronischen Systemen.

Inhalt

Vorwort
Hinweise zur Prüfung

Training Grundwissen   1

1   Grundwissen 5.–8. Klasse   3
1.1   Rechnen mit rationalen Zahlen – Grundrechenarten und Bruchrechnen   3
       Kürzen und Erweitern von Brüchen   3
       Addition und Subtraktion von Brüchen   4
       Multiplikation und Division von Brüchen und Bruchtermen   5
       Brüche und Variablen   6
1.2   Potenzen   6
       Potenzgesetze   8
1.3   Termumformungen 11
       Summen- und Produktterme 13
       Binomische Formeln 16
1.4   Extremwertbestimmung bei quadratischen Termen 18
1.5   Lineare Gleichungen und Ungleichungen 20
1.6   Bruchgleichungen 24
1.7   Prozentrechnung 25
       Begriffe und Abkürzungen 25
       Berechnungen 26
1.8   Vektoren 29
       Regel „Spitze minus Fuß" 29
       Berechnungen mithilfe von Vektoren 29
       Mittelpunktsberechnung einer Strecke 30
       Vektoraddition – Vektorketten 31
1.9   Dreiecke 33
       Eigenschaften beliebiger Dreiecke 33
       Besondere Dreiecke 35
1.10   Vierecke 36
       Eigenschaften beliebiger Vierecke 36
       Besondere Vierecke 36

2   Grundwissen 9. Klasse 39
2.1   Lineare Funktionen 39
       Direkte Proportionalität 39
       Ursprungsgeraden: $y = m \cdot x$ 40
       Zeichnen von Ursprungsgeraden 41
       Geraden in beliebiger Lage – Die Normalform: $y = mx + t$ 42
       Berechnung der Geradengleichung mithilfe zweier Punkte 43
       Zeichnen von Geraden 44
       Punkt-Steigungs-Form: $y = m(x - x_P) + y_P$ 46

Inhalt

	Parallele und orthogonale Geraden	47
	Normalform, Punkt-Steigungs-Form und allgemeine Form	49
2.2	Lineare Gleichungssysteme	51
	Grafisches Lösungsverfahren	51
	Rechnerische Lösungsverfahren	53
2.3	Reelle Zahlen	57
	Die Quadratwurzel	57
	Irrationale Zahlen	57
	Die Menge der reellen Zahlen $\mathbb{R}$	57
	Rechnen mit Wurzeltermen	58
2.4	Flächeninhalt ebener Figuren	61
	Dreiecke	61
	Vierecke	63
	Flächenberechnung mithilfe von Vektoren im Koordinatensystem	65
	Funktionale Abhängigkeiten – Veränderung von ebenen Figuren	67
2.5	Vierstreckensätze	73
2.6	Flächensätze am rechtwinkligen Dreieck	77
	Der Kathetensatz	78
	Der Höhensatz	79
	Der Satz des Pythagoras	80
	Folgerungen aus dem Satz des Pythagoras	82
3	**Grundwissen 10. Klasse**	**84**
3.1	Quadratische Funktionen	84
	Die Funktion mit der Gleichung $y = x^2$	84
	Funktionen mit Gleichungen der Form $y = a \cdot x^2$	85
	Die Scheitelform: $y = a \cdot (x - x_S)^2 + y_S$	87
	Von der Scheitelform zur allgemeinen Form	88
	Von der allgemeinen Form zur Scheitelform	88
	Berechnen von Parabelgleichungen	89
	Extremwerte	91
3.2	Weitere Funktionen	95
	Funktionen der indirekten Proportionalität (Hyperbeln)	95
	Exponentialfunktionen	97
3.3	Quadratische Gleichungen	101
	Diskriminante und Lösungsformel	103
	Nullstellen von Parabeln	105
	Schnitt von Parabel und Gerade	106
	Schnitt von Parabel mit Parabel – System quadratischer Gleichungen	108
3.4	Berechnungen am Kreis	113
	Flächeninhalt und Umfang eines Kreises	113
	Kreisteile – Kreissektor und Kreisbogen	114
	Das Kreissegment	116
3.5	Trigonometrie	117
	Sinus, Kosinus und Tangens am Einheitskreis	117
	Sinus, Kosinus und Tangens im rechtwinkligen Dreieck	117
	Sinussatz und Kosinussatz	124

Inhalt

3.6	Raumgeometrie	129
	Zeichnen von Schrägbildern	129
	Prisma	131
	Pyramide	134
	Zylinder	140
	Kegel	142
	Kugel	147

Komplexe Aufgaben — 151

Quadratische Funktionen 153
Ebene Geometrie 155
Raumgeometrie 158

Aufgaben im Stil der Prüfung — 161

Teil A 163
Teil B 165

Original-Abschlussprüfung — 167

Abschlussprüfung 2019 2019-1
Teil A 2019-1
Teil B 2019-4
Abschlussprüfung 2020 ..... www.stark-verlag.de/mystark

Das Corona-Virus hat im vergangenen Schuljahr auch die Prüfungsabläufe durcheinandergebracht und manches verzögert. Daher sind die Aufgaben zur Prüfung 2020 in diesem Jahr nicht im Buch abgedruckt, sondern erscheinen in digitaler Form. Sobald die Original-Prüfungsaufgaben 2020 zur Veröffentlichung freigegeben sind, kannst du sie als PDF auf der Plattform MyStark herunterladen (Zugangscode vorne im Buch).

ActiveBook — Interaktives Training

Dieses Buch ist in zwei Versionen erhältlich: mit und ohne ActiveBook. Hast du die Ausgabe **mit ActiveBook** (91511ML) erworben, kannst du mit dem **Interaktiven Training** online mit vielen zusätzlichen interaktiven Aufgaben zu allen prüfungsrelevanten Kompetenzbereichen trainieren.

Die **interaktiven Aufgaben** sind im Buch mit diesem Button gekennzeichnet. Am besten gleich ausprobieren!

Ausführliche Infos inkl. Zugangscode findest du in der Ausgabe mit ActiveBook auf den **Farbseiten** vorne in diesem Buch.

Autoren: Markus Hochholzer, Markus Schmidl

Inhalt

Vorwort

Liebe Schülerin, lieber Schüler,

mit diesem Buch kannst du dich langfristig und nachhaltig auf die Abschlussprüfung Mathematik vorbereiten. Das Buch ist so konzipiert, dass es bereits zu Beginn der 9. Klasse zur Vorbereitung auf Schulaufgaben und zur langfristigen Vorbereitung auf die Abschlussprüfung verwendet werden kann.

Das Buch besteht aus sechs Teilen:

▶ **Grundwissen 5.–8. Klasse**
  Hier kannst du nachschlagen, wenn du in einem bestimmten Bereich aus den früheren Schuljahren Probleme hast. Die prüfungsrelevanten Inhalte sind mit Beispielen erklärt.

▶ **Grundwissen 9. Klasse**
  In diesem Kapitel wird der Stoff der 9. Jahrgangsstufe anhand von Beispielen erläutert. Die Aufgaben in diesem Kapitel eignen sich sowohl zur Vorbereitung auf Schulaufgaben in der 9. Klasse als auch zur Wiederholung prüfungsrelevanter Themenbereiche.

▶ **Grundwissen 10. Klasse**
  In diesem Kapitel werden alle Themenbereiche der 10. Jahrgangsstufe mit Beispielen erklärt. Zu jedem Themenbereich findest du hier vielfältige Aufgaben. Diese sind so konzipiert, dass sie gezielt auf die Abschlussprüfung bzw. auf die Schulaufgaben der 10. Klasse vorbereiten.

▶ **Komplexe Aufgaben**
  Dieses Kapitel enthält Aufgaben, die nach den Themenbereichen der Abschlussprüfung geordnet sind. Sie greifen auch auf das Grundwissen der vorhergehenden Jahrgangsstufen zurück, das für die Abschlussprüfung relevant ist.

▶ **Aufgaben im Stil der Prüfung**
  Dieses Kapitel enthält Aufgaben, die wie in der Abschlussprüfung zusammengestellt und bepunktet sind. So kannst du prüfen, ob du fit bist für die Abschlussprüfung in Mathematik. Der Umfang und Schwierigkeitsgrad der Aufgaben entspricht jeweils den einzelnen Prüfungsteilen der Abschlussprüfung.

▶ **Original-Abschlussprüfungen 2019 und 2020**
  Die Abschlussprüfungen dienen dazu, unter Prüfungsbedingungen anhand einer echten Abschlussprüfung zu üben. Versuche, die jeweilige Abschlussprüfung zusammenhängend in der Prüfungszeit von 150 min zu lösen.

Zu allen Aufgaben des Trainingsteils und zu den Original-Aufgaben der Abschlussprüfung gibt es **ausführliche Lösungen** mit hilfreichen **Hinweisen und Tipps**. Diese findest du in einem separaten **Buch (Bestell-Nr. 915111L)**, damit die Versuchung sofort nachzuschlagen nicht zu groß ist. Zuerst solltest du versuchen, selbst die Lösung zu finden und dann mit dem Lösungsbuch vergleichen. Aus den gemachten Fehlern wirst du am meisten lernen! Wenn du den Inhalt dieses Buches beherrscht, bist du bestens auf die Prüfung vorbereitet.

Wir wünschen dir viel Erfolg in der Prüfung!

Markus Hochholzer   Markus Schmidl

Hinweise zur Prüfung

Die Abschlussprüfungsaufgaben im Fach Mathematik werden vom Bayerischen Staatsministerium für Unterricht und Kultus zentral für alle bayerischen Realschulen gestellt.

Die Abschlussprüfung setzt sich aus **2 Teilen** zusammen.
Der **Teil A** besteht aus drei kurzen Aufgaben aus den Themenbereichen Funktionen, ebene Geometrie und Raumgeometrie.
Der **Teil B** besteht aus zwei komplexeren Aufgaben. Die erreichbare Anzahl der Punkte ist im Teil B etwa doppelt so hoch wie im Teil A.

Die **Arbeitszeit**, die für die Abschlussprüfung zur Verfügung steht, beträgt **150 Minuten**.

Als Hilfsmittel sind zugelassen:
- Formelsammlung,
- Taschenrechner (auch grafikfähige),
- Zeichengerät und Parabelschablone.

Der Notenschlüssel, nach dem die Prüfung bewertet wird, wird nach der Prüfung vom Bayerischen Staatsministerium für Unterricht und Kultus bekannt gegeben und kann leicht variieren. Zur Orientierung ist hier der Notenschlüssel von 2019 abgedruckt:

53 – 45 Punkte	**Note 1**
44 – 36 Punkte	**Note 2**
35 – 27 Punkte	**Note 3**
26 – 18 Punkte	**Note 4**
17 – 9 Punkte	**Note 5**
8 – 0 Punkte	**Note 6**

Eine umfangreiche **Sammlung der Prüfungsaufgaben 2002 bis 2020** enthält übrigens das Buch „Original-Prüfungen Realschule 2021 – Mathematik II/III – Bayern" (Bestell-Nr. 91511). Es ist insbesondere für die **Vorbereitungsphase unmittelbar vor der Abschlussprüfung** gedacht und hilft dir dabei, noch mehr Sicherheit im Umgang mit Prüfungsaufgaben zu gewinnen.

Sollten nach Erscheinen dieses Bandes noch wichtige Änderungen in der Abschlussprüfung 2021 vom Bayerischen Staatsministerium für Unterricht und Kultus bekannt gegeben werden, findest du aktuelle Informationen dazu unter www.stark-verlag.de/mystark (Zugangscode vorne im Buch).

▶ **Training
Grundwissen**

1 Grundwissen 5.–8. Klasse

1.1 Rechnen mit rationalen Zahlen – Grundrechenarten und Bruchrechnen

Kürzen und Erweitern von Brüchen

Merke

Die Menge der **rationalen Zahlen** $\mathbb{Q}$ erhält man, wenn man die Menge der ganzen Zahlen $\mathbb{Z}$ um die **Bruchzahlen (Brüche)** erweitert. Ein (gewöhnlicher) Bruch ist definiert als Quotient zweier ganzer Zahlen.

$a : b = \dfrac{a}{b} \left. \begin{array}{l} \textbf{Zähler} \\ \textbf{Bruchstrich} \\ \textbf{Nenner} \end{array}\right\} \textbf{Bruch} \qquad (a \in \mathbb{Z}; b \in \mathbb{Z} \setminus \{0\})$

Beachte: Die Division durch 0 ist verboten!

Hilfreiche Vereinfachungen beim Rechnen mit Brüchen ergeben sich oft durch das **Kürzen** und **Erweitern** der Brüche.

Merke

- Man **erweitert** einen Bruch, indem man Zähler und Nenner mit der gleichen Zahl (ungleich null) multipliziert.

  $\dfrac{a}{b} = \dfrac{a \cdot c}{b \cdot c}$ \quad Erweitern mit c \qquad $(a \in \mathbb{Z}; b, c \in \mathbb{Z} \setminus \{0\})$

- Man **kürzt** einen Bruch, indem man Zähler und Nenner durch die gleiche Zahl (ungleich null) dividiert.

  $\dfrac{a}{b} = \dfrac{a : c}{b : c}$ \quad Kürzen mit c \qquad $(a \in \mathbb{Z}; b, c \in \mathbb{Z} \setminus \{0\})$

  Sind Zähler und Nenner eines Bruchs teilerfremd, ist der Bruch **vollständig gekürzt**.

  Durch Erweitern und Kürzen erhält man einen zum ursprünglichen Bruch **wertgleichen Bruch**.

Beispiele

1. $\dfrac{7}{4} = \dfrac{7 \cdot 25}{4 \cdot 25} = \dfrac{175}{100} = 1\dfrac{75}{100}$ \qquad Erweitern mit 25

2. $\dfrac{51}{85} = \dfrac{51 : 17}{85 : 17} = \dfrac{3}{5}$ \qquad Kürzen mit 17

Aufgaben

1 Fülle die Lücken durch Kürzen oder Erweitern.

a) $\dfrac{3}{5} = \dfrac{24}{\Box} = \dfrac{12}{\Box}$

b) $\dfrac{49}{28} = \dfrac{\Box}{4} = 1\dfrac{6}{\Box}$

c) $\dfrac{33ab}{121a} = \dfrac{3b}{\Box} = \dfrac{\Box}{88c^2}$

d) $\dfrac{12x^2 y}{16x} = \dfrac{3xy}{\Box} = \dfrac{\Box}{96x^2 y}$

Training Grundwissen: 1 Grundwissen 5.–8. Klasse

2 Kürze so weit wie möglich.

a) $\dfrac{36}{90}$

b) $\dfrac{55x^3y^2}{220x^5y}$

c) $\dfrac{95 \cdot 26 \cdot 55}{143 \cdot 25 \cdot 76}$

d) $\dfrac{5(a-b)^2}{0{,}5(a-b)(a+b)}$

Interaktive Aufgaben

1. Erweitern
2. Kürzen

Addition und Subtraktion von Brüchen

Brüche mit verschiedenen Nennern kann man durch Erweitern auf einen **gemeinsamen Nenner** bringen. Es entstehen **gleichnamige Brüche**.
Der kleinste gemeinsame Nenner verschiedener Brüche heißt **Hauptnenner** dieser Brüche. Der Hauptnenner entspricht dem **kgV (kleinstes gemeinsames Vielfaches)** der Nenner. Gleichnamige Brüche werden addiert bzw. subtrahiert, indem man ihre Zähler addiert bzw. subtrahiert und den **Nenner beibehält**.

Merke | **Ungleichnamige Brüche** werden addiert bzw. subtrahiert, indem man sie durch Erweitern **in gleichnamige Brüche umwandelt** und dann wie bekannt verfährt.

Beispiel

$-\dfrac{5}{6} + \dfrac{3}{8}$ Bestimme den Hauptnenner und erweitere die Brüche auf ihn.

$= -\dfrac{5 \cdot 4}{6 \cdot 4} + \dfrac{3 \cdot 3}{8 \cdot 3}$ HN: 24

$= -\dfrac{20}{24} + \dfrac{9}{24}$ Addiere bzw. subtrahiere die jetzt gleichnamigen Brüche.

$= \dfrac{-20 + 9}{24}$

$= \dfrac{-11}{24}$

$= -\dfrac{11}{24}$

Aufgabe 3 Bestimme den Hauptnenner und berechne.

a) $\dfrac{11}{12} - \dfrac{2}{9} + \dfrac{2}{3}$

b) $\left(\dfrac{27}{4} - \dfrac{4}{3}\right) + \left(\dfrac{11}{16} - \dfrac{5}{8}\right)$

c) $12\dfrac{4}{5} - \left(4\dfrac{4}{7} + 3\dfrac{1}{2}\right) + 17\dfrac{1}{5}$

d) $\dfrac{4}{3}b + \dfrac{1}{64}a^3 - \dfrac{1a^4}{2a} + \dfrac{1b}{5} - \dfrac{11}{13}$

Interaktive Aufgaben

3. Addition und Subtraktion
4. Addition und Subtraktion von Bruchtermen

Multiplikation und Division von Brüchen und Bruchtermen

Merke

Ein Bruch wird mit einer Zahl multipliziert, indem man den Zähler mit der Zahl multipliziert und den **Nenner beibehält**.

$$\frac{a}{b} \cdot c = \frac{a \cdot c}{b} \qquad (a, c \in \mathbb{Z}; b \in \mathbb{Z}\setminus\{0\})$$

Beispiel

$\frac{3}{4} \cdot 5 = \frac{3 \cdot 5}{4} = \frac{15}{4} = 3\frac{3}{4}$ Forme im Endergebnis den unechten Bruch in eine gemischte Zahl um.

Merke

Brüche werden multipliziert, indem man **Zähler mit Zähler** und **Nenner mit Nenner** multipliziert:

$$\frac{a}{c} \cdot \frac{b}{d} = \frac{a \cdot b}{c \cdot d} \qquad (a, b \in \mathbb{Z}; c, d \in \mathbb{Z}\setminus\{0\})$$

Beispiel

$2\frac{1}{4} \cdot 7\frac{2}{3}$ Gemischte Zahlen formt man zuerst in unechte Brüche um.

$= \frac{\cancel{9}^3}{4} \cdot \frac{23}{\cancel{3}_1}$ Das rechtzeitige Kürzen nicht vergessen!

$= \frac{3 \cdot 23}{4 \cdot 1}$

$= \frac{69}{4}$ Den unechten Bruch gibt man im Ergebnis als gemischte Zahl an.

$= 17\frac{1}{4}$

Merke

Brüche werden dividiert, indem man den ersten Bruch mit dem **Kehrbruch** des zweiten Bruchs multipliziert:

$$\frac{a}{c} : \frac{b}{d} = \frac{a \cdot d}{c \cdot b} \qquad (a \in \mathbb{Z}; b, c, d \in \mathbb{Z}\setminus\{0\})$$

Beispiel

$11\frac{3}{7} : 2\frac{12}{35}$ Gemischte Zahlen werden vor der Division in unechte Brüche umgeformt.

$= \frac{80}{7} : \frac{82}{35}$ ↕ Multiplikation mit dem Kehrbruch

$= \frac{80}{7} \cdot \frac{35}{82}$

$= \frac{\cancel{80}^{40}}{\cancel{7}_1} \cdot \frac{\cancel{35}^5}{\cancel{82}_{41}}$

$= \frac{200}{41}$

$= 4\frac{36}{41}$

Aufgabe 4

Fasse zusammen und kürze so weit wie möglich.

a) $\left(1\frac{2}{3}\right) \cdot \left(1\frac{2}{3}\right)$

b) $\left(\frac{1}{3}+\frac{3}{4}\right) \cdot 7 - \frac{2}{5} \cdot \left(\frac{4}{3}-\frac{5}{12}\right)$

c) $5\frac{1}{3} : \left(6\frac{3}{4} \cdot 1\frac{7}{9}\right)$

d) $\left(6\frac{3}{4}+47\frac{1}{4}:31\frac{1}{2}\right):\left(28\frac{1}{2}-10\frac{1}{2} \cdot 2\frac{1}{2}\right)$

Interaktive Aufgaben
- 5. Multiplikation
- 6. Division

Brüche und Variablen

Merke

Es gelten folgende Vereinfachungen:

$$\frac{x}{a}=\frac{1}{a}x \quad \text{und} \quad \frac{a+x}{a}=\frac{a}{a}+\frac{x}{a}=1+\frac{1}{a}x \qquad a \in \mathbb{Z}\setminus\{0\} \qquad \text{aber: } \frac{a}{a+x} \neq \frac{a}{a}+\frac{a}{x}$$

Beispiele

1. $\dfrac{x}{4}+\dfrac{x}{20}=\dfrac{5x}{20}+\dfrac{x}{20}=\dfrac{6x}{20}=\dfrac{3x}{10}=\dfrac{3}{10}x$

2. $\dfrac{5+t}{5}=\dfrac{5}{5}+\dfrac{t}{5}=1+\dfrac{1}{5}t$

Aufgabe 5

Fasse wie im Beispiel zusammen und kürze so weit wie möglich.

a) $\dfrac{y}{3}+\dfrac{y}{21}$

b) $\dfrac{3}{x}-\dfrac{4}{4x}$

c) $\dfrac{3+x}{3}+\dfrac{3-x}{3}$

d) $\dfrac{3+x}{3}-\dfrac{3-x}{3}$

e) $\dfrac{3}{4}x+\dfrac{3x}{8}$

f) $\dfrac{2}{x} \cdot \dfrac{3x}{4}+\dfrac{y}{5}:\dfrac{y}{10}$

Interaktive Aufgaben
- 7. Multiplikation von Bruchtermen
- 8. Division von Bruchtermen

1.2 Potenzen

Merke

Die Potenzschreibweise ist die **abgekürzte** Schreibweise für die **Multiplikation gleicher Faktoren**.

Basis Exponent — a^b — Potenz

Multiplizieren: $\underbrace{a \cdot a \cdot a \cdot a \cdot \ldots \cdot a}_{b\text{-mal}} =$ Potenzieren: a^b

Die Zahl, die sich nach dem Ausmultiplizieren einer Potenz ergibt, heißt **Potenzwert**.

Beispiele

1. $\underbrace{3 \cdot 3 \cdot 3 \cdot 3}_{4\text{-mal}} = 3^4$ \qquad Die Basis 3 wird 4-mal mit sich selbst multipliziert.

2. $x \cdot x \cdot x \cdot x \cdot x = x^5$ x wird 5-mal mit sich selbst multipliziert.

3. $\frac{3}{4} \cdot \frac{3}{4} \cdot \frac{3}{4} \cdot \frac{3}{4} \cdot \frac{3}{4} \cdot \frac{3}{4} = \left(\frac{3}{4}\right)^6 = \frac{3^6}{4^6}$ Zähler und Nenner werden je 6-mal mit sich selbst multipliziert.

Aufgaben

6 Schreibe die Produkte jeweils als Potenz und berechne den Potenzwert.
a) $\frac{3}{5} \cdot \frac{3}{5} \cdot \frac{3}{5}$
b) $(-2x) \cdot (-2x) \cdot (-2x) \cdot (-2x) \cdot (-2x)$
c) $-\frac{a}{4} \cdot \frac{a}{4} \cdot \frac{a}{4}$
d) $(-3) \cdot (-3) \cdot (-3) \cdot (-3)$

7 Bestimme a und b.
a) $0{,}5^a = 0{,}25$ $\mathbb{G} = \mathbb{N}$
b) $a^b = 25$ $\mathbb{G} = \mathbb{N}$
c) $(a-4)^4 = 81$ $\mathbb{G} = \mathbb{Z}$
d) $(2+x)^a = \frac{1}{49}$ $\mathbb{G} = \mathbb{Z}$

8 Ein Quadrat hat den Umfang u = 3,6 m. Berechne den zugehörigen Flächeninhalt.

9 Berechne den Potenzwert.
a) $\left(-\frac{2}{3}\right)^3$
b) $8 \cdot \left(\frac{x}{2}\right)^3$
c) 10^6
d) -3^6

Merke

Für alle $a \in \mathbb{R} \setminus \{0\}$ gilt: $a^0 = 1$ Für alle $a \in \mathbb{R} \setminus \{0\}$ gilt: $a^{-1} = \frac{1}{a}$; $a^{-n} = \frac{1}{a^n}$
$n \in \mathbb{N}$

Potenzen mit negativen Exponenten sind eine andere Schreibweise für Brüche mit dem Zähler 1.

Beispiele

1. $123^0 = 1$ Eine 0 im Exponent liefert immer den Potenzwert 1.

2. $8^{-1} = \frac{1}{8}$

3. $4^{-3} = \frac{1}{4^3} = \frac{1}{64}$

4. $\frac{1}{7^4} = 7^{-4}$

Aufgaben

10 Schreibe als Potenz.
a) $\frac{1}{2^3}$
b) $\frac{1}{25}$
c) $\frac{1}{1\,000\,000}$
d) $\frac{x^3}{343}$

11 Schreibe als Bruch und berechne den Wert des Bruchs.
a) 4^{-3} b) 8^{-2}
c) $(-2)^{-3}$ d) -2^{-3}

12 Bestimme den Wert von x.
a) $1\,mm = 10^x\,m$ b) $1\,mm^2 = 10^x\,m^2$
c) $1\,mm^3 = 10^x\,m^3$ d) $1\,mg = 10^x\,t$

Potenzgesetze

Merke

Die 5 Potenzgesetze

1. Potenzen mit **gleicher Basis** werden multipliziert, indem man die Exponenten addiert und die Basis beibehält. $a^n \cdot a^m = a^{n+m}$

2. Potenzen mit **gleicher Basis** werden dividiert, indem man die Exponenten subtrahiert und die Basis beibehält. $a^n : a^m = a^{n-m}$

3. Potenzen mit **gleichem Exponenten** werden multipliziert, indem man die Basen multipliziert und den Exponenten beibehält. $a^n \cdot b^n = (a \cdot b)^n$

4. Potenzen mit **gleichem Exponenten** werden dividiert, indem man die Basen dividiert und den Exponenten beibehält. $a^n : b^n = (a:b)^n = \left(\dfrac{a}{b}\right)^n$

5. Eine Potenz wird potenziert, indem man die Exponenten multipliziert und die Basis beibehält. $(a^n)^m = a^{n \cdot m}$

Beispiele

1. $12^2 \cdot 12^5 - y^2 \cdot y^3$
$= 12^{2+5} - y^{2+3}$
$= 12^7 - y^5$

   Multiplikation von Potenzen mit gleicher Basis: Anwendung des 1. Potenzgesetzes

2. $12^2 : 12^5 - y^2 : y^3$
$= 12^{2-5} - y^{2-3}$
$= 12^{-3} - y^{-1}$
$= \dfrac{1}{12^3} - \dfrac{1}{y}$

   Division von Potenzen mit gleicher Basis: Anwendung des 2. Potenzgesetzes

3. $18^3 \cdot 6^3$
$= (18 \cdot 6)^3$
$= 108^3$

   Multiplikation von Potenzen mit gleichen Exponenten: Anwendung des 3. Potenzgesetzes

4. $18^3 : 6^3$
$= (18 : 6)^3$
$= 3^3$

   Division von Potenzen mit gleichen Exponenten: Anwendung des 4. Potenzgesetzes

Training Grundwissen: 1 Grundwissen 5.–8. Klasse

5. $(2^5)^3 - (a^4)^2$ Potenzieren von Potenzen:
   $= 2^{5 \cdot 3} - a^{4 \cdot 2}$ Anwendung des 5. Potenzgesetzes
   $= 2^{15} - a^8$

Aufgabe 13

Vereinfache mithilfe der Potenzgesetze.

a) $\left(\dfrac{3}{4}\right)^3 \cdot \left(\dfrac{3}{4}\right)^2$

b) $3^4 : 3^7$

c) $2{,}25^3 \cdot 4^3$

d) $\left(\dfrac{4}{3}\right)^{-4} : 7^{-4}$

e) $(5^2)^3 + (x^4)^5$

f) $(3 \cdot 7^0) - 3 \cdot 7^2$

Interaktive Aufgaben

1. Potenzen zusammenfassen
2. Potenzen vereinfachen

Merke

Vielfache von **gleichen Potenzen** können zusammengefasst werden.

Beispiele

1. $6z^2 - (3z)^2 + 2z \cdot 5z$
   $= 6z^2 - 9z^2 + 10z^2$
   $= (6 - 9 + 10)z^2$
   $= 7z^2$

2. $3{,}5a^4 + 5b^2 - 1{,}9c^6 + 2{,}2a^4 - 2{,}7b^2$ Sortieren
   $= 3{,}5a^4 + 2{,}2a^4 + 5b^2 - 2{,}7b^2 - 1{,}9c^6$ Zusammenfassen
   $= 5{,}7a^4 + 2{,}3b^2 - 1{,}9c^6$

3. $301y^3 - 11y^2$ Lässt sich nicht zusammenfassen!

Aufgabe 14

Vereinfache mithilfe der Potenzgesetze.

a) $(5^{-4} : 5^3) \cdot 5^9$

b) $(-3)^8 \cdot (-3)^{-4} \cdot (-3)^{-2}$

c) $\dfrac{3x^6 \cdot 2x^4}{2x^2 \cdot 5x^3}$

d) $\left(\dfrac{4}{ab}\right)^3 \cdot \left(\dfrac{a^3 b^2}{4}\right)^3$

e) $(2x^2 y^3)^3 \cdot (5x^3 y)^2$

f) $\dfrac{36x^4}{6x^{-5}} + \dfrac{30x^2}{5x^{-3}}$

g) $(x-2)^2 \cdot (x-2)^3$

h) $(a^2 + 6a + 9) \cdot (a+3)^3$

i) $\dfrac{4x^2 y \cdot (-2y^2)^3 \cdot (-3x^3)^2}{2y \cdot 6xy}$

j) $5\dfrac{1}{2} y \cdot (-x) \cdot y \cdot \dfrac{9}{11} \cdot (-z^2) \cdot (-x) \cdot \left(-\dfrac{5}{6}\right) \cdot z^2$

Merke

Potenzen mit der Basis 10 werden als **Zehnerpotenzen** bezeichnet. Die **Stufenzahlen** (1; 10; 100; 1 000; ...) des Dezimalsystems lassen sich mittels der Potenzschreibweise kürzer darstellen:

$1 = 10^0$ $\quad\quad$ $10 = 10^1$ $\quad\quad$ $100 = 10^2$ $\quad$ ... $\quad$ $1\,000\,000 = 10^6$ ...

Jede Zahl lässt sich daher als Produkt aus einer Zahl zwischen 1 und 10 und einer Zehnerpotenz schreiben.

Beispiele

1. $7\,000 = 7 \cdot 1\,000 = 7 \cdot 10^3$

2. Entfernung Erde–Mond:
   $384\,000 \text{ km} = 3{,}84 \cdot 10^5 \text{ km}$
   Entfernung Erde–Sonne:
   $149\,500\,000 \text{ km} = 1{,}495 \cdot 10^8 \text{ km}$

3. $0{,}000123 = 1{,}23 \cdot 10^{-4}$

4. Radius Wasserstoffatom:
   $0{,}000000000037 \text{ m} = 3{,}7 \cdot 10^{-11} \text{ m}$
   Masse Wasserstoffatom:
   $0{,}00000000000000000000001674 \text{ g} = 1{,}674 \cdot 10^{-24} \text{ g}$

Aufgaben

15 Licht breitet sich mit einer Geschwindigkeit von etwa $3 \cdot 10^5 \frac{\text{km}}{\text{s}}$ aus. Wie lange bräuchte ein Raumschiff, dass sich mit $\frac{1}{1000}$ der Lichtgeschwindigkeit bewegt, um

a) die Erde zu umrunden (Erdumfang ca. 40 000 km)?

b) von der Erde aus die Sonne zu erreichen? (Entfernung Erde–Sonne: ca. $1{,}5 \cdot 10^8$ km)

16 Der von einem Bleiatom eingenommene Rauminhalt entspricht ungefähr dem eines Würfels mit einer Kantenlänge von 350 Billionstel Metern.
Wie viele Bleiatome hätten in einem Würfel mit der Kantenlänge 1 cm Platz?

Interaktive Aufgabe

3. Zehnerpotenzen

1.3 Termumformungen

Merke

Zahlen, Variablen und sinnvolle Verknüpfungen von Zahlen, Variablen und Rechenzeichen nennt man **Terme**.

Beispiele

1. Beispiele für Terme sind: 123; $\;3^0 + 2y$; $\;3x^2 + 2xy + 1$; $\;\frac{4x-12}{3}$.

2. Die Verknüpfungen $2-+:8$; $\;8y-(+2$; $\;17\%:\{\,\}$ sind nicht sinnvoll und damit **keine** Terme. Insbesondere sind $\frac{12}{0}$; $\frac{2y^2+y}{0}$ und $\frac{9(x+3)^2}{4-2\cdot 2}$ keine Terme, da die Division durch null nicht definiert ist.

Merke

Termnamen

Term	Termname	Name von a	Name von b
a + b	Summe	Summand	Summand
a − b	Differenz	Minuend	Subtrahend
a · b	Produkt	Faktor	Faktor
a : b	Quotient	Dividend	Divisor
a^b	Potenz	Basis	Exponent

Beachte: Eine Differenz kann auch als Summe geschrieben werden:
a − b = a + (−b)
Daher kann jede Differenz als Summe aufgefasst werden.

Belegung der Variablen eines Terms

Terme bezeichnet man mit T. Treten in einem Term Variablen auf, werden diese nach dem T in runden Klammern angegeben.

Wird eine Variable eines Terms mit Werten aus einer Grundmenge $\mathbb{G}$ belegt, so erhält man Termwerte.

Beispiel

$T(a) = \frac{1}{2}(a-1)^2 \qquad \mathbb{G} = \left\{-2;\, 0;\, \frac{1}{2}\right\}$

Der Termwert hängt von dem gewählten Wert für die Variable a ab.

$T(\mathbf{-2}) = \frac{1}{2}(\mathbf{-2}-1)^2 = \frac{1}{2}(-3)^2 = \frac{1}{2}\cdot 9 = 4\frac{1}{2}$

$T(\mathbf{0}) = \frac{1}{2}(\mathbf{0}-1)^2 = \frac{1}{2}(-1)^2 = \frac{1}{2}\cdot 1 = \frac{1}{2}$

$T\left(\mathbf{\frac{1}{2}}\right) = \frac{1}{2}\left(\mathbf{\frac{1}{2}}-1\right)^2 = \frac{1}{2}\left(-\frac{1}{2}\right)^2 = \frac{1}{2}\cdot\frac{1}{4} = \frac{1}{8}$

Wertetabelle:

a	−2	0	$\frac{1}{2}$
T(a)	$4\frac{1}{2}$	$\frac{1}{2}$	$\frac{1}{8}$

Aufgaben

17 Bestimme zu den Textaufgaben den zugehörigen Term und berechne seinen Wert.
a) Addiere zum Quotienten der Zahlen 11,5 und $\frac{1}{2}$ das Produkt dieser Zahlen.

b) Multipliziere die Differenz der Zahlen 4,5 und 6 mit der Summe der Zahlen 17 und 4.

c) Subtrahiere das Produkt der Zahlen −5 und −6 von der Zahl 100 und dividiere das Ergebnis durch den Quotienten der Zahlen $2\frac{5}{8}$ und $\frac{3}{8}$.

18 Berechne jeweils die Termwerte, indem du die Variablen mit den Elementen aus $\mathbb{G} = \left\{-6; 0; \frac{1}{3}\right\}$ belegst, und erstelle eine Wertetabelle.

a) $T(x) = (2x - 1)^2$
b) $T(x) = -\frac{3}{2}x + 5$
c) $T(x) = \frac{x - 7}{x^2}$

Interaktive Aufgaben
- 1. Satz wählen
- 2. Term aufstellen
- 3. Termtabelle

Merke

Besitzen Terme $T_1(x)$ und $T_2(x)$ für alle Belegungen der Grundmenge $\mathbb{G}$ jeweils gleiche Termwerte, heißen sie **äquivalent**. Man schreibt: $T_1(x) = T_2(x)$
Terme sind auch dann **äquivalent**, wenn sie mithilfe der Rechengesetze so umgeformt werden können, dass sie übereinstimmen.
Die Umformung eines Terms in einen äquivalenten Term heißt **Termumformung**.

Beispiel

$T_1(x) = (x - 1) \cdot 6 + 3$ und $T_2(x) = 6x - 3$ mit $\mathbb{G} = \left\{-2{,}3; -1; 0; \frac{1}{2}\right\}$.
Es gilt:

$T_1(-2{,}3) = -16{,}8$ $\qquad$ $T_2(-2{,}3) = -16{,}8$
$T_1(-1) = -9$ $\qquad$ $T_2(-1) = -9$
$T_1(0) = -3$ $\qquad$ $T_2(0) = -3$
$T_1\left(\frac{1}{2}\right) = 0$ $\qquad$ $T_2\left(\frac{1}{2}\right) = 0$

Die Terme $T_1(x)$ und $T_2(x)$ sind über der Grundmenge $\mathbb{G} = \left\{-2{,}3; -1; 0; \frac{1}{2}\right\}$ äquivalent.

$T_1(x) = (x - 1) \cdot 6 + 3$ $\qquad$ Forme $T_1(x)$ mithilfe des Distributivgesetzes um.
$T_1(x) = 6x - 6 + 3$
$T_1(x) = 6x - 3$ $\qquad$ T_1 stimmt mit T_2 überein.
Also sind die beiden Terme sogar über $\mathbb{G} = \mathbb{R}$ äquivalent: $T_1(x) = T_2(x)$

Merke

Terme, die sich nur in den **Koeffizienten** (Zahlfaktoren) vor den Variablen unterscheiden, nennt man **gleichartige Terme**. Gleichartige Terme lassen sich durch Addition bzw. Subtraktion der Koeffizienten zusammenfassen.

Beispiele

1. Gleichartige Terme:
   - $-1{,}7x^2$; $\frac{4}{5}x^2$; $11x^2$ $\qquad$ Die Koeffizienten der Terme sind rot gekennzeichnet.
   - $-5\frac{1}{2}x^2y^3z$; $0{,}4x^2y^3z$; $-1x^2y^3z$
   - $-2(1+z)$; $0{,}2(1+z)$; $1(1+z) = (1+z)$ $\qquad$ Der Koeffizient 1 wird oft weggelassen (letzter Term).

2. $7x^2 + 9x^2 - 16x^2$
   $= (7 + 9 - 16)x^2$ $\qquad$ Die Terme sind gleichartig und können daher zusammengefasst werden, indem man ihre Koeffizienten addiert bzw. subtrahiert.
   $= 0 \cdot x^2$
   $= 0$

3. $11y + 3y^2$ $\qquad$ Die Terme sind nicht gleichartig und können daher nicht zusammengefasst werden.

Summen- und Produktterme

Merke

Kommutativgesetz der Addition/Multiplikation
In Summen- und Produkttermen kann die Reihenfolge der einzelnen Glieder unter Mitnahme des Vorzeichens beliebig verändert werden.
$a + b = b + a \quad a \cdot b = b \cdot a$

Beispiele

1. $\quad -4a^3 + 2a^2 + 2a + 5a^2 - a - a^3$
   $= -4a^3 - 1a^3 + 2a^2 + 5a^2 + 2a - 1a$
   $= (-4 - 1)a^3 + (2 + 5)a^2 + (2 - 1)a$
   $= -5a^3 + 7a^2 + \mathbf{1}a$
   $= -5a^3 + 7a^2 + a$

   Die gleichartigen Terme
   $-4a^3$ und $-a^3$
   bzw. $2a^2$ und $5a^2$
   bzw. $2a$ und $-a$
   können jeweils zusammengefasst werden.

   Der Faktor 1 muss nicht geschrieben werden.

2. $\quad 12z \cdot (-3) \cdot x \cdot 2z$
   $= 12 \cdot (-3) \cdot 1 \cdot 2 \cdot z \cdot x \cdot z$
   $= 12 \cdot (-3) \cdot 2 \cdot x \cdot z \cdot z$
   $= -72xzz$
   $= -72xz^2$

   Ordne nach Zahlfaktoren und variablen Faktoren.
   $x = 1 \cdot x$, doch der Faktor 1 kann weggelassen werden.
   Die variablen Faktoren werden alphabetisch angeordnet.
   $z \cdot z = z^2$ (1. Potenzgesetz: $z^1 \cdot z^1 = z^{1+1} = z^2$)

Aufgabe 19

Vereinfache die Terme so weit wie möglich.

a) $\dfrac{1}{6}a^3 - \dfrac{1}{2}a^2 + a^3 + \dfrac{1}{4}a^2$

b) $-\left(\dfrac{2}{3}\right)^2 c + \dfrac{5}{6}c^2 + 3^{-2}c - \left(\dfrac{6}{1}\right)^{-1} c^2$

c) $\dfrac{1}{2}x^2 y \cdot \dfrac{3}{4} \cdot 1{,}5x \cdot (-4)y^2$

d) $0{,}5x \cdot 0{,}3x^2 z \cdot 6z^5 x^2 \cdot z^{-5} x^4$

e) $2ab^2 \cdot \left(-3b^2\right) + \left(-6b^3\right) \cdot (-ab)$

f) $-4a \cdot (2b)^2 + (-7a)^2 + 2b(ba) \cdot 2^3 - (7a)^2$

Merke

Addition und Subtraktion von Summentermen
Steht ein Pluszeichen vor einer Klammer, so kann die Klammer weggelassen werden:
$a + (b + c) = a + b + c$
$a + (b - c) = a + b - c$
$a + (-b + c) = a - b + c$
$a + (-b - c) = a - b - c$

Steht ein Minuszeichen vor einer Klammer, so kann die Klammer und das „–"-Zeichen vor der Klammer weggelassen werden, wenn man bei allen Summanden in der Klammer die Vorzeichen umkehrt:
$a - (b + c) = a - b - c$
$a - (b - c) = a - b + c$
$a - (-b + c) = a + b - c$
$a - (-b - c) = a + b + c$

Beispiel

$12u + 5v - (-3u + 7v)$
$= \underline{12u} + \underline{\underline{5v}} + \underline{3u} - \underline{\underline{7v}}$
$= 15u - 2v$

Minuszeichen vor der Klammer heißt Vorzeichen der Summanden umkehren. Anschließend werden gleichartige Terme zusammengefasst.

Aufgaben

20 Berechne den Umfang u des nebenstehenden Dreiecks in Abhängigkeit von x.

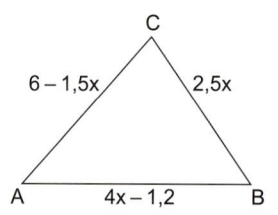

(Dreieck ABC mit Seiten: AB = 4x − 1,2; AC = 6 − 1,5x; BC = 2,5x)

21 Vereinfache die Terme.

a) $(8u + 4v) - 2u - (u - 5v) + 6u$

b) $-\dfrac{3}{8}x - 1,4y - \left(-\dfrac{5}{16}x + \dfrac{4}{5}y\right)$

c) $-\left(-\dfrac{7}{10}a - 5\dfrac{1}{2} + \dfrac{4}{5}ab^2\right) + \left(-3 + \dfrac{4}{5}a - 2\dfrac{1}{2}ab^2\right)$

d) $\left(-c + \dfrac{7}{3}a^2b\right) - \left(-\dfrac{1}{4}ab + \dfrac{2}{3}a^2b\right) + \left(c + \dfrac{3}{4}ab - \dfrac{5}{3}a^2b\right)$

Interaktive Aufgabe

✏ 4. Term vereinfachen

Merke

Faktor mal Summe (Distributivgesetz)

Alle Summanden in der Klammer werden mit dem Faktor vor der Klammer multipliziert.

$a \cdot (b + c) = a \cdot b + a \cdot c$

Beispiel

$-\dfrac{2}{3}\mathbf{a} \cdot \left(-\dfrac{1}{4}a + \dfrac{3}{5}b\right)$ Faktor mal 1. Summand; Faktor mal 2. Summand

$= -\dfrac{2}{3}\mathbf{a} \cdot \left(-\dfrac{1}{4}a\right) + \left(-\dfrac{2}{3}\mathbf{a}\right) \cdot \left(+\dfrac{3}{5}b\right)$

$= \dfrac{2}{12}a^2 - \dfrac{6}{15}ab$ Kürzen

$= \dfrac{1}{6}a^2 - \dfrac{2}{5}ab$

Aufgabe 22

a) $5 \cdot (a - 3b) + a \cdot (2b - 8)$

b) $4\sqrt{3} \cdot (\sqrt{3} + 2\sqrt{5})$

c) $\left(\dfrac{1}{4}\right)^{-2} a^2b^3 \cdot \left(-\dfrac{1}{2}b + 8a^4b\right)$

d) $-\dfrac{1}{2}x \cdot \left(3x - \dfrac{1}{2}\right)^2 - 1,5(x+1)^2 \cdot 3x$

Interaktive Aufgaben

✏ 5. Term vereinfachen
✏ 6. Term vereinfachen

Merke

Summe mal Summe

Jeder Summand der ersten Summe wird mit jedem Summanden der zweiten Summe multipliziert. Die dabei entstehenden Produkte werden addiert.

$$(a+b) \cdot (c+d) = ac + ad + bc + bd$$

Beispiel

$$(-2w^2 + 3u) \cdot (3w - 5u)$$
$$= -2w^2 \cdot 3w + (-2w^2) \cdot (-5u) + 3u \cdot 3w + 3u \cdot (-5u)$$
$$= -6w^3 + 10uw^2 + 9uw - 15u^2$$

Aufgabe 23

a) $\left(1\frac{1}{3}x - 2\frac{1}{2}y\right) \cdot \left(-2\frac{1}{4}x + 1\frac{1}{5}y\right)$ b) $-(3a - 7b) \cdot (-2a - 7b)$

c) $(4x - 5y) \cdot (x - y) \cdot (3x + 2y)$ d) $\left(4x^2 - \frac{3}{4}y^3\right) \cdot \left(\frac{1}{3}x - \frac{2}{5}y^2\right)$

Interaktive Aufgabe

7. Multiplikation zweier Summen

Merke

Faktorisieren

Enthalten alle Summanden eines Summenterms den gleichen Faktor, so kann der Summenterm durch Ausklammern dieses Faktors in einen Produktterm **faktorisiert** werden. Umgekehrt wird ein Produktterm durch Ausmultiplizieren zum Summenterm.

$$axy + az \quad \xrightleftharpoons[\text{Ausmultiplizieren}]{\text{Ausklammern}} \quad a \cdot (xy + z)$$
Summenterm   Produktterm

Beispiel

Faktorisiere den Term $12a^2b - 4a$.

$12a^2b - 4a$
$= 4 \cdot 3 \cdot a \cdot a \cdot b - 4 \cdot a$ Ermittle die gemeinsamen Faktoren.
$= 4 \cdot a \cdot \underbrace{3 \cdot a \cdot b}_{} - \underbrace{4 \cdot a}_{} \cdot \underbrace{1}_{}$ Klammere die gemeinsamen Faktoren aus.
$= 4 \cdot a \quad (3ab \quad - \quad 1)$
$= 4a(3ab - 1)$

Aufgabe 24

Faktorisiere so weit wie möglich.

a) $6wx^3 - 9wx^2 + 12wx$ b) $-5ax - 20xy + 25x^2$

c) $(a + b) \cdot x + (a + b) \cdot y$ d) $-34a^2c^2 + 17ac^3 - 51a^2c^2$

Interaktive Aufgaben

8. Faktorisieren
9. Bruchterm kürzen

Binomische Formeln

Eine zweigliedrige Summe, die aus genau zwei Zahlensymbolen besteht, die durch + oder – getrennt sind, wie z. B. a + b oder ab – cd, wird als **Binom** (griechisch: bi = zwei; nomen = Namen) bezeichnet.

Die Regel für die Multiplikation von „Summe mal Summe" lässt sich auch auf den Sonderfall anwenden, dass die Summen gleich sind bzw. sich nur in einem Rechenzeichen unterscheiden:

$$(a+b) \cdot (a+b) = a^2 + ab + ab + b^2 = a^2 + 2ab + b^2$$

$$(a-b) \cdot (a-b) = a^2 - ab - ab + b^2 = a^2 - 2ab + b^2$$

$$(a+b) \cdot (a-b) = a^2 - ab + ab - b^2 = a^2 - b^2$$

Diese drei Sonderfälle kommen in Rechnungen häufig vor. Um Zeit zu sparen und vorteilhaft rechnen zu können, lohnt es sich darum sehr, sich die 3 binomischen Formeln gut zu merken.

Merke

> **Binomische Formeln**
> **1. binomische Formel:** $(a+b)^2 = a^2 + 2ab + b^2$
> **2. binomische Formel:** $(a-b)^2 = a^2 - 2ab + b^2$
> **3. binomische Formel:** $(a+b) \cdot (a-b) = (a-b) \cdot (a+b) = a^2 - b^2$
> Statt $(a+b)(a+b)$ schreibt man $(a+b)^2$, statt $(a-b)(a-b)$ schreibt man $(a-b)^2$.

Beispiele

1. $(\underbrace{2x}_{a} + \underbrace{5z}_{b})^2$

   Wende die 1. binomische Formel $(a+b)^2 = a^2 + 2ab + b^2$ an.

   $= (\underbrace{2x}_{a})^2 + 2 \cdot \underbrace{2x}_{a} \cdot \underbrace{5z}_{b} + (\underbrace{5z}_{b})^2$

   $= 4x^2 + 2 \cdot 2 \cdot 5 \cdot x \cdot z + 25z^2$

   $= 4x^2 + 20xz + 25z^2$

2. $\left(\underbrace{\frac{1}{2}u}_{a} - \underbrace{\frac{2}{3}}_{b}\right)^2$

   Wende die 2. binomische Formel $(a-b)^2 = a^2 - 2ab + b^2$ an.

   $= \left(\underbrace{\frac{1}{2}u}_{a}\right)^2 - 2 \cdot \underbrace{\frac{1}{2}u}_{a} \cdot \underbrace{\frac{2}{3}}_{b} + \left(\underbrace{\frac{2}{3}}_{b}\right)^2$

   $= \frac{1}{4}u^2 - 2 \cdot \frac{1}{2} \cdot \frac{2}{3} \cdot u + \frac{4}{9}$

   $= \frac{1}{4}u^2 - \frac{2}{3}u + \frac{4}{9}$

Training Grundwissen: 1 Grundwissen 5.–8. Klasse   17

3. $\underbrace{(0{,}6s^2}_{a} + \underbrace{0{,}8t)}_{b} \cdot \underbrace{(0{,}6s^2}_{a} - \underbrace{0{,}8t)}_{b}$

   $= \underbrace{(0{,}6s^2)^2}_{a} - \underbrace{(0{,}8t)^2}_{b}$

   $= 0{,}36s^4 - 0{,}64t^2$

Wende die 3. binomische Formel $(a+b) \cdot (a-b) = a^2 - b^2$ an.

Aufgaben

25 Gib das zugehörige Binom an.

a) $25b^2 + 40bc + 16c^2$

b) $\dfrac{9}{16}m^2 + \dfrac{3}{4}mp + \dfrac{1}{4}p^2$

c) $0{,}25 - 36g^2$

d) $0{,}81a^8 - 49a^{-6}$

26 Berechne.

a) $(2p+q)^2 - (2p-q)^2$

b) $\left(\dfrac{3}{4}u - 0{,}8v\right)^2$

c) $(a^3 - 3b^2)^2$

d) $(4a-5)^2 - (6a+7)^2 + 5(2a+4)(2a-4)$

e) $(3y+2)^3$

f) $\left(\sqrt{8} - 3\sqrt{18}\right)^2$

27 Stelle den Flächeninhalt des roten Bereichs in Abhängigkeit von x dar. Vereinfache den entstehenden Term so weit wie möglich.

28 Stelle den Flächeninhalt des roten Bereichs in Abhängigkeit von x dar. Vereinfache den entstehenden Term so weit wie möglich.

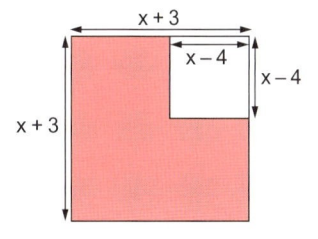

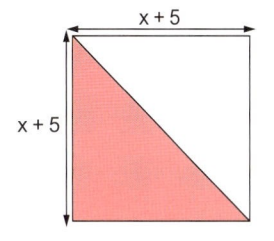

Interaktive Aufgaben

- 10. Binomische Formel anwenden
- 11. Binomische Formel anwenden
- 12. Term faktorisieren
- 13. Term faktorisieren
- 14. Flächeninhalt bestimmen

1.4 Extremwertbestimmung bei quadratischen Termen

Ein Term heißt **quadratischer Term**, wenn die **höchste vorkommende Potenz** der Variablen den **Wert 2** hat.

Beispiele $\quad 5a^2 \quad y^2-5 \quad 4x^2+12xy+9y^2 \quad (x+3)(x-2)$

Merke | Alle quadratischen Terme besitzen einen **Extremwert**, also entweder einen **maximalen Termwert** T_{max} oder einen **minimalen Termwert** T_{min}.

Beispiele

1. $T(x) = x^2 \quad x \in \mathbb{R}$
   $T_{min} = 0 \quad \text{für} \quad x = 0$

   Der minimale (kleinste) Wert, den der Term x^2 annehmen kann, ist 0, da das Quadrat einer Zahl aus $\mathbb{R}$ stets größer oder gleich 0 ist. Diesen Wert nimmt der Term für die Belegung $x = 0$ an.

2. $T(x) = -x^2 + 17 \quad x \in \mathbb{R}$
   $T_{max} = 17 \quad \text{für} \quad x = 0$

   Der Term x^2 liefert Werte größer oder gleich 0.
   Der Term $-x^2$ liefert also Werte kleiner oder gleich 0.
   Der Term $-x^2 + 17$ liefert demnach Werte kleiner oder gleich 17, da zu jedem Termwert des Terms $-x^2$ jeweils 17 addiert wird.

Merke | **Extremwerte von Termen der Form:** $T(x) = a(x-m)^2 + n$
Wenn $a > 0$ ist, besitzen Terme der Form $a(x-m)^2 + n$ ein **Minimum** n für $x = m$.
Man schreibt: $T_{min} = n \quad \text{für} \quad x = m$
Wenn $a < 0$ ist, besitzen Terme der Form $a(x-m)^2 + n$ ein **Maximum** n für $x = m$.
Man schreibt: $T_{max} = n \quad \text{für} \quad x = m$

Beispiel

$T(x) = \frac{3}{2}(x+1)^2 - 4 \quad x \in \mathbb{R}$

$T_{min} = -4 \quad \text{für} \quad x = -1$

Der quadratische Teilterm nimmt für alle Belegungen Werte größer oder gleich 0 an. Von jedem dieser Werte wird noch 4 subtrahiert. Den kleinsten Wert, den der Term annehmen kann, nimmt er daher für die Belegung $x = -1$ an, bei der die Klammer den Wert 0 annimmt. (Hier: $a = \frac{3}{2}$; $m = -1$; $n = -4$)

Grafische Veranschaulichung:

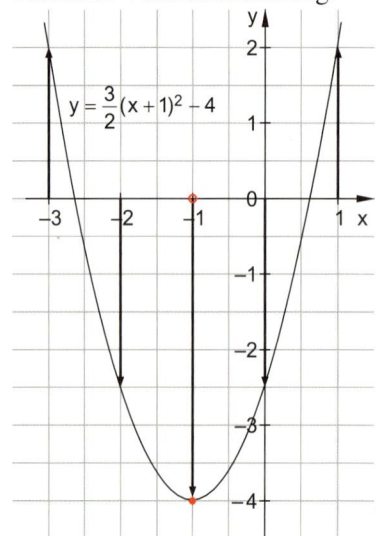

Der Term $T(x)$ hat das Minimum $T_{min} = -4$ für $x = -1$.

Training Grundwissen: 1 Grundwissen 5.–8. Klasse

Merke

Extremwerte von Termen der Form: $T(x) = ax^2 + bx + c$

Um den **Extremwert** bestimmen zu können, muss man Terme der Form $T(x) = ax^2 + bx + c$ in die Form $T(x) = a(x-m)^2 + n$ umformen.
Als Termumformungen sind die **binomischen Formeln** und das **quadratische Ergänzen** anzuwenden.

Beispiele

1. $T(x) = x^2 - 8x + 2 \quad x \in \mathbb{R}$

    $T(x) = x^2 - 2 \cdot x \cdot \mathbf{4} + 2$ \qquad Anwendung der 2. binomischen Formel: $a^2 - 2a\mathbf{b} + \mathbf{b}^2$

    $T(x) = (x^2 - 2 \cdot x \cdot \mathbf{4} \underbrace{+ \mathbf{4^2}}_{=0}) - 4^2 + 2$ \qquad Der Term $x^2 - 2 \cdot x \cdot 4$ wird durch Addition des Terms 4^2 so quadratisch ergänzt, dass die 2. binomische Formel anwendbar ist. Damit der Termwert nicht verändert wird, muss anschließend 4^2 wieder subtrahiert werden.

    $T(x) = (x - \mathbf{4})^2 - 16 + 2$ \qquad 2. binomische Formel: $a^2 - 2a\mathbf{b} + \mathbf{b}^2 = (a - \mathbf{b})^2$

    $T(x) = (x-4)^2 - 14$ \qquad $a = 1;\ m = 4;\ n = -14$

    $T_{min} = -14 \quad$ für $\quad x = 4$

2. $T(x) = -1{,}5x^2 + 9x - 10{,}5 \quad x \in \mathbb{R}$ \qquad Den Faktor vor dem x^2 immer ausklammern, falls vorhanden!

    $T(x) = -1{,}5\left[x^2 - 6x + 7\right]$ \qquad Den Term in der Klammer quadratisch ergänzen.

    $T(x) = -1{,}5\left[(x^2 - 2 \cdot x \cdot \mathbf{3} + \mathbf{3^2}) - 3^2 + 7\right]$

    $T(x) = -1{,}5\left[(x-3)^2 - 2\right]$

    $T(x) = -1{,}5(x-3)^2 + 3$ \qquad $a = -1{,}5;\ m = 3;\ n = 3$

    $T_{max} = 3 \quad$ für $\quad x = 3$

    Grafische Veranschaulichung:

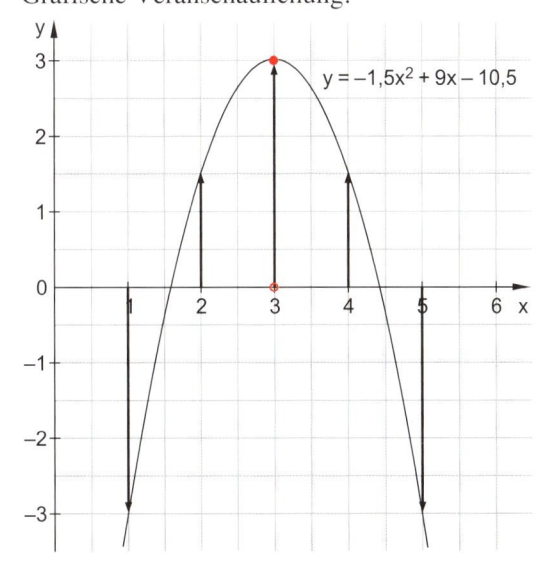

    Der Term $T(x)$ hat das Maximum $T_{max} = 3$ für $x = 3$.

Aufgaben

29 Bestimme den Extremwert und gib die zugehörige Belegung der Variablen an.

a) $T(x) = -4x^2 + 12x - 16 \quad x \in \mathbb{R}$ \qquad b) $T(a) = \frac{1}{2}a^2 - 12a + 16 \quad a \in \mathbb{R}$

c) $A(x) = (-0{,}5x^2 + 4x + 8)\,\text{cm}^2 \quad x \in \mathbb{R}$ \qquad d) $T(x) = 3x \cdot (x+1) - 2x^2 \quad x \in \mathbb{R}$

30
a) Ein Rechteck mit dem Umfang 28 cm hat die Seitenlänge x cm. Stelle den Flächeninhalt der möglichen Rechtecke in Abhängigkeit von der Seitenlänge x dar.

b) Berechne die Seitenlängen des Rechtecks mit dem größten Flächeninhalt.

31
Aus einem Quader mit 12 cm und 5 cm langen Grundkanten und der Höhe 4 cm entstehen neue Quader, indem man die 12 cm lange Grundkante um x cm mit 0 < x < 12 verkürzt und gleichzeitig die Höhe um x cm verlängert.

a) Stelle das Volumen V(x) der Quader in Abhängigkeit von x dar.

b) Untersuche, ob der Quader mit dem größten Volumen auch die größte Oberfläche besitzt.

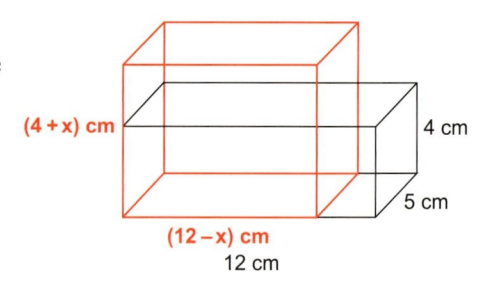

Interaktive Aufgaben

1. Extremwert bestimmen
2. Extremwert bestimmen
3. Flächeninhalt maximieren

1.5 Lineare Gleichungen und Ungleichungen

Merke

Zur **Lösungsmenge** $\mathbb{L}$ einer Gleichung/Ungleichung mit der **Grundmenge** $\mathbb{G}$ gehören alle Elemente aus der Grundmenge, die eingesetzt in die Gleichung/Ungleichung eine **wahre Aussage** ergeben.

Beispiele

1. Gleichung:

$$x - 1 = \frac{15}{7} \quad \mathbb{G} = \mathbb{Z}$$
$$\Leftrightarrow \quad x = 3\frac{1}{7} \quad \mathbb{L} = \emptyset$$

Die Lösungsmenge ist leer, da $3\frac{1}{7} \notin \mathbb{G} = \mathbb{Z}$.

2. Ungleichung:

$$x + 2 < -\frac{32}{5} \quad \mathbb{G} = \mathbb{Z}$$
$$\Leftrightarrow \quad x < -8\frac{2}{5} \quad \mathbb{L} = \left\{x \mid x < -8\frac{2}{5}\right\} = \{-9; -10 \ldots\}$$

In der Lösungsmenge sind alle Zahlen aus $\mathbb{Z}$, die kleiner sind als −8,4.

Merke

Äquivalenzumformungen
Zu einer Gleichung (Ungleichung) erhält man eine **äquivalente** Gleichung/Ungleichung mit gleicher Lösungsmenge, wenn man
- auf **beiden Seiten** die gleiche Zahl (Variable) addiert bzw. subtrahiert,
- **beide Seiten** mit der gleichen von null verschiedenen Zahl multipliziert bzw. durch die gleiche von null verschiedene Zahl dividiert.

Für **Ungleichungen** gilt zusätzlich das **Inversionsgesetz**:
- Werden **beide Seiten** einer Ungleichung mit derselben **negativen Zahl** multipliziert oder dividiert, so muss man das **Ungleichheitszeichen umkehren**.

Training Grundwissen: 1 Grundwissen 5.–8. Klasse

Beispiele

1. $x + 2 = 12$ $\quad | -2 \quad \mathbb{G} = \mathbb{R} \quad$ Auf beiden Seiten 2 subtrahieren.
   $\Leftrightarrow x + 2 - 2 = 12 - 2$
   $\Leftrightarrow x = 10$
   $\mathbb{L} = \{10\}$

2. $14y = 98 \quad | \cdot \frac{1}{14} \quad \mathbb{G} = \mathbb{R} \quad$ Beide Seiten mit $\frac{1}{14}$ multiplizieren.
   $\Leftrightarrow 14y \cdot \frac{1}{14} = 98 \cdot \frac{1}{14}$
   $\Leftrightarrow y = \frac{98}{14}$
   $\Leftrightarrow y = 7$
   $\mathbb{L} = \{7\}$

3. $-8x > 15 - 3x \quad | +3x \quad \mathbb{G} = \mathbb{R}$
   $\Leftrightarrow -8x + 3x > 15 - 3x + 3x$
   $\Leftrightarrow -5x > 15 \quad | \cdot \left(-\frac{1}{5}\right)$
   $\Leftrightarrow -5x \cdot \left(-\frac{1}{5}\right) < 15 \cdot \left(-\frac{1}{5}\right)$
   $\Leftrightarrow x < -3 \quad\quad$ Inversionsgesetz beachten!
   $\mathbb{L} = \{x \mid x < -3\}$

Eine Gleichung (bzw. Ungleichung) heißt **linear**, wenn die höchste vorkommende Potenz der Variablen den Wert 1 hat. Zur Lösung wird eine gegebene lineare Gleichung durch Äquivalenzumformungen schrittweise in eine Gleichung der Form $x = a$ ($a \in \mathbb{R}$) umgeformt. Die Lösungsmenge lässt sich dann leicht angeben: $\mathbb{L} = \{a\}$
Entsprechend löst man lineare Ungleichungen.

Merke

> **Lösungsverfahren für lineare Gleichungen und Ungleichungen**
> - Linksterm und Rechtsterm so weit wie möglich vereinfachen (ausmultiplizieren, Klammern auflösen, zusammenfassen …).
> - Zunächst die Strich-Äquivalenzumformungen „+" und „–":
>   Alle Terme mit Variable auf einer Seite sammeln, alle Zahlen auf der anderen Seite.
> - Dann erst die Punkt-Äquivalenzumformungen „·" und „:":
>   Beide Seiten mit dem Kehrwert des Faktors vor der Variablen multiplizieren.
>   (Bei Ungleichungen ist das Inversionsgesetz zu beachten.)
> - Lösungsmenge angeben, dabei Grundmenge beachten.

Beispiele

1. $5{,}5x - 5 + 0{,}5x - 2 = 1 \quad \mathbb{G} = \mathbb{R} \quad$ Vereinfache Links- und Rechtsterm durch Zusammenfassen gleichartiger Terme.
   $\Leftrightarrow 6x - 7 = 1 \quad | +7 \quad$ Zuerst die Strich-Umformung …
   $\Leftrightarrow 6x = 8 \quad | \cdot \frac{1}{6} \quad$ dann erst die Punkt-Umformung.
   $\Leftrightarrow x = 1\frac{1}{3}$
   $\mathbb{L} = \left\{1\frac{1}{3}\right\} \quad\quad$ Lösungsmenge angeben

Probe:

$$5{,}5 \cdot 1\frac{1}{3} - 5 + 0{,}5 \cdot 1\frac{1}{3} - 2 = 1$$

$$\Leftrightarrow \quad 6 \cdot \frac{4}{3} - 7 = 1$$

$$\Leftrightarrow \quad 2 \cdot 4 - 7 = 1$$

$$\Leftrightarrow \quad 1 = 1 \quad (w)$$

Es empfiehlt sich immer, eine Probe durchzuführen. Setze dazu die erhaltene Lösung in die Ausgangsgleichung ein.

Wahre Aussage

2. $\left(\frac{1}{2}a - 3\right)^2 - 8 \leq \frac{1}{4}(a+4)^2 \qquad \mathbb{G} = \mathbb{R}$

Vereinfache Links- und Rechtsterm.

$\Leftrightarrow \left(\frac{1}{2}a\right)^2 - 2 \cdot \frac{1}{2}a \cdot 3 + 3^2 - 8 \leq \frac{1}{4}(a^2 + 2 \cdot a \cdot 4 + 4^2)$

$\Leftrightarrow \quad \frac{1}{4}a^2 - 3a + 9 - 8 \leq \frac{1}{4}(a^2 + 8a + 16)$

Fasse gleichartige Terme zusammen.

$\Leftrightarrow \quad \frac{1}{4}a^2 - 3a + 1 \leq \frac{1}{4}a^2 + 2a + 4 \quad \Big| -\frac{1}{4}a^2$

Zuerst die Strich-Umformungen …

$\Leftrightarrow \quad -3a + 1 \leq 2a + 4 \quad \Big| -2a - 1$

$\Leftrightarrow \quad -5a \leq 3 \quad \Big| \cdot \left(-\frac{1}{5}\right)$

dann die Punkt-Umformung.

$\Leftrightarrow \quad a \geq -\frac{3}{5}$

Inversionsgesetz beachten!

$\mathbb{L} = \left\{ a \;\Big|\; a \geq -\frac{3}{5} \right\}$

Mithilfe eines Zahlenstrahls kann die Lösungsmenge anschaulich dargestellt werden.

3. Gib die Lösungsmenge der Gleichung $0{,}5x + 3 = 12{,}5 - 5{,}5x + 4{,}5$ für die Grundmengen $\mathbb{G} = \mathbb{N}_0$, $\mathbb{G} = \mathbb{Z}$ und $\mathbb{G} = \mathbb{R}$ an.

Lösung:

$0{,}5x + 3 = 12{,}5 - 5{,}5x + 4{,}5$

Vereinfache Links- und Rechtsterm durch Zusammenfassen gleichartiger Terme.

$\Leftrightarrow \quad 0{,}5x + 3 = 17 - 5{,}5x \quad | +5{,}5x$

Zuerst alle Strich-Umformungen …

$\Leftrightarrow \quad 6x + 3 = 17 \quad | -3$

$\Leftrightarrow \quad 6x = 14 \quad \Big| \cdot \frac{1}{6}$

dann erst die Punkt-Umformung.

$\Leftrightarrow \quad x = \frac{7}{3}$

$\Leftrightarrow \quad x = 2\frac{1}{3}$

$\mathbb{L}_{\mathbb{N}_0} = \emptyset; \quad \mathbb{L}_{\mathbb{Z}} = \emptyset; \quad \mathbb{L}_{\mathbb{R}} = \left\{ 2\frac{1}{3} \right\}$

Lösungsmenge angeben, dabei die Grundmengen beachten!

4. Gib die Lösungsmenge der Ungleichung $\frac{1}{2}(10-z) > 5\frac{1}{2}(z-10) + 30z$ für die Grundmengen $\mathbb{G} = \mathbb{N}_0$, $\mathbb{G} = \mathbb{Z}$ und $\mathbb{G} = \mathbb{R}$ an.

Lösung:

$\frac{1}{2}(10-z) > 5\frac{1}{2}(z-10) + 30z$

Vereinfache Links- und Rechtsterm.

$\Leftrightarrow \quad 5 - \frac{1}{2}z > 5\frac{1}{2}z - 55 + 30z$

Training Grundwissen: 1 Grundwissen 5.–8. Klasse

$$\Leftrightarrow \quad 5 - \frac{1}{2}z > 35\frac{1}{2}z - 55 \quad \Big| -35\frac{1}{2}z$$

$$\Leftrightarrow \quad 5 - 36z > -55 \quad \Big| -5$$

$$\Leftrightarrow \quad -36z > -60 \quad \Big| \cdot \left(-\frac{1}{36}\right)$$ Inversionsgesetz beachten!

$$\Leftrightarrow \quad z < 1\frac{2}{3}$$

Beachte die Grundmengen bei der Angabe der Lösungsmengen.

$\mathbb{L}_{\mathbb{N}_0} = \{0; 1\}$

Anzugeben sind diejenigen natürlichen Zahlen z, für die gilt: $z < 1\frac{2}{3}$

$\mathbb{L}_{\mathbb{Z}} = \{1; 0; -1; \ldots\}$

Anzugeben ist die Menge der ganzen Zahlen z, für die gilt: $z < 1\frac{2}{3}$

$\mathbb{L}_{\mathbb{R}} = \left\{ z \,\Big|\, z < 1\frac{2}{3} \right\}$

Anzugeben ist die Menge der reellen Zahlen z, für die gilt: $z < 1\frac{2}{3}$

Merke

Ein Sonderfall tritt ein, wenn sich beim Vereinfachen einer Gleichung die Variable aufhebt. Die Lösungsmenge ist dann entweder gleich der leeren Menge $\varnothing$ oder gleich der Grundmenge $\mathbb{G}$.

Beispiele

1. $17x + 0,25 - 2x = \frac{45}{3}x + 2,5$

   $\Leftrightarrow \quad 15x + 0,25 = 15x + 2,5 \quad | -15x$

   $\Leftrightarrow \quad 0,25 = 2,5 \quad \textbf{(f)}$

   $\mathbb{L} = \varnothing$

   Alle Belegungen für x ergeben eine falsche Aussage.

2. $6,25 - 5x^2 + 9x - 3,5x^2 = 3^2 \cdot x - \frac{17}{2}x^2 + 2,5^2$

   Fasse zusammen und ordne.

   $\Leftrightarrow \quad -8,5x^2 + 9x + 6,25 = -8,5x^2 + 9x + 6,25 \quad | +8,5x^2 - 9x$

   $\Leftrightarrow \quad 6,25 = 6,25 \quad \textbf{(w)}$

   $\mathbb{L} = \mathbb{G}$

   Alle Belegungen für x ergeben eine wahre Aussage.

Aufgabe 32

Ermittle jeweils die Lösungsmenge bezüglich der angegebenen Grundmenge(n).

a) $-\frac{2}{3}x + 17 = 3\frac{1}{2}x \quad \mathbb{G} = \mathbb{R}$

b) $13 + a > -7,5a \quad \mathbb{G} = \mathbb{R}$

c) $(a+3) \cdot (a+2) + 12 = a^2 - 8 \quad \mathbb{G} = \mathbb{R}$

d) $(x+6)^2 = (x-3)^2 \quad \mathbb{G} = \mathbb{R}$

e) $(6z-3) - (8z-5) \geq (2z-4) - (3z+9) \quad \mathbb{G} = \mathbb{R}$

f) $4 - 2(x+1)^2 = -2(x-4)^2 \quad \mathbb{G} = \mathbb{N}_0; \mathbb{G} = \mathbb{Z}; \mathbb{G} = \mathbb{R}$

g) $\frac{1}{4}(z+4)^2 + 6 \leq \left(\frac{1}{2}z - 4\right)^2 \quad \mathbb{G} = \mathbb{N}_0; \mathbb{G} = \mathbb{Z}; \mathbb{G} = \mathbb{R}$

h) $\frac{4}{3}w(w-5) - 4w - 6 = (11 - 2w) \cdot \left(-\frac{2}{3}w\right) \quad \mathbb{G} = \mathbb{N}_0; \mathbb{G} = \mathbb{Z}; \mathbb{G} = \mathbb{R}$

i) $(5-3a)^2 + (3a-7)^2 - 3^2 < (15-4a)^2 + 2 + (2a+3) \cdot a \quad \mathbb{G} = \mathbb{N}_0; \mathbb{G} = \mathbb{Z}; \mathbb{G} = \mathbb{R}$

Interaktive Aufgaben

1. Gleichung lösen
2. Gleichung lösen
3. Ungleichung lösen
4. Grundmengen

1.6 Bruchgleichungen

Eine Gleichung, bei der mindestens eine Variable im Nenner eines Bruchs vorkommt, nennt man **Bruchgleichung**. Da die Division durch null nicht definiert ist, sind Bruchgleichungen mit einer Variablen x nur für die Belegungen von x definiert, für die kein Nenner null wird. Alle x aus der Grundmenge $\mathbb{G}$, die diese Bedingung erfüllen, fasst man in der sogenannten **Definitionsmenge $\mathbb{D}(x)$** zusammen.

Beispiel

Die Bruchgleichung $\frac{3x+9}{7-x} = 2$ mit $\mathbb{G} = \mathbb{Z}$ hat die Definitionsmenge $\mathbb{D}(x) = \mathbb{Z} \setminus \{7\}$ (lies: „$\mathbb{Z}$ ohne 7"), da für $x = 7$ der Nenner den Wert 0 annehmen würde.

Bruchgleichungen kommen im Zusammenhang mit folgenden Themengebieten in der Abschlussprüfung bzw. in der 9. Klasse/10. Klasse vor:
- Vierstreckensatz
- Verhältnisgleichungen im Zusammenhang mit ähnlichen Dreiecken
- Sinussatz und Proportionalitäten

Bruchgleichungen, wie sie im Zusammenhang mit diesen Themengebieten auftreten, können mit folgendem Lösungsverfahren gelöst werden.

Merke

> **Lösungsverfahren für Bruchgleichungen**
> - Bestimmung der Definitionsmenge $\mathbb{D}(x)$.
> - Umformung durch Überkreuz-Multiplikation.
> - Auflösen nach x.
> - Prüfen, ob die Lösung in der Definitionsmenge enthalten ist.
> - Angabe der Lösungsmenge.

Beispiele

1. $\dfrac{12}{12-x} = \dfrac{6}{x}$ $\qquad \mathbb{G} = \mathbb{Q}$

   Bestimmung der Definitionsmenge:
   $\mathbb{D}(x) = \mathbb{Q} \setminus \{0;\ 12\}$

   Würde man 0 oder 12 für x einsetzen, hätte der Nenner von einem der Brüche den Wert 0 und wäre nicht definiert.

   $\dfrac{12}{\mathbf{12-x}} \times \dfrac{6}{\mathbf{x}} \qquad \big| \cdot (12-x) \cdot x$

   Man multipliziert mit beiden Nennern „über Kreuz". Durch diese Umformung lassen sich die Nenner auf beiden Seiten durch Kürzen beseitigen.

   Dieser Zwischenschritt dient nur der Erklärung und wird zukünftig weggelassen.
   $\Leftrightarrow \dfrac{12 \cdot (\cancel{12-x}) \cdot x}{\cancel{12-x}} = \dfrac{6 \cdot (12-x) \cdot \cancel{x}}{\cancel{x}}$ $\qquad$ Beseitigung der Nenner durch Kürzen

   $\Leftrightarrow \qquad 12 \cdot \mathbf{x} = 6 \cdot \mathbf{(12-x)}$
   $\Leftrightarrow \qquad 12x = 72 - 6x \qquad \big| +6x \qquad$ Auflösen nach x
   $\Leftrightarrow \qquad 18x = 72 \qquad \big| :18$
   $\Leftrightarrow \qquad x = 4 \qquad\qquad$ x = 4 ist in der Definitionsmenge (führt also nicht dazu, dass ein Nenner den Wert null annimmt).
   $\mathbb{L} = \{4\}$

Training Grundwissen: 1 Grundwissen 5.–8. Klasse

2. $\dfrac{5}{x+3} = \dfrac{12}{2x-4}$ $\qquad \mathbb{G} = \mathbb{Q}$

Bestimmung der Definitionsmenge:

$\mathbb{D}(x) = \mathbb{Q} \setminus \{-3; 2\}$ $\qquad$ Für $x = -3$ und $x = 2$ nimmt jeweils ein Nenner den Wert 0 an.

$\dfrac{5}{x+3} \diagdown\!\!\!\!\diagup \dfrac{12}{2x-4}$ $\qquad$ Überkreuz-Multiplikation

$\Leftrightarrow 5 \cdot (2x-4) = 12 \cdot (x+3)$ $\qquad$ Der Zwischenschritt aus Beispiel 1 wurde weggelassen.

$\Leftrightarrow 10x - 20 = 12x + 36 \quad | -12x + 20$

$\Leftrightarrow \qquad -2x = 56 \quad |:(-2)$

$\Leftrightarrow \qquad\quad x = -28 \qquad -28 \in \mathbb{D}$

$\mathbb{L} = \{-28\}$

Aufgabe 33

Löse folgende Aufgaben durch Überkreuz-Multiplikation. ($\mathbb{G} = \mathbb{Q}$, falls nicht extra angegeben.)

a) $\dfrac{8}{8-x} = 10$ $\qquad\qquad$ b) $\dfrac{5}{8} = \dfrac{12}{10-x}$

c) $\dfrac{8}{x-4} = \dfrac{6}{2x-8}$ $\qquad\qquad$ d) $\dfrac{10}{0{,}5x} = \dfrac{6}{6-x}$ $\quad \mathbb{G} = \mathbb{Z}$

e) $\dfrac{36}{x-6} = \dfrac{72}{2x-12}$ $\qquad\qquad$ f) $\dfrac{10-x}{10} = \dfrac{5-x}{2}$

Interaktive Aufgaben

▮ 1. Definitionsmenge bestimmen
▮ 2. Bruchgleichung lösen

1.7 Prozentrechnung

Begriffe und Abkürzungen

Merke

> **Grundwert GW:** Entspricht der gesamten Menge, dem Ganzen bzw. 100 %.
> **Prozentwert PW:** Entspricht einem Anteil, einem Teil des Ganzen.
> **Prozentsatz p %:** Entspricht dem Anteil des Ganzen in Prozent, dem Anteil je hundert bzw. dem Anteil in hundertstel.

Beispiel

In einer Klasse sind $\underbrace{25\text{ Schüler.}}_{\textbf{GW}}$ $\underbrace{5}_{\textbf{PW}}$ davon sind Mädchen, das sind $\underbrace{20\,\%}_{}$. $\qquad \textbf{p \%} = \dfrac{5}{25} = \dfrac{20}{100} = 20\,\%$

Man sagt: 25 Schüler entsprechen 100 %.
$\qquad\quad$ 5 Schüler entsprechen 20 % von 25 Schülern.
$\qquad\quad$ 5 Schüler ist der Prozentwert, der dem Prozentsatz 20 % entspricht.

Merke

Wichtige Prozentsätze

$\frac{1}{2} = 0,5 = \frac{50}{100} = \mathbf{50\,\%}$ $\qquad$ $\frac{1}{4} = 0,25 = \frac{25}{100} = \mathbf{25\,\%}$ $\qquad$ $\frac{1}{5} = 0,2 = \frac{20}{100} = \mathbf{20\,\%}$

$\frac{1}{8} = 0,125 = \frac{12,5}{100} = \mathbf{12,5\,\%}$ $\qquad$ $\frac{1}{10} = 0,1 = \frac{10}{100} = \mathbf{10\,\%}$ $\qquad$ $\frac{1}{20} = 0,05 = \frac{5}{100} = \mathbf{5\,\%}$

Beachte: „Prozent" steht für „von hundert"

Berechnungen

In der Prozentrechnung sind zwei Arten der Berechnung üblich:
Dreisatz und Quotientengleichheit (mithilfe der Prozentformel).

Merke

Dreisatz
1. Angabe erfassen
2. Schließen auf die Einheit
3. Schließen auf das Ergebnis

Beispiele

1. Berechnung des Prozentwertes PW:
   Ein Tennisschläger kostet 120 €. Heute gibt es einen Rabatt von 20 %.
   Wie viel spart man dadurch?

   Lösung:
   Gegeben: GW = 120 €; p % = 20 %
   Gesucht: Prozentwert PW

   Dreisatz:

   $:100 \begin{pmatrix} 100\,\% \triangleq 120\,€ \\ 1\,\% \triangleq 1,20\,€ \\ 20\,\% \triangleq 24\,€ \end{pmatrix} :100$ $\qquad$ Schließen auf 1 %

   $\cdot 20$ $\qquad\qquad\qquad\qquad\qquad\qquad\;\; \cdot 20$ $\qquad$ Schließen auf das Ergebnis

   Der Prozentwert beträgt 24 €. Man spart also 24 €.

2. Berechnung des Prozentsatzes p:
   500 $m\ell$ Limonade enthalten 175 $m\ell$ reinen Fruchtsaft.
   Wie viel Prozent sind das?

   Lösung:
   Gegeben: GW = 500 $m\ell$, PW = 175 $m\ell$
   Gesucht: Prozentsatz p in Prozent

   Dreisatz:

   $:500 \begin{pmatrix} 500\,m\ell \triangleq 100\,\% \\ 1\,m\ell \triangleq 0,2\,\% \\ 175\,m\ell \triangleq 35\,\% \end{pmatrix} :500$ $\qquad$ Schließen auf 1 $m\ell$

   $\cdot 175 \qquad\qquad\qquad\qquad\qquad\;\; \cdot 175$ $\qquad$ Schließen auf das Ergebnis

   Der Anteil beträgt $\frac{35}{100} = 35\,\%$.

Training Grundwissen: 1 Grundwissen 5.–8. Klasse

3. Berechnung des Grundwertes GW:
   Bei der Klassensprecherwahl erhältst du 21 Stimmen. Das sind 75 % aller Stimmen.
   Wie viele Stimmen wurden insgesamt abgegeben?

   Lösung:
   Gegeben: p % = 75 %; PW = 21
   Gesucht: Grundwert GW

   Dreisatz:

   $:75 \begin{pmatrix} 75\,\% \,\hat{=}\, 21 \text{ Stimmen} \\ 1\,\% \,\hat{=}\, 0{,}28 \text{ Stimmen} \\ 100\,\% \,\hat{=}\, 28 \text{ Stimmen} \end{pmatrix} :75$ Schließen auf 1 %
   $\cdot 100$ ... $\cdot 100$ Schließen auf das Ergebnis

   Es wurden 28 Stimmen abgegeben.

Merke

> Die Quotienten $\frac{PW}{GW}$ und $\frac{p}{100}$ besitzen den gleichen Wert. Somit ergibt sich die
>
> **Prozentformel:** $\dfrac{PW}{GW} = \dfrac{p}{100}$

Beispiele

1. Berechnung des Prozentwertes PW:
   Ein Tennisschläger kostet 120 €. Heute gibt es einen Rabatt von 20 %.
   Wie viel spart man dadurch?

   Lösung:
   Gegeben: GW = 120 €; p % = 20 %
   Gesucht: Prozentwert PW
   Einsetzen in die Prozentformel $\frac{PW}{GW} = \frac{p}{100}$ mit der Variablen x für PW:

   $\dfrac{x}{120\,\text{€}} = \dfrac{20}{100}$ Überkreuz-Multiplikation

   $x \cdot 100 = 20 \cdot 120\,\text{€} \quad |:100$ Auflösen nach x
   $\quad\;\; x = 24\,\text{€}$

   Der Prozentwert ist 24 €. Man spart also 24 €.

2. Berechnung des Prozentsatzes p:
   500 $m\ell$ Limonade enthalten 175 $m\ell$ reinen Fruchtsaft.
   Wie viel Prozent sind das?

   Lösung:
   Gegeben: GW = 500 $m\ell$, PW = 175 $m\ell$
   Gesucht: Prozentsatz p in Prozent
   Einsetzen in die Prozentformel $\frac{PW}{GW} = \frac{p}{100}$ mit x für p:

   $\dfrac{175\,m\ell}{500\,m\ell} = \dfrac{x}{100}$ Überkreuz-Multiplikation.
   Die Maßeinheit $m\ell$ wird gekürzt.

   $175 \cdot 100 = x \cdot 500 \quad |:500$
   $\qquad\qquad x = 35$

   Der Anteil beträgt $\frac{35}{100} = 35\,\%$.

3. Berechnung des Grundwertes GW:
   Bei der Klassensprecherwahl erhältst du 21 Stimmen. Das sind 75 % aller Stimmen. Wie viele Stimmen wurden insgesamt abgegeben?

   Lösung:
   Gegeben: p % = 75 %; PW = 21
   Gesucht: Grundwert GW
   Einsetzen in die Prozentformel $\frac{PW}{GW} = \frac{p}{100}$ mit x für GW:

   $\frac{21}{x} = \frac{75}{100}$ Überkreuz-Multiplikation

   $21 \cdot 100 = 75 \cdot x$ $\quad |:75$
   $x = 28$

   Es wurden 28 Stimmen abgegeben.

Aufgabe 34

Ordne jeweils Grundwert, Prozentwert bzw. Prozentsatz zu und löse mithilfe des Dreisatzes oder der Prozentformel.

a) Du legst 2 500 € für ein Jahr an. Der Zinssatz beträgt 3,8 %.
   Wie viel Zinsen erhältst du nach einem Jahr?

b) Ein Computer kostet 780 €. Er wird mit Rabatt 80 € billiger für 700 € verkauft.
   Wie hoch war der Rabatt in Prozent?

c) Eine Firma entlässt 5 % aller Mitarbeiter. Das sind 24 Arbeiter.
   Wie viele Beschäftigte hatte die Firma?

d) 40 % der Fläche eines Baugrundstücks wird verkauft. Das sind 300 m².
   Wie groß ist das Grundstück insgesamt?

e) Eine Partei hat 35 % der Sitze im Parlament.
   Insgesamt hat das Parlament 680 Sitze.
   Wie viele Sitze bekommt die Partei zugeteilt?

f) Der Ölpreis ist innerhalb eines Jahrzehnts von
   10 € pro Fass auf 127 € pro Fass gestiegen.
   Um wie viel Prozent hat der Ölpreis zugenommen?

g) Heute ist alles um 20 % reduziert. Du kaufst ein Buch für 18 €.
   Wie viel hättest du ohne Rabatt bezahlen müssen?

h) Eine Aktie kostet 100 €. Der Kurs der Aktie fällt am ersten Tag um 8 %.
   Einen Tag später steigt der Kurs wieder um 8 %. Wie viel kostet die Aktie dann?

Interaktive Aufgaben

1. Grundwert
2. Prozentwert
3. Zinssatz
4. Verminderter Grundwert
5. Vermehrter Grundwert
6. Gehaltserhöhung

1.8 Vektoren

Regel „Spitze minus Fuß"

Merke

Die Koordinaten eines Pfeils $\overrightarrow{AB}$ mit Fußpunkt $A(x_A|y_A)$ und Spitze $B(x_B|y_B)$ berechnet man mithilfe der Regel „Spitze minus Fuß":

Spitze minus Fuß

$$\overrightarrow{AB} = \begin{pmatrix} x_B - x_A \\ y_B - y_A \end{pmatrix}$$

Pfeile haben genau dann dieselben Koordinaten, wenn sie **gleich lang** und **parallel** sind und in **dieselbe Richtung** zeigen. Alle Pfeile, die diese drei Eigenschaften gemeinsam haben, fasst man in einer Menge zusammen, die man **Vektor** nennt.

Beispiel

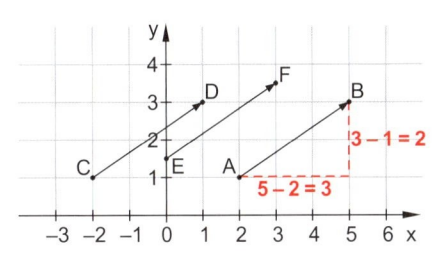

Die Pfeile $\overrightarrow{AB}$, $\overrightarrow{CD}$ und $\overrightarrow{EF}$ haben dieselben Koordinaten, denn sie sind alle gleich lang, parallel und zeigen in dieselbe Richtung. Sie gehören somit zum selben Vektor.

Berechnung der Koordinaten der Pfeile:

Spitze B – Fuß A

$$\overrightarrow{AB} = \begin{pmatrix} 5 - 2 \\ 3 - 1 \end{pmatrix} = \begin{pmatrix} 3 \\ 2 \end{pmatrix}$$

$$\overrightarrow{CD} = \begin{pmatrix} 1 - (-2) \\ 3 - 1 \end{pmatrix} = \begin{pmatrix} 3 \\ 2 \end{pmatrix}$$

$$\overrightarrow{EF} = \begin{pmatrix} 3 - 0 \\ 3{,}5 - 1{,}5 \end{pmatrix} = \begin{pmatrix} 3 \\ 2 \end{pmatrix}$$

$B(5|3)$ ist die Spitze, $A(2|1)$ ist der Fußpunkt des Pfeils $\overrightarrow{AB}$.
Vom Fußpunkt A aus $\begin{pmatrix} 3 \text{ LE nach rechts} \\ 2 \text{ LE nach oben} \end{pmatrix}$ zur Spitze B.

Berechnungen mithilfe von Vektoren

Parallelverschiebung

Merke

Bei einer **Parallelverschiebung** wird jeder Punkt P durch einen Vektor $\vec{v}$ auf einen Bildpunkt P' verschoben. Man schreibt: $P \overset{\vec{v}}{\mapsto} P'$

Beispiel

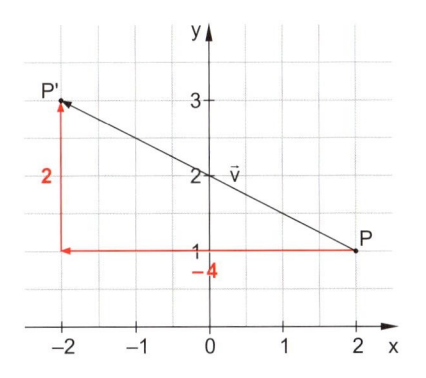

Der Punkt $P(2|1)$ wird durch Parallelverschiebung mit dem Vektor $\vec{v} = \begin{pmatrix} -4 \\ 2 \end{pmatrix}$ auf den Punkt P' abgebildet.

Der Pfeil $\overrightarrow{PP'}$ gehört zum Vektor $\vec{v} = \begin{pmatrix} -4 \\ 2 \end{pmatrix}$. Somit lassen sich die Koordinaten des Bildpunktes P'(x|y) (Spitze des Vektors) durch einen Vektorvergleich berechnen:

$\overrightarrow{PP'} = \vec{v}$ Vektorvergleich: $\overrightarrow{PP'}$ und $\vec{v}$ haben dieselben Koordinaten.

$\Leftrightarrow \begin{pmatrix} x-2 \\ y-1 \end{pmatrix} = \begin{pmatrix} -4 \\ 2 \end{pmatrix}$ Spitze minus Fuß mit P'(x|y)
Man vergleicht die Koordinaten auf beiden Seiten.

$\Leftrightarrow x - 2 = -4 \;\wedge\; y - 1 = 2$ Vergleiche die x- und y-Koordinaten zeilenweise.

$\Leftrightarrow \quad\;\; x = -2 \;\wedge\; \quad\; y = 3$

P'(–2|3)

Analog lassen sich die Koordinaten des Urpunkts (Fußpunkts) berechnen, falls nur der Bildpunkt gegeben ist.

Aufgabe 35

Der Punkt P wurde mit dem Vektor $\vec{v} = \begin{pmatrix} 3 \\ -5 \end{pmatrix}$ auf den Punkt P'(7|4) parallel verschoben. Berechne die Koordinaten des Urpunkts P(x|y) durch einen Vektorvergleich.

Interaktive Aufgaben

1. Spitze-Fuss   2. Parallelverschiebung

Mittelpunktsberechnung einer Strecke

Merke

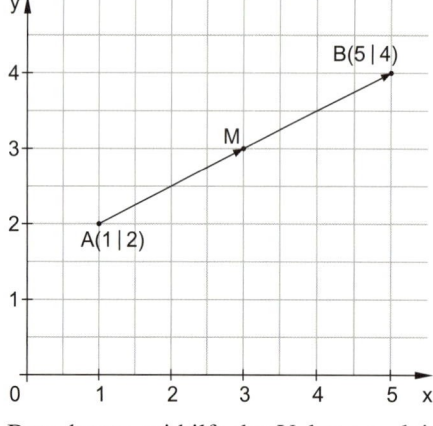

Die Koordinaten des Mittelpunkts einer Strecke [AB] berechnet man entweder über den Vektorvergleich von $\overrightarrow{AM}$ und $\overrightarrow{MB}$, oder über die Formel:

$M_{[AB]} \left(\dfrac{x_A + x_B}{2} \;\Big|\; \dfrac{y_A + y_B}{2} \right)$

Beispiel

Die Pfeile $\overrightarrow{AM}$ und $\overrightarrow{MB}$ sind gleich lang, parallel und zeigen in dieselbe Richtung. Sie besitzen also dieselben Koordinaten.

Berechnung mithilfe des Vektorvergleichs:

Bezeichne den Mittelpunkt der Strecke [AB] mit M(x|y) und wende dann die Regel Spitze minus Fuß an:

$\overrightarrow{AM} = \overrightarrow{MB}$

$\Leftrightarrow \begin{pmatrix} x-1 \\ y-2 \end{pmatrix} = \begin{pmatrix} 5-x \\ 4-y \end{pmatrix}$

Vergleicht man zeilenweise, so erhält man:

$\Leftrightarrow x - 1 = 5 - x \;\wedge\; y - 2 = 4 - y$

$\Leftrightarrow \quad 2x = 6 \quad\;\wedge\; \quad 2y = 6$

$\Leftrightarrow \quad\;\; x = 3 \quad\;\wedge\; \quad\;\; y = 3$

Also gilt: M(3|3)

oder:
Berechnung mithilfe der Formel:

$$M_{[AB]}\left(\frac{x_A + x_B}{2} \mid \frac{y_A + y_B}{2}\right)$$

$$M_{[AB]}\left(\frac{1+5}{2} \mid \frac{2+4}{2}\right)$$

$$M_{[AB]}(3 \mid 3)$$

Aufgaben

36 Berechne die Koordinaten des Mittelpunkts der Strecke [AB] mit A(–2|3) und B(5|–4).

37 Berechne die Koordinaten des Diagonalenschnittpunkts M im Quadrat ABCD mit A(2|1), B(5|3) und D(0|4) und mithilfe von M dann die Koordinaten von C.

Interaktive Aufgabe

3. Mittelpunktsberechnung

Vektoraddition – Vektorketten

Neben dem Vektorvergleich kann man Punktkoordinaten auch mithilfe von Vektorketten berechnen.

Merke

Unter der Addition zweier Vektorpfeile versteht man die **Spitze-Fuß-Kopplung** dieser Vektoren. Dabei wird der Fußpunkt des 2. Pfeils an die Spitze des 1. Pfeils gekoppelt. Der Ergebnispfeil verläuft vom Fuß des 1. Pfeils zur Spitze des 2. Pfeils.
Man schreibt:

$$\vec{v} \oplus \vec{w} = \begin{pmatrix} v_x \\ v_y \end{pmatrix} \oplus \begin{pmatrix} w_x \\ w_y \end{pmatrix} = \begin{pmatrix} v_x + w_x \\ v_y + w_y \end{pmatrix}$$

Beispiel

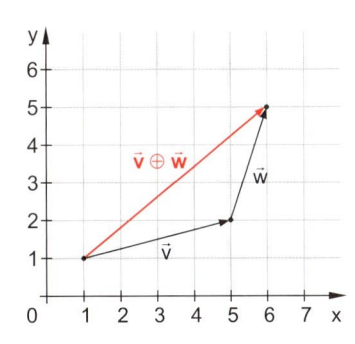

Der Vektor $\vec{w}$ wird mit seinem Fuß an die Spitze des Vektors $\vec{v}$ gekoppelt. Der entstehende Vektor $\vec{v} \oplus \vec{w}$ reicht vom Fuß des Vektors $\vec{v}$ zur Spitze des Vektors $\vec{w}$.

$$\vec{v} \oplus \vec{w} = \begin{pmatrix} 4 \\ 1 \end{pmatrix} \oplus \begin{pmatrix} 1 \\ 3 \end{pmatrix} = \begin{pmatrix} 4+1 \\ 1+3 \end{pmatrix} = \begin{pmatrix} 5 \\ 4 \end{pmatrix}$$

Merke

Einen Vektorpfeil, der vom Ursprung O des Koordinatensystems ausgeht und in einem Punkt P endet, nennt man **Ortsvektor** von P. Die Koordinaten des Ortsvektors $\overrightarrow{OP}$ stimmen mit den Punktkoordinaten der Spitze P überein.
Zur Berechnung von Punktkoordinaten mithilfe einer **Vektorkette** berechnet man aufgrund dieser Übereinstimmung immer den Ortsvektor des gesuchten Punktes.

Training Grundwissen: 1 Grundwissen 5.–8. Klasse

Beispiele

1. Gegeben sind der Punkt P(2|1) und der Vektor $\overrightarrow{PQ} = \begin{pmatrix} -4 \\ 3 \end{pmatrix}$.
   Bestimme die Koordinaten des Punktes Q.

   Lösung:
   Skizze:

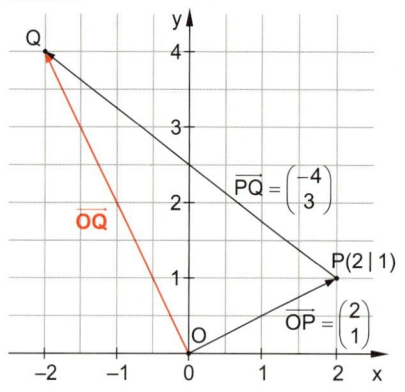

   Vektoraddition: Der Ortsvektor $\overrightarrow{OQ}$ des Punktes Q ist das Ergebnis der Addition der beiden Pfeile $\overrightarrow{OP}$ und $\overrightarrow{PQ}$.
   Man schreibt: $\overrightarrow{OQ} = \overrightarrow{OP} \oplus \overrightarrow{PQ}$

   Vektoraddition:
   $\overrightarrow{OQ} = \overrightarrow{OP} \oplus \overrightarrow{PQ}$

   $\overrightarrow{OQ} = \begin{pmatrix} 2 \\ 1 \end{pmatrix} \oplus \begin{pmatrix} -4 \\ 3 \end{pmatrix}$

   $\overrightarrow{OQ} = \begin{pmatrix} 2 + (-4) \\ 1 + 3 \end{pmatrix} = \begin{pmatrix} -2 \\ 4 \end{pmatrix}$

   also: Q(–2|4)

   Berechne den Ortsvektor von Q.
   Zum Aufstellen der Vektorkette:
   - Starte immer im Ursprung O.
   - Suche einen Weg zum gesuchten Punkt über bekannte Teile (hier P und $\overrightarrow{PQ}$).

2. Berechne die Koordinaten des Punktes C des Parallelogramms ABCD mit A(2|1), B(5|2) und D(3|4) mithilfe einer Vektoraddition.

   Lösung:
   Vektoraddition:
   $\overrightarrow{OC} = \overrightarrow{OB} \oplus \overrightarrow{BC}$

   $\overrightarrow{OC} = \overrightarrow{OB} \oplus \overrightarrow{AD}$

   $\overrightarrow{OC} = \begin{pmatrix} 5 \\ 2 \end{pmatrix} \oplus \begin{pmatrix} 3-2 \\ 4-1 \end{pmatrix}$

   $\overrightarrow{OC} = \begin{pmatrix} 5 \\ 2 \end{pmatrix} \oplus \begin{pmatrix} 1 \\ 3 \end{pmatrix}$

   $\overrightarrow{OC} = \begin{pmatrix} 6 \\ 5 \end{pmatrix}$

   also: C(6|5)

   Berechne den Ortsvektor von C.

   $\overrightarrow{BC} = \overrightarrow{AD}$: Die Vektoren sind identisch, da sie gleich lang und parallel sind und in dieselbe Richtung zeigen.

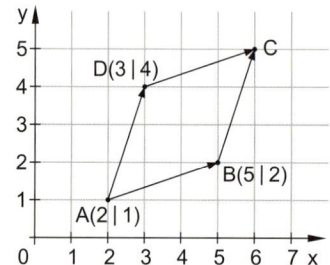

Aufgaben

38 Betrachte das Parallelogramm im oben stehenden Beispiel 2.
a) Berechne die Koordinaten von C mithilfe einer anderen Vektoraddition und anschließend mithilfe eines Vektorvergleichs.
b) Berechne die Koordinaten des Diagonalenschnittpunkts des Parallelogramms.

39 Berechne die Koordinaten der Eckpunkte C und D des Parallelogramms ABCD mit A(1|1), B(5|3) und dem Diagonalenschnittpunkt M(4|5). Mache zuerst eine Zeichnung.

Interaktive Aufgabe — 4. Vektoraddition

1.9 Dreiecke

Eigenschaften beliebiger Dreiecke

Merke
- In jedem Dreieck beträgt die Innenwinkelsumme 180°.
- In jedem Dreieck liegt der größeren Seite auch der größere Winkel gegenüber.

Beispiel

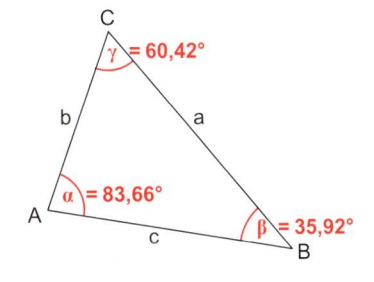

$83{,}66° + 35{,}92° + 60{,}42° = 180°$
$a > c > b \Leftrightarrow \alpha > \gamma > \beta$

Merke

Winkel bezeichnet man mithilfe des Scheitelpunktes und zweier weiterer Punkte auf den Schenkeln des Winkels. Der 1. Schenkel wird dabei gegen den Uhrzeigersinn um den Scheitelpunkt auf den 2. Schenkel gedreht.

$\alpha = \sphericalangle BSA$ — Punkt auf dem 1. Schenkel / Punkt auf dem 2. Schenkel

Scheitelpunkt

$\beta = \sphericalangle ASB$ — Punkt auf dem 2. Schenkel / Punkt auf dem 1. Schenkel

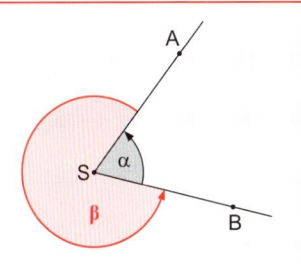

Beispiel

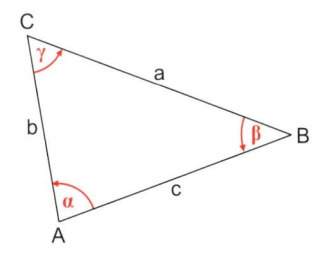

Die Winkel in Dreiecken lassen sich mithilfe der Eckpunkte bezeichnen:
$\alpha = \sphericalangle BAC$
$\beta = \sphericalangle CBA$
$\gamma = \sphericalangle ACB$
Es kann hilfreich sein, die Winkelbögen mit Pfeilspitzen zu versehen. Die Drehrichtung verläuft immer entgegen dem Uhrzeigersinn.

Die Punkte auf den Mittelsenkrechten eines Dreiecks sind gleich weit von den beiden Eckpunkten der jeweiligen Dreiecksseite entfernt (Ortslinie). Der Schnittpunkt der drei Mittelsenkrechten eines Dreiecks ist der einzige Punkt, der von allen drei Eckpunkten gleich weit entfernt ist.

Merke

- Jedes Dreieck besitzt einen **Umkreis**, auf dem alle Eckpunkte des Dreiecks liegen.
- Der Umkreismittelpunkt M_u ist der **Schnittpunkt der 3 Mittelsenkrechten**. Der Abstand des Punktes M_u von den Eckpunkten des Dreiecks entspricht dem Radius r des Umkreises.
- Zur Konstruktion des Umkreises genügen 2 Mittelsenkrechten.

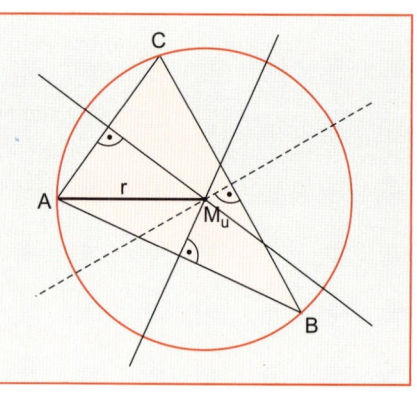

Die Punkte auf den Winkelhalbierenden eines Dreiecks haben von den jeweiligen Dreiecksseiten den gleichen Abstand. Der Schnittpunkt der Winkelhalbierenden ist der einzige Punkt, der von den drei Seiten eines Dreiecks den gleichen Abstand hat.

Merke

- Jedes Dreieck besitzt einen **Inkreis**, der alle Seiten des Dreiecks in jeweils einem Punkt berührt.
- Die Seiten des Dreiecks sind Tangenten an den Inkreis.
- Der Inkreismittelpunkt M_i ist der **Schnittpunkt der 3 Winkelhalbierenden**. Der Abstand des Punktes M_i von den Dreiecksseiten entspricht dem Radius r des Inkreises.
- Zur Konstruktion des Inkreises genügen 2 Winkelhalbierende.

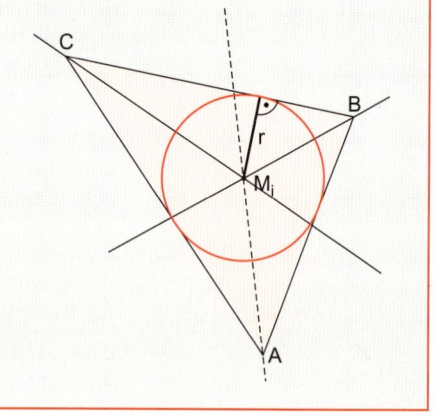

Aufgaben

40 Konstruiere den Umkreis des Dreiecks ABC mit A(1|1), B(4|0), C(3|5).

41 Konstruiere den Punkt C des Dreiecks ABC mit A(4|0), B(6|4) und dem Inkreismittelpunkt M_i(4|3). Zeichne den Inkreis ein.

Training Grundwissen: 1 Grundwissen 5.–8. Klasse 35

Besondere Dreiecke

Merke

Rechtwinkliges Dreieck
- Ein Dreieck mit einem rechten Winkel heißt **rechtwinklig**.
- Die Seite, die dem rechten Winkel gegenüberliegt, heißt **Hypotenuse**. Die Seiten, die am rechten Winkel anliegen, heißen **Katheten**.
- Ein rechtwinkliges Dreieck hat genau einen rechten Winkel. Die beiden anderen Winkel sind kleiner als 90°.
- Im rechtwinkligen Dreieck liegt die größte Seite immer dem rechten Winkel gegenüber, d. h., im rechtwinkligen Dreieck ist die größte Seite immer die Hypotenuse.

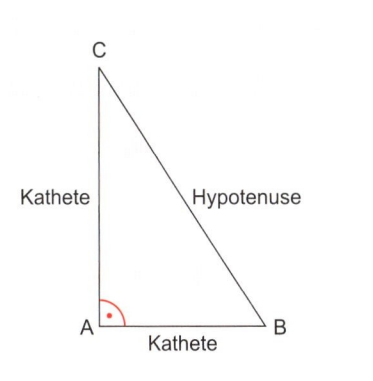

Merke

Gleichschenkliges Dreieck
- Ein Dreieck mit 2 gleich langen Seiten heißt **gleichschenklig**.
- Die gleich langen Seiten heißen **Schenkel**, die dritte Seite nennt man **Basis**.
- Ein gleichschenkliges Dreieck ist **achsensymmetrisch** zur Höhe auf die Basis.
- Die Basis wird von der zugehörigen Höhe halbiert.
- Die Basiswinkel sind maßgleich, der dritte Winkel wird von der Höhe halbiert.

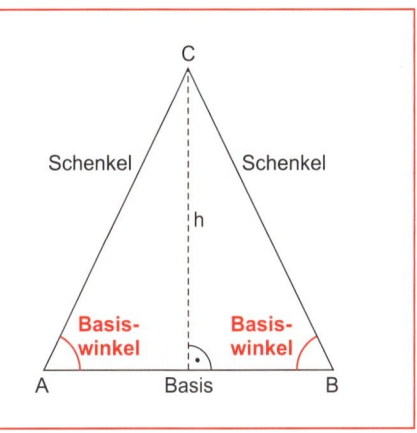

Merke

Gleichseitiges Dreieck
- Ein Dreieck mit 3 gleich langen Seiten heißt **gleichseitig**.
- Alle 3 Innenwinkel im gleichseitigen Dreieck sind gleich groß und messen 60°.
- Ein gleichseitiges Dreieck ist **achsensymmetrisch** zu den 3 Höhen.
- Im gleichseitigen Dreieck fallen Mittelsenkrechte, Winkelhalbierende und Höhen zusammen.
- Der Schnittpunkt der drei Höhen ist der Mittelpunkt des Umkreises und des Inkreises.

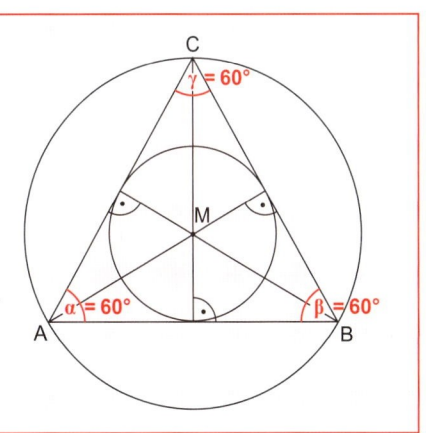

Aufgabe 42

Zeichne das gleichschenklige Dreieck ABC mit A(1|1), C(5|6), Basis [AB] und dem Basiswinkel BAC der 40° misst.
Konstruiere zudem den Inkreis und den Umkreis des Dreiecks.

Interaktive Aufgabe

1. Gleichschenkliges Dreieck

1.10 Vierecke

Eigenschaften beliebiger Vierecke

Merke
- In jedem Viereck beträgt die Innenwinkelsumme 360°.
- Nur spezielle Vierecke besitzen einen Inkreis oder einen Umkreis.

Beispiel

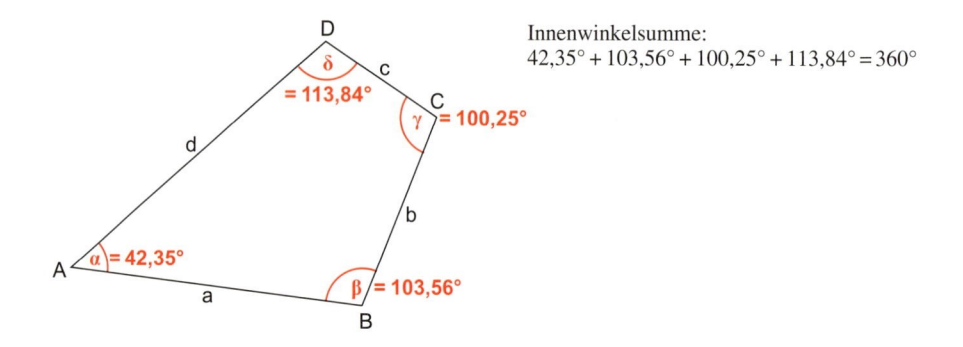

Innenwinkelsumme:
$42{,}35° + 103{,}56° + 100{,}25° + 113{,}84° = 360°$

Aufgaben

43 Zeichne das Viereck ABCD mit $\overline{AB} = 8$ cm, $\overline{DA} = 7$ cm, $\sphericalangle CBA = 90°$, $\sphericalangle BAD = 55°$ und $\sphericalangle DCB = 50°$.

44 Zeichne das Viereck ABCD mit $\overline{DA} = 3{,}5$ cm, $\overline{CD} = 5{,}5$ cm, $\sphericalangle BAD = 85°$, $\sphericalangle ADC = 110°$ und $[BC] \perp [CD]$. Welches Maß hat der Winkel CBA?

Besondere Vierecke

Merke

Parallelogramm
Ein Viereck, bei dem die **gegenüberliegenden Seiten parallel** sind, heißt Parallelogramm.
- Gegenüberliegende Seiten sind gleich lang.
- Gegenüberliegende Winkel sind maßgleich:
  $\alpha = \gamma$ und $\beta = \delta$
- Benachbarte Winkel ergeben zusammen 180°:
  $\alpha + \beta = \beta + \gamma = \gamma + \delta = \delta + \alpha = 180°$
- Ein Parallelogramm ist **punktsymmetrisch** zum Diagonalenschnittpunkt.
- Die Diagonalen im Parallelogramm halbieren sich gegenseitig und teilen das Parallelogramm jeweils in kongruente (deckungsgleiche) Dreiecke.
- Wichtig für Berechnungen: $\overrightarrow{AB} = \overrightarrow{DC}$ und $\overrightarrow{AD} = \overrightarrow{BC}$

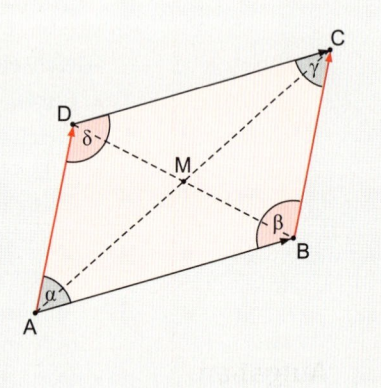

Aufgaben

45 Zeichne das Parallelogramm ABCD mit dem Diagonalenschnittpunkt M, wobei A(1|1), B(4|0) und M(3|3). Berechne die Koordinaten von C und D.

46 Zeichne das Parallelogramm ABCD mit $\overline{AB} = 5$ cm, $\overline{DA} = 4$ cm und $\sphericalangle CBA = 60°$. Gib die Maße der fehlenden Winkel an.

Training Grundwissen: 1 Grundwissen 5.–8. Klasse

Merke

Drachenviereck

Ein Viereck, das **achsensymmetrisch** zu **einer** Diagonalen ist, heißt Drachenviereck. 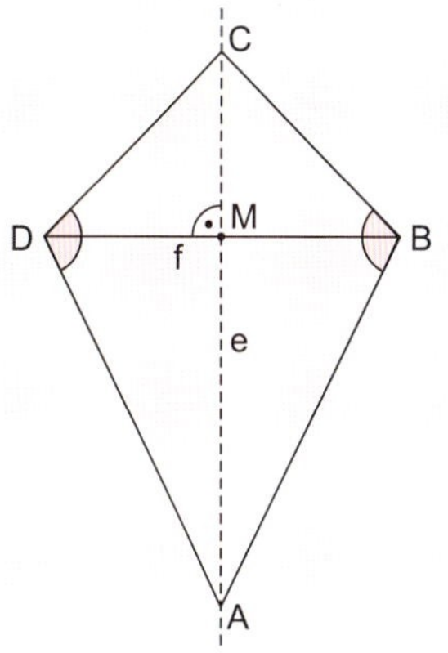
- Die Diagonalen e und f stehen aufeinander senkrecht.
- 2 Paare von nebeneinanderliegenden Seiten sind gleich lang.
- Der Schnittpunkt M der Diagonalen halbiert eine der Diagonalen.
- Die Winkel zwischen den verschieden langen Seiten sind gleich groß.
- Spezialfall: Hat ein Drachenviereck einen rechten Winkel, liegen die Eckpunkte des zugehörigen rechtwinkligen Teildreiecks auf dem **Thaleskreis** über der Hypotenuse.

Beispiele

1. Betrachte das abgebildete Drachenviereck mit $\angle DCB = 90°$.

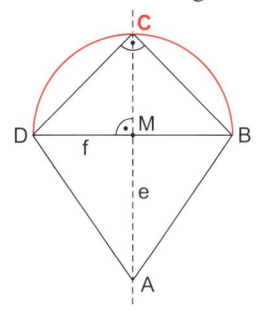

C liegt auf dem Thaleskreis über der Strecke [DB].
Die Dreiecke MBC und DMC sind gleichschenklig-rechtwinklig mit $\overline{DM} = \overline{MC} = \overline{MB}$.

2. Betrachte das abgebildete Drachenviereck mit $\angle CBA = \angle ADC = 90°$.

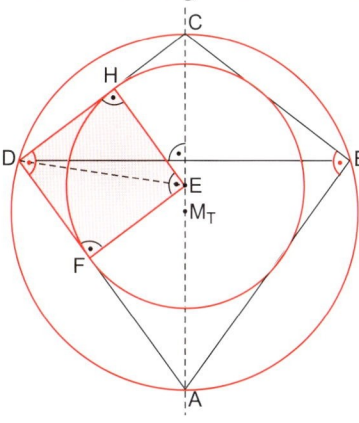

Dieses Drachenviereck besitzt einen Umkreis und einen Inkreis.

Der Umkreis mit Mittelpunkt M_T ist der Thaleskreis über [AC].

Der Inkreismittelpunkt E ist der Schnittpunkt der Winkelhalbierenden des Winkels ADC mit der Diagonalen [AC] (Winkelhalbierende von BAD).

Für den Radius gilt: $r_{Inkreis} = \overline{FE} = \overline{HE}$

Aufgaben

47 Begründe, warum das Viereck DFEH im oben stehenden Beispiel 2 ein Quadrat ist.

48 Zeichne das rechtwinklige Drachenviereck ABCD mit Symmetrieachse AC und $\angle CBA = 90°$, wobei $\overline{AC} = 8$ cm und $\overline{BD} = 6$ cm. Die Strecke [MC] ist kürzer als die Strecke [AM].
Zeichne den Inkreis und den Umkreis des Drachenvierecks ein.

Merke

Raute

Eine Raute ist ein Viereck mit **4 gleich langen Seiten**.
- Die Raute ist ein Spezialfall des Drachenvierecks. Zusätzliche Eigenschaft: Die Diagonalen halbieren sich gegenseitig.
- Die Raute ist ein Spezialfall des Parallelogramms. Zusätzliche Eigenschaft: Die 4 Seiten sind gleich lang.
- Die Diagonalen sind **Symmetrieachsen**.
- Der Schnittpunkt M der Diagonalen ist der Mittelpunkt des Inkreises.
- Gegenüberliegende Winkel sind gleich groß.
- Hinweis: Ein Quadrat ist ein Spezialfall einer Raute, bei der die beiden Diagonalen gleich lang sind.

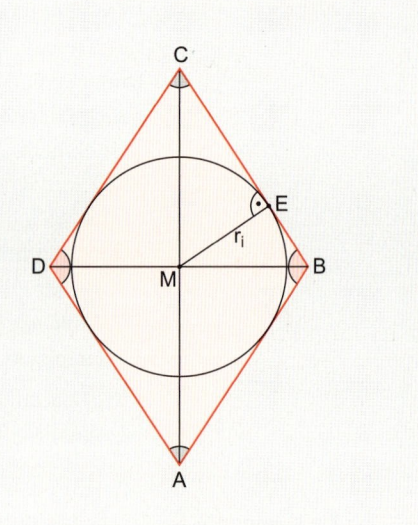

Merke

Trapez

Ein Trapez ist ein Viereck mit **2 parallelen Seiten**. Die nichtparallelen Seiten heißen **Schenkel**.
- Die an jedem Schenkel anliegenden Winkel ergänzen sich jeweils zu 180° ($\alpha + \delta = 180°$; $\beta + \gamma = 180°$).

Merke

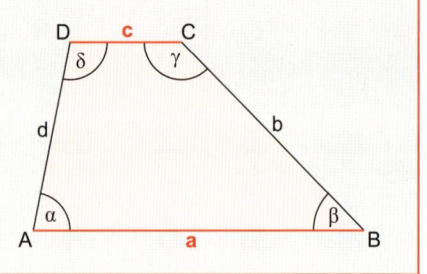

Gleichschenkliges Trapez

Ein gleichschenkliges Trapez ist ein Spezialfall eines Trapezes mit **2 gleich langen Schenkeln**.
- Ein gleichschenkliges Trapez ist achsensymmetrisch zur Mittelsenkrechten der beiden parallelen Seiten.
- Die an den parallelen Seiten anliegenden Winkel sind jeweils gleich groß ($\alpha = \beta$; $\gamma = \delta$).

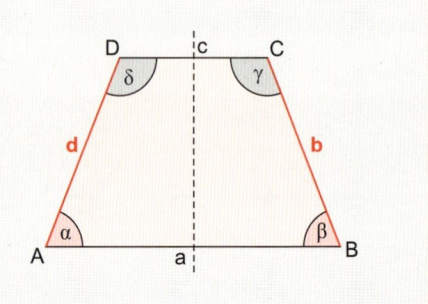

Aufgabe 49

Im gleichschenkligen Trapez ABCD mit dem 4,5 cm langen Schenkel [BC] beträgt das Maß des Winkels DBA 30°. Die Seite [AB] ist 8 cm lang.
Zeichne das Trapez. (Es existieren zwei Lösungen!)

Interaktive Aufgabe

1. Trapez

2 Grundwissen 9. Klasse

2.1 Lineare Funktionen

Direkte Proportionalität

Merke

> Zwei Größen x und y heißen **direkt proportional** zueinander, wenn gilt:
> Verdoppelt, verdreifacht ... halbiert, drittelt ... man den Wert der einen Größe x, so verdoppelt, verdreifacht ... halbiert, drittelt ... sich der Wert der anderen Größe y ebenfalls.
> Die Wertepaare bei direkter Proportionalität sind **quotientengleich**. Dieser konstante Quotient $k = \frac{y}{x}$ heißt **Proportionalitätsfaktor k**. Die zugehörige Funktionsgleichung lautet entsprechend: $y = k \cdot x$. Alle Punkte des zugehörigen Graphen liegen auf einer Geraden durch den Ursprung des Koordinatensystems.

Beispiel

Ein Hubschrauber fliegt mit gleichbleibender Geschwindigkeit. Dabei legt er in einer Stunde Flugzeit einen Weg von 102 Kilometern zurück.
In der nachfolgenden Tabelle wird der Zusammenhang zwischen abgelaufener Zeit und zurückgelegtem Weg dargestellt und jeweils der Quotient $\frac{\text{Weg}}{\text{Zeit}}$ angegeben:

Zeit x in h	1	2	3	...	10	...
Weg y in km	102	204	306	***	1 020	***
$\frac{\text{Weg}}{\text{Zeit}}$ in $\frac{\text{km}}{\text{h}}$	$\frac{102}{1}$ = **102**	$\frac{204}{2}$ = **102**	$\frac{306}{3}$ = **102**	$\frac{***}{...}$ = **102**	$\frac{1\,020}{10}$ = **102**	$\frac{***}{...}$ = **102**

Da die Größenpaare (Zeit | Weg) quotientengleich sind, sind Zeit x und Weg y direkt proportional. Jedem x ist **genau ein** y zugeordnet. Die Zahlenpaare (x | y) bilden also eine Funktion f.

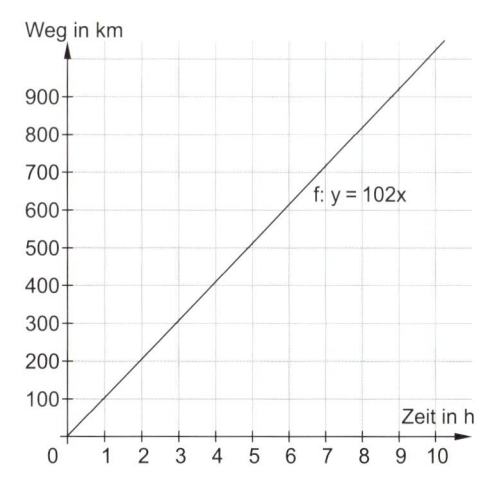

Für alle Zahlenpaare $(x\,|\,y) \in \mathbb{R}^+ \times \mathbb{R}^+$ gilt:

$\frac{y}{x} = 102$

Damit ergibt sich als Gleichung der Funktion f:

$\frac{y}{x} = 102 \Leftrightarrow y = 102x$

Der Graph der Funktion $f: y = 102x$ ist eine Gerade durch den Ursprung $O(0\,|\,0)$.

Ursprungsgeraden: y = m · x

Merke

Funktionen mit Gleichungen der Form $y = m \cdot x$ ($m \in \mathbb{R}$) sind ein Sonderfall linearer Funktionen. Ihre Graphen sind Geraden mit der **Steigung m**, die durch den **Ursprung O(0|0)** verlaufen, weshalb sie **Ursprungsgeraden** genannt werden. Das Vorzeichen des Steigungsfaktors m bestimmt den Verlauf der Geraden:
- $m < 0$ fallende Gerade
- $m = 0$ x-Achse
- $m > 0$ steigende Gerade

Unabhängig vom Vorzeichen gilt:
Je kleiner der Betrag von m, **desto flacher** verläuft die Gerade,
je größer der Betrag von m, **desto steiler** verläuft sie.

Beispiele

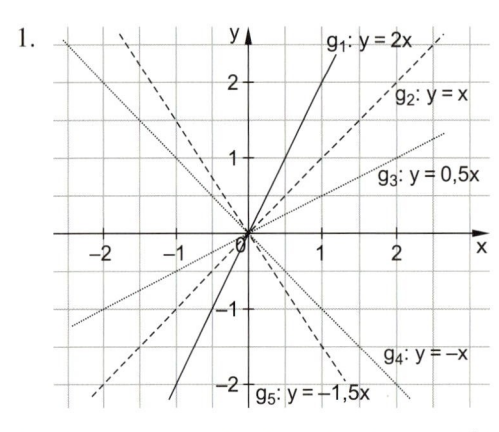

1. Funktionen mit der Funktionsgleichung $y = mx$:

   $g_1: y = 2x$ $\rightarrow$ $m_1 = 2$ (steigende Gerade)
   $g_2: y = x$ $\rightarrow$ $m_2 = 1$ (steigende Gerade)
   $g_3: y = 0{,}5x$ $\rightarrow$ $m_3 = 0{,}5$ (steigende Gerade)
   $g_4: y = -x$ $\rightarrow$ $m_4 = -1$ (fallende Gerade)
   $g_5: y = -1{,}5x$ $\rightarrow$ $m_5 = -1{,}5$ (fallende Gerade)

2. Prüfe rechnerisch, ob die Punkte A(−2|3) und B(1,5|−3) auf der Geraden $g_5: y = -1{,}5x$ liegen.

   Lösung:

   $A(-2|3) \stackrel{?}{\in} g_5: y = -1{,}5x$ Einsetzen der x- und y-Koordinaten des Punktes A in die Geradengleichung

   $\Leftrightarrow 3 = -1{,}5 \cdot (-2)$
   $\Leftrightarrow 3 = 3$ (w)   Wahr, also liegt A auf der Geraden g_5.
   $\Rightarrow A \in g_5$

   $B(1{,}5|-3) \stackrel{?}{\in} g_5: y = -1{,}5x$ Einsetzen der x- und y-Koordinaten des Punktes B in die Geradengleichung

   $\Leftrightarrow -3 = -1{,}5 \cdot 1{,}5$
   $\Leftrightarrow -3 = -2{,}25$ (f)   Falsch, also liegt B nicht auf der Geraden g_5.
   $\Rightarrow B \notin g_5$

Aufgabe 50

Prüfe rechnerisch, ob die Punkte E(3,2|4,8) und F(5|−7,5) auf der Geraden $g: y = \frac{3}{2}x$ liegen.

Interaktive Aufgaben

1. Gerade zuordnen
2. Gerade zeichnen
3. Funktion zuordnen

Zeichnen von Ursprungsgeraden

Merke

Alle Zahlenpaare (x|y) mit Ausnahme von O(0|0), die die Gleichung $y = m \cdot x$ erfüllen, sind quotientengleich, denn es gilt immer: $\frac{y}{x} = m$.

Zu jedem Steigungsfaktor $m = \frac{y}{x}$ ($m \in \mathbb{R}$) gibt es einen **Steigungspfeil** $\vec{m} = \begin{pmatrix} v_x \\ v_y \end{pmatrix}$:

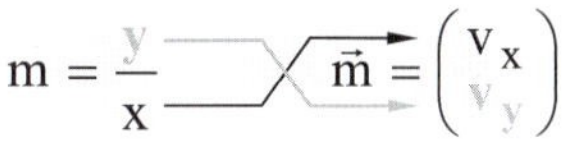

$$m = \frac{y}{x} \quad \longrightarrow \quad \vec{m} = \begin{pmatrix} v_x \\ v_y \end{pmatrix}$$

Die **x-Koordinate** des Steigungspfeils gibt an, wie viele Längeneinheiten man nach **rechts** ($v_x > 0$) bzw. nach **links** ($v_x < 0$) zeichnen muss.
Die **y-Koordinate** des Steigungspfeils gibt an, wie viele Längeneinheiten man nach **oben** ($v_y > 0$) bzw. nach **unten** ($v_y < 0$) zeichnen muss.

Beispiel

Zeichne die Gerade g mit $y = \frac{1}{2} x$ mithilfe des Steigungspfeils.

Lösung:

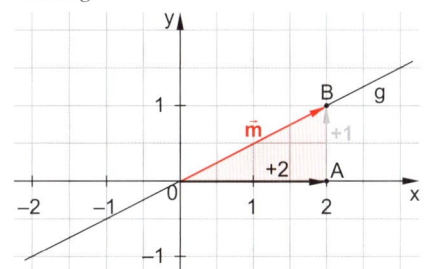

Aufstellen des Steigungspfeils:

$$m = \frac{1}{2} \quad \longrightarrow \quad \vec{m} = \begin{pmatrix} 2 \\ 1 \end{pmatrix}$$

Ausgehend vom Ursprung O(0|0) trage $v_x = 2$ und daran anschließend $v_y = 1$ an.

Es entsteht das Steigungsdreieck OAB.

Aufgaben

51 Zeichne die durch folgende Gleichungen gegebenen Geraden in ein Koordinatensystem.

a) g: $y = 3x$ b) h: $y = \frac{2}{3} x$ c) i: $2x + 5y = 0$

52 Gib die Gleichung der Ursprungsgeraden g an.

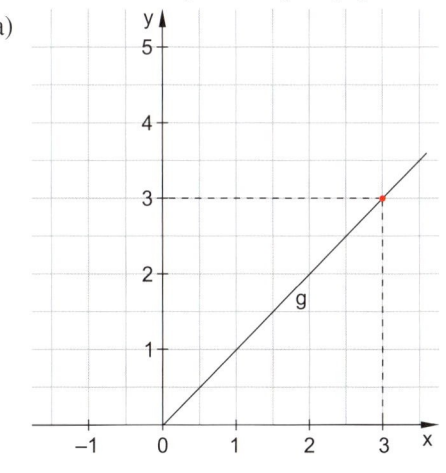

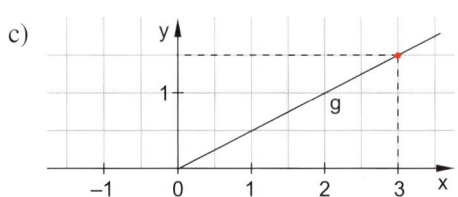

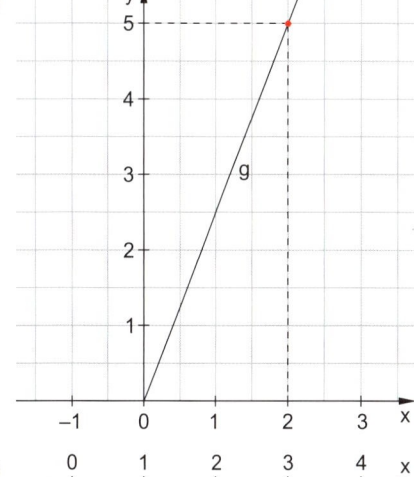

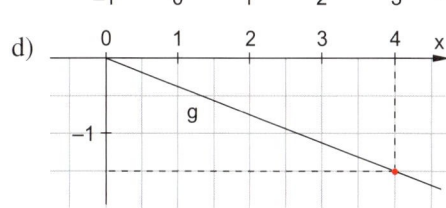

Geraden in beliebiger Lage – Die Normalform: y = mx + t

Merke

Funktionen mit Gleichungen der Form y = mx + t (m ∈ ℝ) heißen **lineare Funktionen**.
- Ihre Graphen sind Geraden mit der **Steigung m** und dem **y-Achsenabschnitt t**.
- Die Gleichung y = mx + t heißt **Normalform** der Geradengleichung.
- Durch Verschieben der Ursprungsgeraden g: y = mx mit dem Vektor $\vec{v} = \begin{pmatrix} 0 \\ t \end{pmatrix}$ erhält man die Bildgerade g': y = mx + t, die die y-Achse im Punkt T(0|t) schneidet.

Beispiel

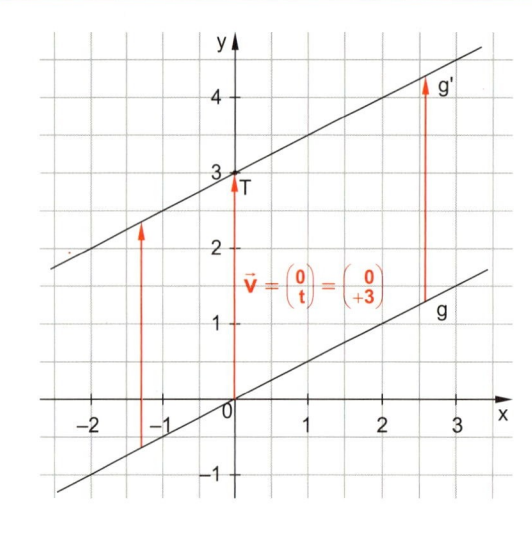

$g: y = \frac{1}{2}x \xrightarrow{\vec{v} = \begin{pmatrix} 0 \\ +3 \end{pmatrix}} g': y = \frac{1}{2}x + 3$

$\Rightarrow T(0|3)$

$\vec{v} = \begin{pmatrix} 0 \\ t \end{pmatrix} = \begin{pmatrix} 0 \\ +3 \end{pmatrix}$

Aufgaben

53 Gib die Gleichung der Bildgeraden von $g: y = \frac{1}{2}x$ an, wenn g mit dem Vektor $\vec{v} = \begin{pmatrix} 0 \\ -2 \end{pmatrix}$ verschoben wird.

54 Überprüfe rechnerisch, ob die Punkte A(−7|−8) bzw. $B\left(1\frac{5}{6} \mid -2\frac{1}{4}\right)$ auf der Geraden g: 3x − 2y − 10 = 0 liegen.

55 Gegeben ist die Gerade $g: y = -\frac{1}{2}x - 2$.

Bestimme rechnerisch die Nullstelle der Funktion und den Schnittpunkt N mit der x-Achse.

Tipp

/ Die Belegung x_0, für die eine Funktion f den Funktionswert 0 besitzt, heißt **Nullstelle**
/ der Funktion: $f(x_0) = 0$. Im Koordinatensystem liegt der zugehörige Punkt $N(x_0|0)$ auf
/ der x-Achse.

56 Bestimme rechnerisch die Gleichung der Geraden h mit m = 2 und P(3|5) ∈ h.

Interaktive Aufgaben

/ 4. Gerade zuordnen
/ 5. Funktion zuordnen
/ 6. Steigung und Punkt gegeben

Training Grundwissen: 2 Grundwissen 9. Klasse

Berechnung der Geradengleichung mithilfe zweier Punkte

Merke

Eine Gerade lässt sich durch zwei Punkte eindeutig festlegen. Um die Gleichung einer durch zwei Punkte $A(x_a|y_a)$ und $B(x_b|y_b)$ verlaufenden Geraden zu bestimmen, berechnet man zunächst den Steigungspfeil $\overrightarrow{AB}$ und daraus die Steigung m. Danach bestimmt man den Achsenabschnitt t durch Einsetzen von A oder B.

Beispiele

1. Berechne die Gleichung der Geraden g, die durch $A(5|3)$ und $B(9|6)$ verläuft.

   Lösung:
   Berechnung der Steigung m:

   $\overrightarrow{AB} = \binom{9-5}{6-3} = \binom{4}{3}$ — Berechne die Koordinaten des Steigungspfeils $\overrightarrow{AB}$: „Spitze minus Fuß"

   $m_{AB} = \frac{v_y}{v_x} = \frac{3}{4}$ — Gib die Steigung an und setze den Wert $m_{AB} = \frac{3}{4}$ in die Gleichung $y = mx + t$ ein.

   $m_{AB} = \frac{3}{4}: \quad y = \frac{3}{4}x + t$

   Berechnung des y-Achsenabschnitts t:

   $A(5|3) \in g: \quad 3 = \frac{3}{4} \cdot 5 + t$ — Koordinaten von A oder B einsetzen, um t zu berechnen

   $\Leftrightarrow \quad \frac{12}{4} = \frac{15}{4} + t \quad \Big| -\frac{15}{4} \qquad 3 = \frac{12}{4}$

   $\Leftrightarrow \quad t = \frac{12}{4} - \frac{15}{4}$

   $\Leftrightarrow \quad t = -\frac{3}{4}$

   also: $g: y = \frac{3}{4}x - \frac{3}{4}$ — Gleichung von g angeben

2. Berechne die Gleichung der Ursprungsgeraden g durch $Q(3|5)$:

   Lösung:
   Berechnung der Steigung m:

   $\overrightarrow{OB} = \binom{3-0}{5-0} = \binom{3}{5}$ — Bei Ursprungsgeraden ist mit dem Ursprung $O(0|0)$ bereits ein Punkt auf der Geraden gegeben. Der Steigungspfeil ist dann $\overrightarrow{OB}$.

   $m_{OB} = \frac{5}{3}$ — Gib die Steigung m_{OB} an.

   also: $g: y = \frac{5}{3}x$ — Geradengleichung angeben. Bei Ursprungsgeraden ist $t = 0$.

Aufgaben

57 Gib die Gleichung der Ursprungsgeraden g an, die durch den folgenden Punkt verläuft.

a) $A(5|8)$ \qquad b) $B(2|4{,}2)$ \qquad c) $C\left(-\frac{1}{3}\Big|-\frac{3}{4}\right)$ \qquad d) $D(-1{,}7|-2{,}89)$

58 Berechne die Gleichung der Geraden i durch die Punkte $S(-2|1)$ und $T(6|5)$.

59 Von der Geraden g ist der y-Achsenabschnitt $t = 1$ und der Punkt $P(4|-5)$ gegeben. Bestimme die Gleichung von g.

Interaktive Aufgabe

✏ 7. Zwei Punkte gegeben

Zeichnen von Geraden

Merke

Zum Zeichnen von Geraden gibt es 3 Möglichkeiten:
- y-Achsenabschnitt und Steigungsdreieck
- Berechnung der Koordinaten zweier Punkte
- y-Achsenabschnitt und Nullstelle

Geraden mit Steigung m = 0 (Parallelen zur x-Achse) können auch einfacher, allein mithilfe des Achsenabschnitts t, gezeichnet werden.

Beispiele

1. Zeichne die Gerade g: $y = 1{,}5x - 3$.

   Lösung:

   y-Achsenabschnitt und Steigungsdreieck:

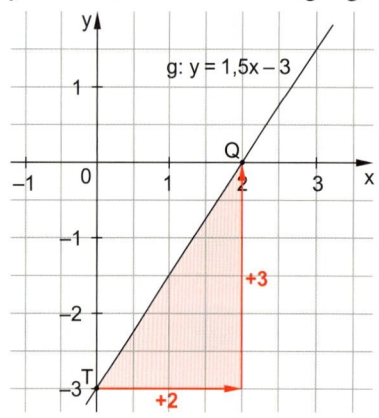

   Der y-Achsenabschnitt t ist −3. Die Gerade verläuft also durch den Punkt T(0|−3). Die Steigung m ist $1{,}5 = \frac{3}{2}$. Man erhält einen weiteren Punkt Q, wenn man von T(0|−3) aus ein Steigungsdreieck zeichnet. Der Steigung $\frac{3}{2}$ entsprechend geht man zunächst 2 Längeneinheiten in Richtung der x-Achse und dann 3 Längeneinheiten in Richtung der y-Achse und erhält so den Punkt Q(2|0).

2. Zeichne die Gerade h: $y = \frac{1}{4}x + \frac{5}{2}$.

   Lösung:

   Berechnung der Koordinaten zweier Punkte:

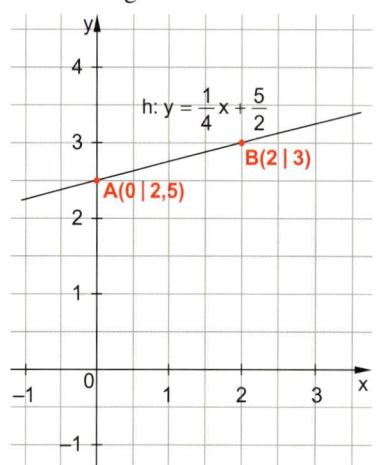

   Man berechnet die Koordinaten zweier beliebiger Punkte A und B, die auf h liegen. Dazu wählt man eine beliebige x-Koordinate und berechnet die zugehörige y-Koordinate des Punktes:

   $A(\mathbf{0}|y_A) \in h: y_A = \frac{1}{4} \cdot \mathbf{0} + \frac{5}{2}$

   $\Leftrightarrow \quad y_A = 2{,}5$

   also: $A(0|2{,}5) \in h$

   $B(\mathbf{2}|y_B) \in h: y_B = \frac{1}{4} \cdot \mathbf{2} + \frac{5}{2}$

   $\Leftrightarrow \quad y_B = 3$

   also: $B(2|3) \in h$

3. Zeichne die Gerade i: $y = -2x + 4$.

Lösung:

y-Achsenabschnitt und Nullstelle:

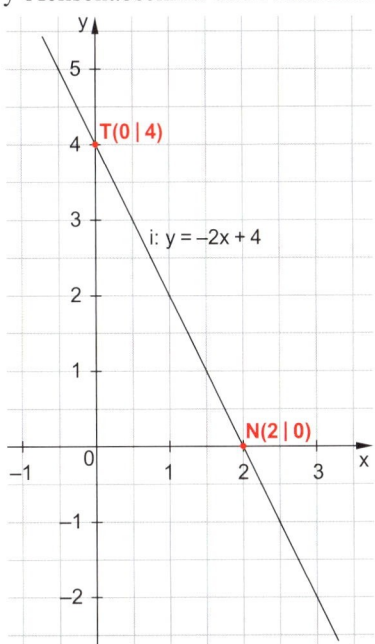

Der y-Achsenabschnitt t ist +4.

Die Gerade verläuft also durch den Punkt T(0|4).

Die Koordinaten des Schnittpunkts N mit der x-Achse erhält man für y = 0:

$N(x_0|0) \in i: 0 = -2 \cdot x_0 + 4 \quad |+2x_0$

$\Leftrightarrow \quad 2x_0 = 4$

$\Leftrightarrow \quad x_0 = 2$

also: $N(2|0) \in i$

Die Gerade i verläuft damit durch die Punkte T(0|4) und N(2|0).

Tipp

Eine Gerade lässt sich durch zwei Punkte eindeutig festlegen. Zum Zeichnen einer **Ursprungsgeraden** benötigt man also außer dem Ursprung O(0|0) nur noch die Koordinaten eines weiteren Punktes P(x|y) auf der Ursprungsgeraden.

Beispiel

Zeichne den Graphen der Funktion mit g: $y = \frac{1}{2}x$.

Lösung:

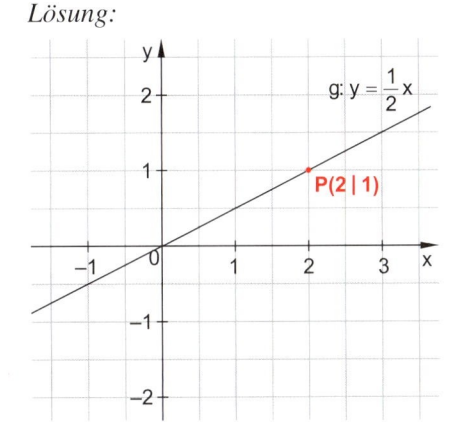

Berechnung der Koordinaten eines zweiten Punktes P der Ursprungsgeraden:
Setze einen beliebigen Wert für x in die Funktionsgleichung von g ein und berechne y:

$P(2|y_P) \in g: y_P = \frac{1}{2} \cdot 2$

$\Leftrightarrow \quad y_P = 1$

also: $P(2|1) \in g$

Aufgaben

60 Zeichne die Graphen der Lösungsgeraden h, i und g aus den Aufgaben 56, 58 und 59 in ein Koordinatensystem.

61 Zeichne die Gerade g: $y = -\frac{4}{5}x - \frac{5}{4}$ mithilfe zweier Punkte.

Interaktive Aufgabe

8. Gerade zeichnen

Training Grundwissen: 2 Grundwissen 9. Klasse

Punkt-Steigungs-Form: $y = m(x - x_P) + y_P$

Merke

Verläuft eine Gerade mit der Steigung m durch den Punkt $P(x_P | y_P)$, heißt die Gleichung: $y = m(x - x_P) + y_P$ **Punkt-Steigungs-Form** der Geraden.

Beispiele

1. Eine Gerade mit der Steigung $m = \frac{3}{4}$ verläuft durch den Punkt $C\left(-\frac{1}{2} \mid -1\right)$. Gib die Gleichung der Geraden in der Punkt-Steigungs-Form an und forme diese in die Normalform um.

   Lösung:

   $m = \frac{3}{4}$: $\quad y = \frac{3}{4}(x - x_C) + y_C$ Steigungsfaktor m in die Punkt-Steigungs-Form einsetzen

   $C\left(-\frac{1}{2} \mid -1\right) \in y = \frac{3}{4}\left(x - \left(-\frac{1}{2}\right)\right) + (-1)$ Koordinaten von C einsetzen

   $\Leftrightarrow y = \frac{3}{4}\left(x + \frac{1}{2}\right) - 1$

   $\Leftrightarrow y = \frac{3}{4}x + \frac{3}{8} - 1$ Vereinfache den Term und gib die Normalform an.

   $\Leftrightarrow y = \frac{3}{4}x - \frac{5}{8}$

2. Berechne die Normalform der Geraden EF mit $E(-1|0)$ und $F(2|4{,}5)$ mithilfe der Punkt-Steigungs-Form.

   Lösung:

   $\overrightarrow{EF} = \begin{pmatrix} 2-(-1) \\ 4{,}5-0 \end{pmatrix} = \begin{pmatrix} 3 \\ 4{,}5 \end{pmatrix}$ Berechne die Koordinaten des Steigungspfeils $\overrightarrow{EF}$.

   $m_{EF} = \frac{4{,}5}{3} = 1{,}5$ Steigung m_{EF} angeben

   $m_{EF} = 1{,}5$: $\quad y = 1{,}5(x - x_E) + y_E$ Steigungsfaktor m_{EF} sowie Koordinaten von E oder F einsetzen

   $E(-1|0) \in y = 1{,}5(x - (-1)) + 0$ Vereinfache den Term und gib die Normalform an.

   $\Leftrightarrow y = 1{,}5x + 1{,}5$

Aufgaben

62
a) Berechne die Gleichung der Geraden g, die die Steigung $m = 0{,}5$ hat und durch den Punkt $P(6|4)$ verläuft.
b) Berechne die Gleichung der Geraden h, die die Steigung $m = -\frac{2}{3}$ hat und durch den Punkt $B(-2\frac{1}{6} \mid -6)$ verläuft.

63 Berechne die Gleichung der Geraden, die durch die gegebenen Punkte verläuft.
a) $P(1|2)$; $Q(6|1)$
b) $U(-3|2)$; $V(5|-4)$

Interaktive Aufgabe

9. Punkt-Steigungs-Form

Parallele und orthogonale Geraden

Merke

Zwei Geraden g: $y = m_g \cdot x + t_g$ und h: $y = m_h \cdot x + t_h$ sind genau dann **parallel**, wenn sie die gleiche Steigung haben.
In Zeichen: $g \parallel h \Leftrightarrow m_g = m_h$

Beispiele

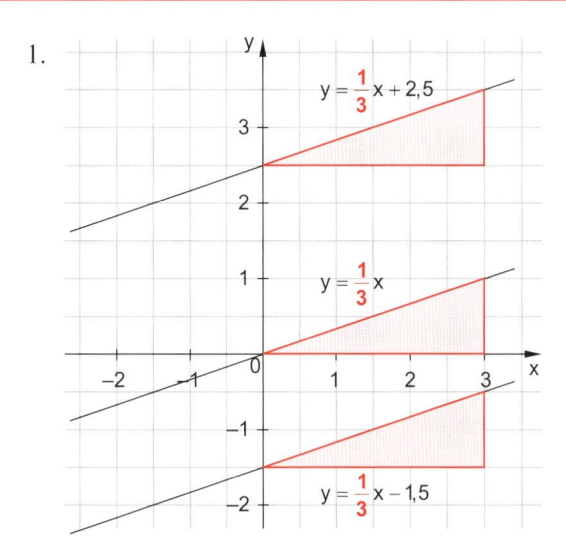

1. Alle drei Geraden besitzen die gleiche Steigung, sind also parallel.

   $y = \frac{1}{3}x + 2{,}5$

   $y = \frac{1}{3}x$

   $y = \frac{1}{3}x - 1{,}5$

2. Bestimme rechnerisch die Gleichung der Geraden h, die durch P(2|5) verläuft und zu i: $y = -\frac{1}{2}x - 2$ parallel ist.

   Lösung:

   $h \parallel i \Leftrightarrow m_h = m_i = -\frac{1}{2}$ Parallelitätsbedingung

   $m = -\frac{1}{2}: \quad y = -\frac{1}{2}x + t$ Steigung m in die Gleichung $y = mx + t$ einsetzen

   $P(2|5) \in h: 5 = -\frac{1}{2} \cdot 2 + t$ Koordinaten von P einsetzen und t berechnen

   $\Leftrightarrow \quad t = 6$

   also: $h: y = -\frac{1}{2}x + 6$ Gleichung von h angeben

Aufgaben

64 Überprüfe rechnerisch, ob die Geraden AB und CD zueinander parallel sind, wobei A(3|−4), B(7|3), C(2|9) und D(−2|1).

65 Bestimme durch Rechnung die Gleichung der zu e: $y = 2x + 2$ parallelen Geraden f durch den Punkt P(2|1).

66 Zeige, dass das Viereck PQRS mit P(−4|−3), Q(2|−1), R(5|4) und S(−1|2) ein Parallelogramm ist.

Training Grundwissen: 2 Grundwissen 9. Klasse

Merke

Zwei Geraden g: $y = m_g \cdot x + t_g$ und h: $y = m_h \cdot x + t_h$ stehen genau dann **senkrecht** aufeinander, wenn das Produkt ihrer beiden Steigungen -1 ergibt.
In Zeichen: $g \perp h \Leftrightarrow m_g \cdot m_h = -1$
Senkrechte Geraden nennt man auch **orthogonal**.

Beispiele

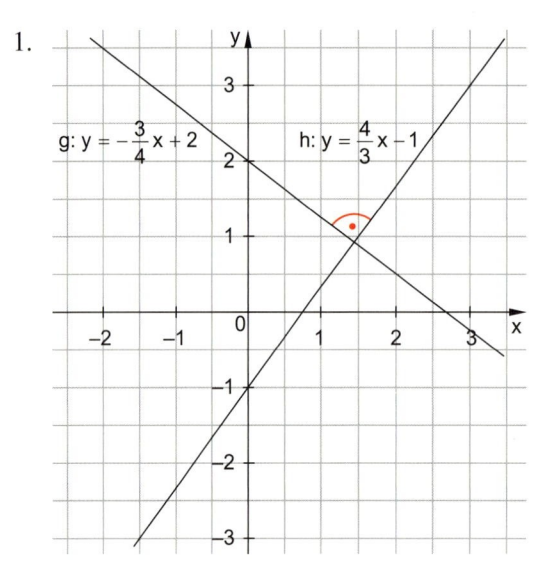

1.

g: $y = -\frac{3}{4}x + 2$ und h: $y = \frac{4}{3}x - 1$

$m_g \cdot m_h = \left(-\frac{3}{4}\right) \cdot \frac{4}{3} = -1$ also: $g \perp h$

2. Bestimme die Gleichung der zu g: $y = 0{,}5x + 4$ orthogonalen Geraden h, die durch den Punkt $P(3|-1)$ verläuft.

Lösung:

Wegen $m_g = 0{,}5$ gilt:	Berechne m_h mithilfe der Formel $m_g \cdot m_h = -1$.
$0{,}5 \cdot m_h = -1$	Löse nach m_h auf.
$\Leftrightarrow \quad m_h = -2$	
$m_h = \mathbf{-2}$: $\quad y = \mathbf{-2}x + t$	Steigung m in die Gleichung $y = mx + t$ einsetzen
$P(\mathbf{3}|\mathbf{-1}) \in h: \mathbf{-1} = -2 \cdot \mathbf{3} + t$	Koordinaten von P einsetzen und t berechnen
$\Leftrightarrow \quad t = 5$	
h: $y = -2x + 5$	Gleichung von h angeben

Aufgaben

67 Bestimme die Gleichung der zu g: $5x + 4y = 12$ orthogonalen Geraden h, die durch den Punkt $P(2|3)$ verläuft.

68 Welche der folgenden Geraden stehen aufeinander senkrecht?

g_1: $y = \frac{3}{4}x + 3$ $\qquad\qquad g_2$: $-4x + 3y = 12$

g_3: $-2y - 11 = \frac{3}{2}x$ $\qquad\qquad g_4$: $4x - 3y = 5$

g_5: $\frac{2}{3}(9 + 4{,}5y) = -4x$

Training Grundwissen: 2 Grundwissen 9. Klasse | 49

69 Kreuze an. Welche zwei Geraden aus den nachfolgend genannten sind zueinander …

a) parallel?

- ☐ $g_1: y = \frac{3}{2}x - 4$
- ☐ $g_2: y = 3x + 7$
- ☐ $g_3: y = 0{,}6x - 0{,}5$
- ☐ $g_4: y = -\frac{2}{3}x - 1$
- ☐ $g_5: y = 1{,}5x$
- ☐ $g_6: y = 0{,}66x + 0{,}125$

b) orthogonal?

- ☐ $h_1: y = \frac{1}{3}x - 4$
- ☐ $h_2: y = 3x + 7$
- ☐ $h_3: y = 0{,}3x - 0{,}5$
- ☐ $h_4: y = -\frac{2}{3}x$
- ☐ $h_5: y = -\frac{1}{3}x$
- ☐ $h_6: y = 1x + 0{,}1$

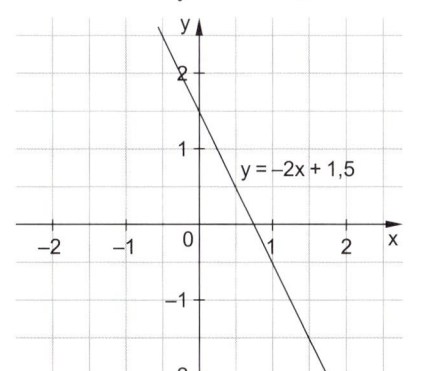

Interaktive Aufgabe

🖉 10. Parallele und orthogonale Geraden

Normalform, Punkt-Steigungs-Form und allgemeine Form

Merke

Es gibt verschiedene Formen, eine Geradengleichung anzugeben:
- Normalform: $\quad y = mx + t \quad m, t \in \mathbb{R}$
- Punkt-Steigungs-Form: $\quad y = m(x - x_P) + y_P \quad m, x_P, y_P \in \mathbb{R}$
- Allgemeine Form: $\quad ax + by + c = 0 \quad a, b, c \in \mathbb{R}; b \neq 0$

Beispiele

1. $y = 2x - 3$ — Gerade in Normalform mit der Steigung $m = 2$ und dem y-Achsenabschnitt $t = -3$.

2. $y = 0{,}5(x - 2) + 3{,}5$ — Gerade in Punkt-Steigungs-Form mit der Steigung $m = 0{,}5$ durch den Punkt $P(2 \mid 3{,}5)$.

3. $4x + 3y - 5 = 0$ — Gerade in allgemeiner Form mit der Steigung $m = -\frac{4}{3}$ und y-Achsenabschnitt $t = \frac{5}{3}$ (anhand der Normalform ablesbar).

4. Gegeben ist die allgemeine Form der Geradengleichung mit $4x + 2y - 3 = 0$.
   Gib die Normalform an und zeichne die Gerade.

   Lösung:

   $4x + 2y - 3 = 0 \quad | -4x + 3$ — Löse durch Äquivalenzumformungen nach y auf.

   $\Leftrightarrow \quad 2y = -4x + 3 \quad | :2$

   $\Leftrightarrow \quad y = -2x + 1{,}5$ — Normalform

   Die Gerade mit der Steigung $m = -2$ und dem y-Achsenabschnitt $t = 1{,}5$ kann jetzt leicht gezeichnet werden.

Aufgaben

70 Gegeben ist die Punkt-Steigungs-Form der Geradengleichung mit $y = \frac{1}{6}(x-16)+1$.
Gib die Normalform an und zeichne die Gerade in ein Koordinatensystem ein.

71 Gegeben ist die allgemeine Form der Geradengleichung mit $\frac{1}{2}x - 3y - 5 = 0$.
Gib die Normalform an und zeichne die Gerade in ein Koordinatensystem ein.

72 Gegeben ist die Gerade g mit $y = -\frac{2}{5}x + 4$.
a) Bestimme rechnerisch die Nullstelle der Funktion.
b) Zeichne die Gerade g mittels Steigungsdreieck in ein Koordinatensystem.
c) Überprüfe rechnerisch, ob der Punkt A(192|−73) auf der Geraden liegt.
d) Der Punkt B(x_B|40) liegt auf g. Berechne die fehlende Koordinate.
e) Berechne die Gleichung der Geraden h, die parallel zu g und durch den Punkt C(6,25|−12,5) verläuft.
f) Berechne die Gleichung der Geraden i, die orthogonal zu g ist und durch den Punkt D(−9|3) verläuft.

73 Ordne den Graphen in der Zeichnung aus den folgenden Gleichungen die richtige zu.
$y = 2$ $y = -x$ $x = 2$ $y = x$

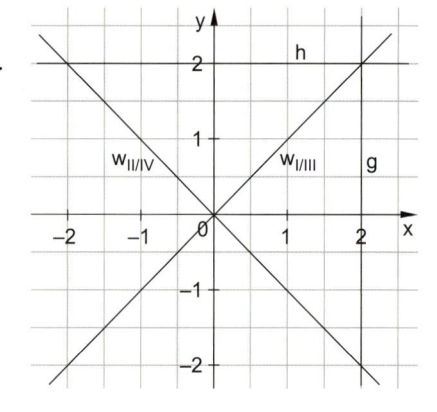

2.2 Lineare Gleichungssysteme

Ein lineares Gleichungssystem erhält man durch Verknüpfung von 2 linearen Gleichungen durch „und zugleich". Die Lösungsmenge $\mathbb{L}$ eines linearen Gleichungssystems beinhaltet alle Paare (x|y) aus der Grundmenge $\mathbb{G}$, die **beide** Gleichungen erfüllen.

Grafisches Lösungsverfahren

Merke
- Zeichne die beiden Geraden, die den Gleichungen des linearen Gleichungssystems entsprechen.
- Bestimme aus dem Diagramm die Koordinaten des Schnittpunkts. Falls ein Schnittpunkt existiert, bilden dessen Koordinaten die Lösung.
- Mache die Probe durch Einsetzen.

Beispiel

Gesucht sind alle Paare (x|y) aus der Grundmenge $\mathbb{G} = \mathbb{R} \times \mathbb{R}$, die folgende beide Gleichungen erfüllen.

$$\left| \begin{array}{l} y = 2x - 1 \\ \wedge\; y = 0{,}5x + 2 \end{array} \right.$$

Lösung:

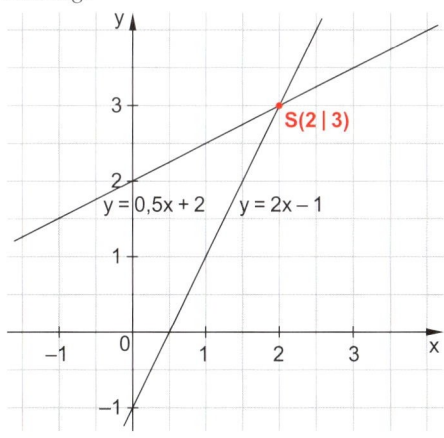

Die Lösungsmenge jeder linearen Gleichung lässt sich als Gerade veranschaulichen. Die beiden gegebenen Gleichungen sind bereits in der Normalform $y = mx + t$ gegeben. Die zugehörigen Geraden lassen sich leicht einzeichnen.
Der Punkt S(2|3) ist der einzige Punkt, der auf beiden Geraden zugleich liegt. Somit ist das Paar (2|3) auch das einzige Paar, das beide Gleichungen erfüllt.

Schnittpunkt S(2|3), also x = 2 und y = 3.
Probe:

$$\left| \begin{array}{l} \mathbf{3} = 2 \cdot \mathbf{2} - 1 \quad \text{(wahr)} \\ \wedge\; \mathbf{3} = 0{,}5 \cdot \mathbf{2} + 2 \quad \text{(wahr)} \end{array} \right.$$

Einsetzen von S in beide Gleichungen

Grundmengenbetrachtung:
(2|3) gehört zur Grundmenge $\mathbb{R} \times \mathbb{R}$.
Lösungsmenge: $\mathbb{L} = \{(2|3)\}$

Obiges Gleichungssystem hat genau **eine** Lösung. Allgemein sind 3 Fälle möglich.

Merke

Ein lineares Gleichungssystem besitzt entweder **keine** Lösung, **eine** Lösung oder **unendlich viele** Lösungen.

Beispiele

1. Keine Lösung (parallele, aber nicht identische Geraden)

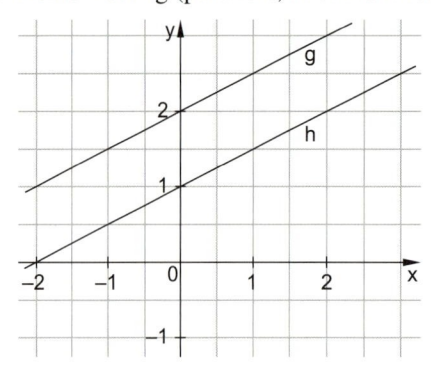

Nicht identische, parallele Geraden haben keine Punkte gemeinsam. Demnach gibt es auch kein Paar (x|y), das die beiden zugehörigen Gleichungen zugleich erfüllt.

$\mathbb{L} = \emptyset$

$m_g = m_h \land t_g \neq t_h \Rightarrow$ **parallele Geraden ohne Schnittpunkt**

2. Genau eine Lösung (sich schneidende Geraden)

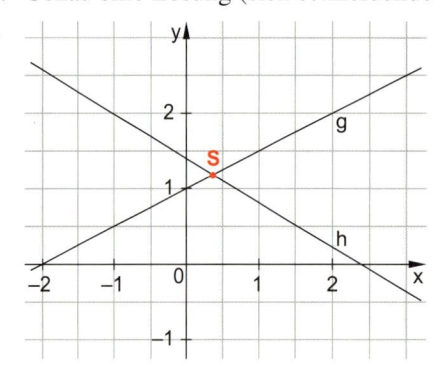

Geraden, die nicht parallel sind (unterschiedliche Steigung), schneiden sich in genau einem Punkt S. Es gibt deshalb genau eine Lösung.

$\mathbb{L} = \{S\}$

$m_g \neq m_h \Rightarrow$ **sich schneidende Geraden mit genau einem Schnittpunkt**

3. Unendlich viele Lösungen (identische Geraden)

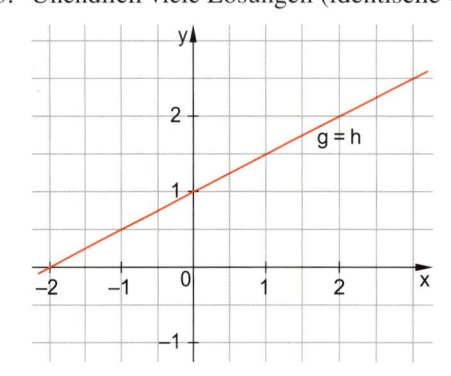

Identische Geraden schneiden sich in unendlich vielen Punkten. Es gibt deshalb unendlich viele Lösungen. Alle Paare, die zur Lösungsmenge gehören, werden durch die Geradengleichung beschrieben:

$\mathbb{L} = \{(x|y) | y = mx + t\}$

$m_g = m_h \land t_g = t_h \Rightarrow$ **identische Geraden mit unendlich vielen Schnittpunkten**

Aufgabe 74

Löse folgende Gleichungssysteme grafisch. (Grundmenge jeweils $\mathbb{R} \times \mathbb{R}$)

a) $\begin{array}{l} y = x - 2 \\ \land \quad y = -2x + 1 \end{array}$

b) $\begin{array}{l} 2y + x = 4 \\ \land \quad 2y = x \end{array}$

TIPP

Nach y auflösen! (Normalform)

Interaktive Aufgabe

1. Gleichungssystem grafisch lösen

Rechnerische Lösungsverfahren

Es gibt 4 Verfahren zur rechnerischen Lösung linearer Gleichungssysteme:
- Gleichsetzungsverfahren
- Einsetzungsverfahren
- Additionsverfahren
- Determinantenverfahren

Ziel der 3 erstgenannten Verfahren ist es, durch Umformung eine Gleichung zu erhalten, die nur noch eine Unbekannte enthält.

Merke

> **Gleichsetzungsverfahren**
> - Löse beide Gleichungen nach der Variablen y auf.
> - Setze die beiden Rechtsterme gleich.
> - Löse nach x auf.
> - Setze x in eine der beiden Gleichungen ein und bestimme y.
>
> (Das Verfahren funktioniert analog, wenn man die Rollen von x und y vertauscht.)
>
> **Tipp:** Günstiges Verfahren, wenn beide Gleichungen bereits nach der gleichen Variablen aufgelöst sind.

Beispiel

Bestimme die Lösungsmenge des Gleichungssystems über $\mathbb{G} = \mathbb{R} \times \mathbb{R}$.

$$\begin{vmatrix} y + 1 = 2x \\ \wedge \quad y = 0{,}5x + 2 \end{vmatrix}$$

Lösung:

$\begin{vmatrix} y + 1 = 2x & \quad |-1 \\ \wedge \quad y = 0{,}5x + 2 \end{vmatrix}$ Löse Gleichung I nach y auf.

$\Leftrightarrow \begin{vmatrix} y = \mathbf{2x - 1} \\ \wedge \quad y = \mathbf{0{,}5x + 2} \end{vmatrix}$ Setze die beiden Rechtsterme gleich.

$\Leftrightarrow \begin{vmatrix} \mathbf{2x - 1 = 0{,}5x + 2} \quad (I = II) \quad |-0{,}5x + 1 \\ \wedge \quad y = 0{,}5x + 2 \end{vmatrix}$ Gleichung I enthält jetzt nur noch die Unbekannte x, nach der nun aufgelöst wird.

$\Leftrightarrow \begin{vmatrix} 1{,}5x = 3 \quad |:1{,}5 \\ \wedge \quad y = 0{,}5x + 2 \end{vmatrix}$

$\Leftrightarrow \begin{vmatrix} x = 2 \\ \wedge \quad y = 0{,}5\mathbf{x} + 2 \end{vmatrix}$ Berechne y durch Einsetzen von x = 2 in Gleichung II.

$\Leftrightarrow \begin{vmatrix} x = 2 \\ \wedge \quad y = 0{,}5 \cdot \mathbf{2} + 2 \end{vmatrix}$

$\Leftrightarrow \begin{vmatrix} x = 2 \\ \wedge \quad y = 3 \end{vmatrix}$

$\mathbb{L} = \{(2\,|\,3)\}$

Aufgabe 75

Löse folgende Gleichungssysteme mit dem Gleichsetzungsverfahren über $\mathbb{G} = \mathbb{R} \times \mathbb{R}$.

a) $\begin{vmatrix} y = x - 2 \\ \wedge \quad y = -2x + 1 \end{vmatrix}$ b) $\begin{vmatrix} x = 3 - y \\ \wedge \quad x = 4 + 2y \end{vmatrix}$

c) $\begin{vmatrix} 4s = 3t - 7 \\ \wedge \quad 4s = 3t - 2 \end{vmatrix}$ d) $\begin{vmatrix} 0{,}4x - 5{,}2y = 1{,}4 \\ \wedge \quad 2{,}1x = 2{,}52 + 3{,}15y \end{vmatrix}$

Interaktive Aufgabe
2. Gleichsetzungsverfahren

Merke

Einsetzungsverfahren
- Löse eine der beiden Gleichungen nach der Variablen y auf.
- Setze den Rechtsterm der aufgelösten Gleichung anstelle der Variablen y in die andere Gleichung ein.
- Löse diese Gleichung nach der verbliebenen Variablen x auf.
- Setze x in eine der beiden Gleichungen ein und bestimme y.

(Das Verfahren funktioniert analog, wenn man die Rollen von x und y vertauscht.)
Tipp: Günstiges Verfahren, wenn eine der beiden Gleichungen bereits nach einer Variablen aufgelöst ist.

Beispiel

Bestimme die Lösungsmenge des Gleichungssystems über $\mathbb{G} = \mathbb{R} \times \mathbb{R}$.

$$\begin{vmatrix} y - 7 = 3x \\ \wedge \quad 2x + 2y = 4 \end{vmatrix}$$

Lösung:

$$\begin{vmatrix} y - 7 = 3x & |+7 \\ \wedge \quad 2x + 2y = 4 \end{vmatrix}$$

Löse Gleichung I nach y auf.

$$\Leftrightarrow \begin{vmatrix} y = 3x + 7 \\ \wedge \quad 2x + 2y = 4 \end{vmatrix}$$

Setze den Rechtsterm von Gleichung I in Gleichung II ein.

$$\Leftrightarrow \begin{vmatrix} y = 3x + 7 \\ \wedge \quad 2x + 2(3x + 7) = 4 \end{vmatrix} \quad \text{(I in II)}$$

Gleichung II enthält jetzt nur noch die Unbekannte x, nach der nun aufgelöst wird.

$$\Leftrightarrow \begin{vmatrix} y = 3x + 7 \\ \wedge \quad 2x + 6x + 14 = 4 \end{vmatrix}$$

$$\Leftrightarrow \begin{vmatrix} y = 3x + 7 \\ \wedge \quad 8x + 14 = 4 \end{vmatrix} \quad |-14$$

$$\Leftrightarrow \begin{vmatrix} y = 3x + 7 \\ \wedge \quad 8x = -10 \end{vmatrix} \quad |:8$$

$$\Leftrightarrow \begin{vmatrix} y = 3x + 7 \\ \wedge \quad x = -1,25 \end{vmatrix}$$

Berechne y durch Einsetzen von x = −1,25 in Gleichung I.

$$\Leftrightarrow \begin{vmatrix} y = 3(-1,25) + 7 \\ \wedge \quad x = -1,25 \end{vmatrix}$$

$$\Leftrightarrow \begin{vmatrix} y = 3,25 \\ \wedge \quad x = -1,25 \end{vmatrix}$$

$\mathbb{L} = \{(-1,25 \mid 3,25)\}$

Aufgabe 76

Interaktive Aufgabe
3. Einsetzungsverfahren

Löse folgende Gleichungssysteme über $\mathbb{G} = \mathbb{R} \times \mathbb{R}$ mit dem Einsetzungsverfahren.

a) $\begin{vmatrix} 6x + 4y = 3 \\ \wedge \quad y = 4x - 2 \end{vmatrix}$

b) $\begin{vmatrix} 4x - 4y = 2 \\ \wedge \quad x = 3 - y \end{vmatrix}$

c) $\begin{vmatrix} 0,5y = 0,6x + 0,3 \\ \wedge \quad 0,4x - 2,2 - y = 0 \end{vmatrix}$

d) $\begin{vmatrix} 0,6y + 2,58 = 2,7x \\ \wedge \quad 3y - 1,5x = 3,9 \end{vmatrix}$

Training Grundwissen: 2 Grundwissen 9. Klasse

Merke

Additionsverfahren
- Multipliziere, falls nötig, beide Gleichungen mit geeigneten Zahlen so, dass vor **einer** Variablen betragsgleiche Koeffizienten (Faktoren) mit **unterschiedlichen Vorzeichen** entstehen.
- Addiere die beiden Gleichungen.
- Löse nach der verbliebenen Variablen auf.
- Bestimme die fehlende Variable durch Einsetzen der zuvor berechneten.

Tipp: Günstiges Verfahren, wenn keine der beiden Gleichungen nach einer Variablen aufgelöst ist.

Beispiel

Bestimme die Lösungsmenge des Gleichungssystems über $\mathbb{G} = \mathbb{R} \times \mathbb{R}$.

$$\begin{vmatrix} 3x - 2y = 4 \\ \wedge \quad 2x - 5y = 10 \end{vmatrix}$$

Lösung:

$$\begin{vmatrix} \mathbf{3x} - 2y = 4 & | \cdot 2 \\ \wedge \quad \mathbf{2x} - 5y = 10 & | \cdot (-3) \end{vmatrix}$$

Hier lassen sich vor der Variablen x betragsgleiche Koeffizienten mit unterschiedlichen Vorzeichen erzeugen.

$$\Leftrightarrow \begin{vmatrix} \mathbf{6x} - 4y = 8 \\ \wedge \quad \mathbf{-6x} + 15y = -30 \end{vmatrix}$$

6 und –6 sind betragsgleich.

Addition der beiden Gleichungen:

$$+ \begin{vmatrix} 6x & -4y = & 8 \\ \wedge \quad -6x & +15y = & -30 \end{vmatrix}$$

$6x + (-6x) = 0$
$-4y + 15y = 11y$
$8 + (-30) = -22$

$$\Leftrightarrow \begin{vmatrix} 0 & +11y = -22 \quad (I+II) \quad |:11 \\ \wedge \quad -6x & +15y = -30 \end{vmatrix}$$

Das Ergebnis der Addition bildet zusammen mit Gleichung II (oder auch Gleichung I) ein äquivalentes Gleichungssystem.
Die neue Gleichung I enthält nur noch die Unbekannte y, nach der nun aufgelöst wird.

$$\Leftrightarrow \begin{vmatrix} y = -2 \\ \wedge \quad -6x + 15\mathbf{y} = -30 \end{vmatrix}$$

Berechne x durch Einsetzen von $y = -2$ in Gleichung II.

$$\Leftrightarrow \begin{vmatrix} y = -2 \\ \wedge \quad -6x + 15(\mathbf{-2}) = -30 \end{vmatrix}$$

$$\Leftrightarrow \begin{vmatrix} y = -2 \\ \wedge \quad -6x - 30 = -30 \quad |+30 \end{vmatrix}$$

$$\Leftrightarrow \begin{vmatrix} y = -2 \\ \wedge \quad -6x = 0 \quad |:(-6) \end{vmatrix}$$

$$\Leftrightarrow \begin{vmatrix} y = -2 \\ \wedge \quad x = 0 \end{vmatrix}$$

$\mathbb{L} = \{(0\,|\,-2)\}$

Aufgabe 77

Löse folgende Gleichungssysteme über $\mathbb{G} = \mathbb{R} \times \mathbb{R}$ mit dem Additionsverfahren.

a) $\begin{vmatrix} 4x + 6y = -3 \\ \wedge \quad 5x - 3y = -2 \end{vmatrix}$

b) $\begin{vmatrix} 3x - 0,5y + 2 = 4 \\ \wedge \quad 4x + 2y + 4 = 0 \end{vmatrix}$

c) $\begin{vmatrix} -1,3x + 4y = 2 \\ \wedge \quad 4,8x - 16y = 5 \end{vmatrix}$

d) $\begin{vmatrix} -0,4x - 0,5y = 3 \\ \wedge \quad -0,1y + 1,2x = 9 \end{vmatrix}$

Interaktive Aufgabe
4. Additionsverfahren

Merke

Determinantenverfahren

Nur anwendbar, wenn das Gleichungssystem folgende **Ausgangsform** hat:
$$\begin{aligned} a_1 x + b_1 y &= c_1 \\ \wedge \quad a_2 x + b_2 y &= c_2 \end{aligned}$$

Berechne die Determinanten D_N, D_x und D_y:

- $D_N = \begin{vmatrix} a_1 & b_1 \\ a_2 & b_2 \end{vmatrix} = a_1 b_2 - a_2 b_1$ (mit Koeffizienten von x und y)

- $D_x = \begin{vmatrix} c_1 & b_1 \\ c_2 & b_2 \end{vmatrix} = c_1 b_2 - c_2 b_1$ (ohne Koeffizienten von x)

- $D_y = \begin{vmatrix} a_1 & c_1 \\ a_2 & c_2 \end{vmatrix} = a_1 c_2 - a_2 c_1$ (ohne Koeffizienten von y)

Folgende Fälle sind möglich:
1. $D_N \neq 0 \Rightarrow$ genau **eine** Lösung $\mathbb{L} = \left\{ \left(\frac{D_x}{D_N} \middle| \frac{D_y}{D_N} \right) \right\}$ („sich schneidende Geraden")
2. $D_N = 0$ und zugleich $D_x \neq 0$ oder $D_y \neq 0 \Rightarrow$ **keine** Lösung („parallele Geraden")
3. $D_N = 0$ und zugleich $D_x = D_y = 0 \Rightarrow$ **unendlich viele** Lösungen („ident. Geraden")

Beispiel

Bestimme die Lösungsmenge des Gleichungssystems über $\mathbb{G} = \mathbb{R} \times \mathbb{R}$.
$$\begin{aligned} 2x - 3y &= 5 \\ \wedge \quad 4x + y &= 6 \end{aligned}$$

Lösung:

$\begin{aligned} 2x + (-3)y &= 5 \\ \wedge \quad 4x + 1y &= 6 \end{aligned}$ Bringe in die Ausgangsform.

Es gilt: $a_1 = 2 \quad b_1 = -3 \quad c_1 = 5$
$\phantom{\text{Es gilt: }} a_2 = 4 \quad b_2 = 1 \quad c_2 = 6$ Bilde die drei Determinanten aus den Koeffizienten.

$D_N = \begin{vmatrix} a_1 & b_1 \\ a_2 & b_2 \end{vmatrix} = \begin{vmatrix} 2 & -3 \\ 4 & 1 \end{vmatrix} = 2 \cdot 1 - 4 \cdot (-3) = 14$ D_N wird aus den Koeffizienten von x und y gebildet.

$D_x = \begin{vmatrix} c_1 & b_1 \\ c_2 & b_2 \end{vmatrix} = \begin{vmatrix} 5 & -3 \\ 6 & 1 \end{vmatrix} = 5 \cdot 1 - 6 \cdot (-3) = 23$ D_x wird ohne die Koeffizienten von x gebildet.

$D_y = \begin{vmatrix} a_1 & c_1 \\ a_2 & c_2 \end{vmatrix} = \begin{vmatrix} 2 & 5 \\ 4 & 6 \end{vmatrix} = 2 \cdot 6 - 4 \cdot 5 = -8$ D_y wird ohne die Koeffizienten von y gebildet.

$x = \dfrac{D_x}{D_N} = \dfrac{23}{14} \qquad y = \dfrac{D_y}{D_N} = \dfrac{-8}{14} = -\dfrac{4}{7}$ Da $D_N \neq 0$, gibt es genau eine Lösung, die sich über die Determinanten berechnen lässt.

$\mathbb{L} = \left\{ \left(\dfrac{23}{14} \middle| -\dfrac{4}{7} \right) \right\}$

Aufgabe 78

Interaktive Aufgabe

5. Determinantenverfahren

Löse mit dem Determinantenverfahren über $\mathbb{G} = \mathbb{R} \times \mathbb{R}$.

a) $\begin{aligned} -6x + 3y &= 4 \\ \wedge \quad 2y + 3x &= -2 \end{aligned}$

b) $\begin{aligned} -4x + 2y &= 6 \\ \wedge \quad -6x + 3y &= 4 \end{aligned}$

c) $\begin{aligned} -4x + 5y &= 8 \\ \wedge \quad 8x - 10y &= -16 \end{aligned}$

d) $\begin{aligned} \tfrac{1}{4}x - \tfrac{1}{3}y - 9 &= 0 \\ \wedge \quad \tfrac{3}{4}x - \tfrac{1}{4}y - 2 &= 0 \end{aligned}$

Interaktive Aufgaben

/ 6. Hannes, René und Aaron
/ 7. Komplexes Gleichungssystem

2.3 Reelle Zahlen

Die Quadratwurzel

Merke

Die **Quadratwurzel** $\sqrt{a}$ einer **positiven Zahl** a ist die **positive Zahl**, die mit sich selbst multipliziert wieder a ergibt.
Es gilt also: $\sqrt{a} \cdot \sqrt{a} = a$ bzw. $\sqrt{a}^2 = a$
Die Zahl unter der Wurzel nennt man **Radikand**.

Beispiele

1. $\sqrt{625} = 25$ 25 ist die positive Zahl, die mit sich selbst multipliziert 625 ergibt: $25 \cdot 25 = 625$

2.

$\sqrt{1} = 1$	$\sqrt{4} = 2$	$\sqrt{9} = 3$	$\sqrt{16} = 4$	$\sqrt{25} = 5$
$\sqrt{36} = 6$	$\sqrt{49} = 7$	$\sqrt{64} = 8$	$\sqrt{81} = 9$	$\sqrt{100} = 10$
$\sqrt{121} = 11$	$\sqrt{144} = 12$	$\sqrt{169} = 13$	$\sqrt{196} = 14$	$\sqrt{225} = 15$
$\sqrt{256} = 16$	$\sqrt{289} = 17$	$\sqrt{324} = 18$	$\sqrt{361} = 19$	$\sqrt{400} = 20$

Irrationale Zahlen

Merke

Es existieren Zahlen, die sich nicht als Bruch darstellen lassen, also keine rationalen Zahlen aus der Zahlenmenge $\mathbb{Q}$ sind. Diese Zahlen lassen sich trotzdem eindeutig auf der Zahlengeraden festlegen. Man nennt diese Zahlen **irrationale Zahlen**.

Beispiel

$\sqrt{2}$ ist die positive Zahl, die mit sich selbst multipliziert 2 ergibt. Als Näherungswert erhält man 1,41421356237… Diese Zahl ist ein unendlicher, nichtperiodischer Dezimalbruch und lässt sich nicht vollständig als Dezimalbruch oder Bruch darstellen. Damit liegt $\sqrt{2}$ nicht in $\mathbb{Q}$. Weitere irrationale Zahlen sind z. B.:

- $\sqrt{5}, \sqrt{6}$
- $1,0\underbrace{10}_{1}0\underbrace{100}_{2}0\underbrace{1000}_{3}0\underbrace{10000}_{4}0\underbrace{100000}_{5}1\ldots$
- Kreiszahl $\pi = 3,141592653589793238\ldots$

Die Menge der reellen Zahlen $\mathbb{R}$

Merke

Die Menge der **reellen Zahlen** $\mathbb{R}$ erhält man, wenn man die Menge der rationalen Zahlen $\mathbb{Q}$ um die irrationalen Zahlen erweitert. Die Menge der reellen Zahlen ist die Menge aller Zahlen auf der Zahlengeraden.

Übersicht über die einzelnen Zahlbereiche:

Reelle Zahlen ℝ

(ℚ, ℤ, ℕ₀, Irrationale Zahlen)

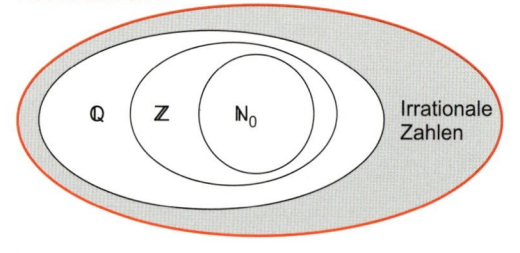

$\mathbb{N}_0$: Natürliche Zahlen einschließlich 0: 0; 1; 2; 3 …
$\mathbb{Z}$: Ganze Zahlen
Erweitert $\mathbb{N}_0$ um negative ganze Zahlen: –1; –2 …
$\mathbb{Q}$: Rationale Zahlen
Erweitert $\mathbb{Z}$ um Brüche: $\frac{2}{3}; -\frac{1}{5}; 1,5; -1,6 \ldots$
$\mathbb{R}$: Reelle Zahlen
Erweitert $\mathbb{Q}$ um irrationale Zahlen: $\sqrt{2}; -\sqrt{3}; \pi \ldots$

Rechnen mit Wurzeltermen

Lösen von Gleichungen der Form $x^2 = a$

Merke

> Die Gleichung $x^2 = a$ hat für $a \in \mathbb{R}^+$ zwei Lösungen $x_1 = -\sqrt{a}$ und $x_2 = \sqrt{a}$.

Beispiel

$$x^2 = 4 \quad | \sqrt{}$$
$$\Leftrightarrow |x| = \sqrt{4}$$
$$\Leftrightarrow x_1 = -\sqrt{4} = -2 \quad \vee \quad x_2 = \sqrt{4} = 2$$

Es gibt zwei Lösungen, denn $(-2) \cdot (-2) = 4$ und $2 \cdot 2 = 4$.

Aufgabe 79

Interaktive Aufgaben
1. Gleichung lösen
2. Gleichung lösen

Löse folgende Gleichungen über der Grundmenge $\mathbb{R}$.

a) $x^2 = 8$
b) $2x^2 = 32$
c) $-8x^2 + 4 = -6$
d) $12x^2 = -24$
e) $-\frac{1}{2}x^2 + 15 = 2,5$
f) $\frac{3}{4}x^2 - \frac{1}{8} = 1\frac{5}{24}$

Addition und Subtraktion von Wurzeltermen

Merke

> Wurzeln mit gleichen Radikanden werden addiert bzw. subtrahiert, indem man die Koeffizienten addiert bzw. subtrahiert.
> $b\sqrt{a} + c\sqrt{a} = (b+c)\sqrt{a}$
> $b\sqrt{a} - c\sqrt{a} = (b-c)\sqrt{a}$

Beispiele

1. $3\sqrt{5} + 4\sqrt{5} = (3+4) \cdot \sqrt{5} = 7\sqrt{5}$ Anstelle von $7 \cdot \sqrt{5}$ schreibt man auch nur $7\sqrt{5}$.
2. $6\sqrt{7} + 3\sqrt{7} = 9\sqrt{7}$
3. $11\sqrt{8} - 5\sqrt{8} = 6\sqrt{8}$

Aufgabe 80

Interaktive Aufgabe
3. Wurzelterme zusammenfassen

Löse folgende Aufgaben wie in den obigen Beispielen.

a) $5\sqrt{x} - 3\sqrt{x}$
b) $6\sqrt{x} + 9\sqrt{x} - 4\sqrt{y} - 2\sqrt{y}$
c) $\sqrt{3} - 2\sqrt{6} + 4\sqrt{3} + 3\sqrt{6}$
d) $-9\sqrt{x} + 4\sqrt{3} - 8\sqrt{x} - 10\sqrt{3}$

Training Grundwissen: 2 Grundwissen 9. Klasse

Multiplikation und Division von Wurzeltermen

Merke

Rechengesetze

Für positive reelle Zahlen a, b ∈ $\mathbb{R}_0^+$ gilt:

$$\sqrt{a} \cdot \sqrt{b} = \sqrt{a \cdot b} \qquad \sqrt{a} : \sqrt{b} = \sqrt{a : b} \qquad \frac{\sqrt{a}}{\sqrt{b}} = \sqrt{\frac{a}{b}} \qquad \sqrt{a^2} = a \qquad \sqrt{a}^2 = a$$

Beispiele

1. $3\sqrt{2} \cdot 4\sqrt{2} = 3 \cdot 4 \cdot \sqrt{2} \cdot \sqrt{2}$ Ordnen der Faktoren
   $= 12 \cdot \sqrt{2 \cdot 2}$
   $= 12 \cdot \sqrt{2^2}$ Beachte: $\sqrt{2^2} = 2$
   $= 12 \cdot 2$
   $= 24$

2. $2\sqrt{18x} \cdot 5\sqrt{2x} = 2 \cdot 5 \cdot \sqrt{18x} \cdot \sqrt{2x}$
   $= 10 \cdot \sqrt{18x \cdot 2x}$
   $= 10 \cdot \sqrt{36x^2}$ $\sqrt{36x^2} = \sqrt{6^2 \cdot x^2} = \sqrt{6^2} \cdot \sqrt{x^2} = 6x$
   $= 10 \cdot 6x$
   $= 60x$

3. $(3\sqrt{x})^2 = 3^2 \cdot \sqrt{x}^2 = 9 \cdot x$ Ein Produkt wird quadriert, indem man die Faktoren quadriert. Es gilt: $\sqrt{x}^2 = x$

4. $\sqrt{49 : 4} = \sqrt{49} : \sqrt{4} = 7 : 2 = 3{,}5$

5. $\dfrac{5\sqrt{45}}{\sqrt{5}} = 5 \cdot \sqrt{\dfrac{45}{5}} = 5 \cdot \sqrt{9} = 5 \cdot 3 = 15$ Kürzen

6. $\dfrac{4y\sqrt{xy^3}}{\sqrt{16xy}} = 4y \cdot \sqrt{\dfrac{xy^3}{16xy}}$ Schreibe zuerst unter ein Wurzelzeichen und kürze.

   $= 4y \cdot \sqrt{\dfrac{y^2}{16}}$ Die Wurzel eines Bruches ist die Wurzel aus dem Zähler durch die Wurzel des Nenners.

   $= 4y \cdot \dfrac{\sqrt{y^2}}{\sqrt{16}}$

   $= 4y \cdot \dfrac{y}{4}$

   $= \dfrac{4y^2}{4}$

   $= y^2$

Aufgabe 81

Interaktive Aufgabe
4. Wurzelterme berechnen

Vereinfache wie in den obigen Beispielen (über der Grundmenge $\mathbb{R}_0^+$).

a) $5\sqrt{27} \cdot 3\sqrt{3}$

b) $\sqrt{xy^2} \cdot \sqrt{25x}$

c) $\sqrt{49t^2s^2} \cdot \sqrt{2t^2}$

d) $\dfrac{\sqrt{5y^3} \cdot \sqrt{6xy}}{\sqrt{30xy^2}}$

e) $\dfrac{5x \cdot \sqrt{3x}}{4\sqrt{xy}} : \dfrac{\sqrt{yx}}{\sqrt{xy^2}}$

f) $\dfrac{24\sqrt{27g}}{6\sqrt{3k^2g^3}} \cdot \left(\dfrac{\sqrt{5k}}{\sqrt{4g^4}}\right)^2$

Teilweises Radizieren

Merke

> **Teilweises Radizieren** nennt man die Zerlegung des Radikanden in Faktoren, deren Quadratwurzel man angeben kann.

Beispiele

1. $\sqrt{54} = \sqrt{9 \cdot 6} = \sqrt{9} \cdot \sqrt{6} = 3\sqrt{6}$ Aus 9 lässt sich die Wurzel ziehen.

2. $\sqrt{12x^3y^5} = \sqrt{3 \cdot 4 \cdot x^2 \cdot x \cdot y^4 \cdot y}$ Anwenden der Potenzgesetze: $x^3 = x^2 \cdot x$ und $y^5 = y^4 \cdot y$
   $= \sqrt{4x^2y^4} \cdot \sqrt{3xy}$ Ziel: Gerade Exponenten! Etwa: $\sqrt{y^4} = y^2$
   $= 2xy^2 \cdot \sqrt{3xy}$

3. Durch teilweises Radizieren lassen sich manchmal auch gleiche Radikanden herstellen, sodass sich dadurch Wurzelterme weiter vereinfachen:
   $\sqrt{45} - \sqrt{5} + \sqrt{80} = \sqrt{9 \cdot 5} - \sqrt{5} + \sqrt{16 \cdot 5}$ Die Radikanden enthalten alle den Faktor 5.
   $= 3\sqrt{5} - \sqrt{5} + 4\sqrt{5}$
   $= 6\sqrt{5}$

Aufgabe 82

Interaktive Aufgabe
5. Teilweises Radizieren

Vereinfache wie in den obigen Beispielen (über der Grundmenge $\mathbb{R}_0^+$).

a) $\sqrt{18}$ b) $\sqrt{45x^3}$

c) $\sqrt{90x^5y^3}$ d) $7\sqrt{18} - 6\sqrt{32} + 5\sqrt{50}$

e) $x\sqrt{6x^3} - \sqrt{24x^5} - 4x^2\sqrt{54x}$ f) $2xy\sqrt{7y} - \sqrt{63x^2y^3} - \sqrt{175x^2y}$

Rationalmachen des Nenners

Merke

> Unter dem **Rationalmachen des Nenners** versteht man die Umformung eines Bruchterms mit dem Ziel, dass im Nenner keine Wurzelterme mehr auftreten.

Beispiele

1. $\dfrac{21}{\sqrt{7}} = \dfrac{21 \cdot \sqrt{7}}{\sqrt{7} \cdot \sqrt{7}} = \dfrac{21\sqrt{7}}{7} = 3\sqrt{7}$ Erweitern mit dem Nenner
$\sqrt{7} \cdot \sqrt{7} = 7$ rationale Zahl im Nenner

2. Ist der Nenner eine Summe oder Differenz, hilft die 3. binomische Formel.

$\dfrac{4}{\sqrt{3}-\sqrt{2}} = \dfrac{4 \cdot (\sqrt{3}+\sqrt{2})}{(\sqrt{3}-\sqrt{2}) \cdot (\sqrt{3}+\sqrt{2})}$ Anwendung der 3. binomischen Formel:
$(a-b) \cdot (a+b) = a^2 - b^2$
$(\sqrt{3}-\sqrt{2}) \cdot (\sqrt{3}+\sqrt{2}) = \sqrt{3}^2 - \sqrt{2}^2$
$= 3 - 2$
$= 1$

$= \dfrac{4\sqrt{3} + 4\sqrt{2}}{3-2}$

$= 4\sqrt{3} + 4\sqrt{2}$

Aufgabe 83

Interaktive Aufgabe
6. Nenner rational machen

Forme so um, dass der Nenner eine rationale Zahl ist.

a) $\dfrac{5}{\sqrt{8}}$ b) $\dfrac{6}{\sqrt{5}-\sqrt{3}}$

c) $\dfrac{\sqrt{7}}{\sqrt{x}+\sqrt{y}}$ d) $\dfrac{\sqrt{3}}{4+\sqrt{3}}$

2.4 Flächeninhalt ebener Figuren

Dreiecke

Merke

- Als **Höhe h** eines Dreiecks bezeichnet man das **Lot von einem Eckpunkt auf die gegenüberliegende Grundlinie g**.
- Jedes Dreieck hat drei Höhen, wobei die Höhen auch außerhalb des Dreiecks liegen können.
- Die Länge der Höhe h_a entspricht dem **Abstand** des Eckpunktes A von der gegenüberliegenden Grundlinie.

Beispiele

1. 2. 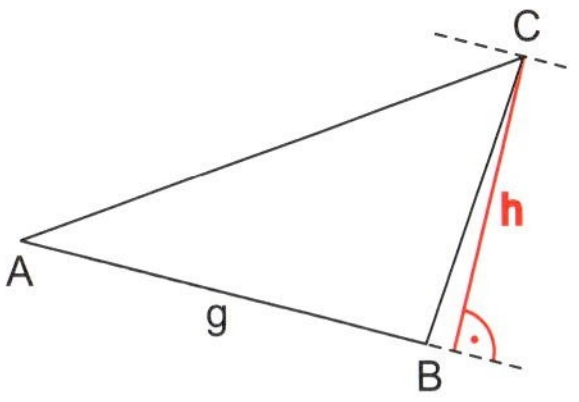 3.

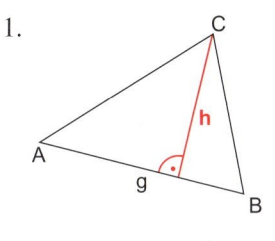

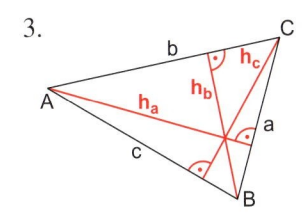

Merke

Für alle Dreiecke ABC mit Grundlinie g und zugehöriger Höhe h gilt die Flächenformel:

$A_{\triangle ABC} = \frac{1}{2} \cdot g \cdot h$ bzw. $A_{\triangle ABC} = \frac{1}{2} \cdot a \cdot h_a$ oder $A_{\triangle ABC} = \frac{1}{2} \cdot b \cdot h_b$ oder $A_{\triangle ABC} = \frac{1}{2} \cdot c \cdot h_c$

Alle Dreiecke ABC_n, bei denen die Punkte C_n auf einer Parallelen zur Seite [AB] liegen, besitzen den gleichen Flächeninhalt.

Beispiele

1. Berechne die Flächeninhalte der nebenstehenden Dreiecke ABC_n, wenn $\overline{AB} = 5\,\text{cm}$ und $h_c = 4\,\text{cm}$.

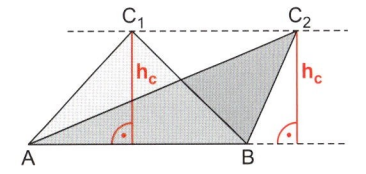

   Lösung:
   Zu Beispiel 1:
   $A_{\triangle ABC_1} = \frac{1}{2} \cdot g \cdot h = \frac{1}{2} \cdot \overline{AB} \cdot h_c = \frac{1}{2} \cdot 5\,\text{cm} \cdot 4\,\text{cm} = 10\,\text{cm}^2$

   Zu Beispiel 2:
   $A_{\triangle ABC_2} = \frac{1}{2} \cdot g \cdot h = \frac{1}{2} \cdot \overline{AB} \cdot h_c = \frac{1}{2} \cdot 5\,\text{cm} \cdot 4\,\text{cm} = 10\,\text{cm}^2$

   Die Höhe liegt außerhalb des Dreiecks. Trotzdem gilt g = AB = 5 cm!

   Dreiecke mit gleicher Höhe und gleicher Grundlinie besitzen unabhängig von ihrer Form den gleichen Flächeninhalt!

2. Im Dreieck ABC sind folgende Längen bekannt: $a = 4\,\text{cm}$, $h_a = 5\,\text{cm}$, $b = 6\,\text{cm}$. Berechne die Höhe h_b auf die Seite b.

   Lösung:
   Es gilt:
   $A_{\triangle ABC} = \frac{1}{2} \cdot a \cdot h_a = \frac{1}{2} \cdot 4\,\text{cm} \cdot 5\,\text{cm} = 10\,\text{cm}^2$

   Außerdem gilt auch:
   $A_{\triangle ABC} = \frac{1}{2} \cdot b \cdot h_b$

Einsetzen des berechneten Flächeninhalts und der Streckenlänge b liefert:

$$10 \text{ cm}^2 = \frac{1}{2} \cdot 6 \text{ cm} \cdot h_b \quad |:3 \text{ cm}$$

$$h_b = 3\frac{1}{3} \text{ cm}$$

Merke | Im **rechtwinkligen** Dreieck fallen zwei Höhen mit den Katheten zusammen.

Beispiele

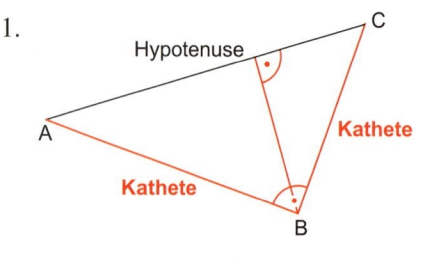

1.

$h_a = \overline{AB}$
$h_c = \overline{BC}$

2. Berechne den Flächeninhalt des rechtwinkligen Dreiecks ABC mit den Seitenlängen $\overline{AB} = 4$ cm, $\overline{BC} = 3$ cm und $\overline{CA} = 5$ cm.

Lösung:
Im rechtwinkligen Dreieck ist die Hypotenuse die längste Seite. Demnach sind [AB] und [BC] die Katheten und stehen aufeinander senkrecht.

$$A_{\triangle ABC} = \frac{1}{2} \cdot g \cdot h = \frac{1}{2} \cdot \overline{AB} \cdot \overline{BC} = \frac{1}{2} \cdot 4 \text{ cm} \cdot 3 \text{ cm} = 6 \text{ cm}^2$$

Aufgaben

84 Im Dreieck ABC gilt: a = 5 cm, h_c = 4 cm und b < 9 cm. Das Dreieck hat einen Flächeninhalt von 20 cm².
Berechne c, konstruiere das Dreieck ABC und berechne dann den Abstand des Punktes A von der Geraden BC.

85 Die Hypotenuse c eines rechtwinkligen Dreiecks ABC ist 5 cm lang.
Die beiden Katheten a und b sind 3 cm und 4 cm lang.
Gib die Längen der drei Höhen an.

86 Zeichne ein Dreieck ABC mit c = 8 cm und einem Flächeninhalt von 12 cm². Zeichne anschließend die Gerade g ein, auf der alle Punkte C_n liegen, die zusammen mit den Punkten A und B gleichfalls Dreiecke mit 12 cm² Flächeninhalt bilden.

Interaktive Aufgabe | 1. Dreieck

Training Grundwissen: 2 Grundwissen 9. Klasse

Vierecke

Merke

Parallelogramm

$A = g \cdot h$ bzw. $A = \overline{AB} \cdot h_1$ oder $A = \overline{BC} \cdot h_2$

Die Höhe h ist jeweils der Abstand der zur Grundlinie g parallelen Seite.

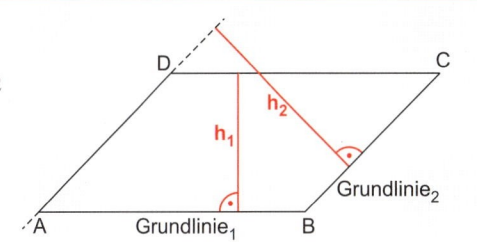

Drachenviereck

$A = \frac{1}{2} \cdot e \cdot f$ bzw. $A = \frac{1}{2} \cdot \overline{AC} \cdot \overline{BD}$

e und f sind die Längen der beiden Diagonalen.
Ein Drachenviereck, bei dem alle 4 Seiten gleich lang sind, nennt man **Raute**. Die Diagonalen halbieren sich dann gegenseitig, gegenüberliegende Seiten sind dann parallel.

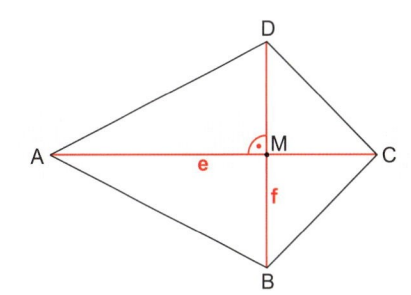

Trapez

$A = \frac{1}{2} \cdot (a+c) \cdot h$ bzw. $A = \frac{1}{2} \cdot \left(\overline{AB} + \overline{CD}\right) \cdot h$

a und c sind die beiden parallelen Seiten, h ist ihr Abstand.
oder:
$A = m \cdot h$
wobei für die Mittellinie m gilt:
$m = \frac{1}{2} \cdot (a+c)$ bzw. $m = \frac{1}{2} \cdot \left(\overline{AB} + \overline{CD}\right)$

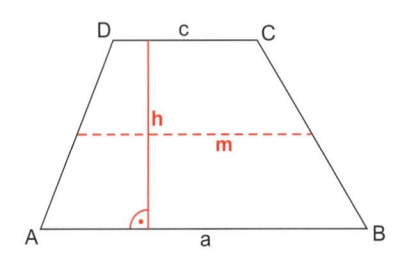

Beispiele

1. Berechne den Flächeninhalt des Parallelogramms ABCD mit $\overline{AB} = 4$ cm und $h = 2$ cm, wobei h der Abstand von [AB] zu [CD] ist.

   Lösung:
   $A = g \cdot h$
   $A = \overline{AB} \cdot h$
   $A = 4 \text{ cm} \cdot 2 \text{ cm}$
   $A = 8 \text{ cm}^2$

2. Berechne den Flächeninhalt des Drachenvierecks ABCD mit den Diagonalen $\overline{AC} = e = 5$ cm und $\overline{BD} = f = 3$ cm.

   Lösung:
   $A = \frac{1}{2} \cdot e \cdot f$
   $A = \frac{1}{2} \cdot \overline{AC} \cdot \overline{BD}$
   $A = \frac{1}{2} \cdot 5 \text{ cm} \cdot 3 \text{ cm}$
   $A = 7,5 \text{ cm}^2$

3. Berechne den Flächeninhalt des Trapezes ABCD mit $\overline{AB} = a = 5$ cm, $\overline{CD} = c = 2$ cm und h = 3 cm.

Lösung:

$A = \frac{1}{2} \cdot (a + c) \cdot h$

$A = \frac{1}{2} \cdot (5 \text{ cm} + 2 \text{ cm}) \cdot 3 \text{ cm}$

$A = 10,5 \text{ cm}^2$

Mittellinie m:
$m = \frac{1}{2} \cdot (5 \text{ cm} + 2 \text{ cm}) = 3,5 \text{ cm}$

Aufgaben

87 Die Diagonalen eines Drachenvierecks sind 9 cm und 4 cm lang.
a) Berechne den Flächeninhalt des Drachenvierecks.
b) Ein zweites Drachenviereck hat den gleichen Flächeninhalt und eine Diagonale von 5 cm Länge.
Wie lang ist die zweite Diagonale?
c) Ein Quadrat hat den gleichen Flächeninhalt wie das Drachenviereck.
Wie lang sind die Diagonalen des Quadrats?
d) Eine Raute ist ein spezielles Drachenviereck, bei dem alle vier Seiten gleich lang sind.
Zeichne die Raute, die den gleichen Flächeninhalt besitzt wie das Drachenviereck aus Teilaufgabe a und eine Diagonale von 5 cm Länge hat.

88 Berechne die Fläche des nebenstehenden Parallelogramms und den Abstand der Seiten [BC] und [DA].

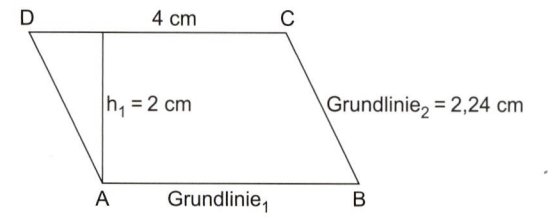

89 Ein Schwimmbecken hat die Form eines Trapezes. Die Mittellinie m trennt den Schwimmer- vom Nichtschwimmerbereich und verläuft parallel zu [AB] und [CD].

a) Berechne die Flächeninhalte der beiden Bereiche.
Der Abstand der beiden Seiten a und c beträgt 50 m.
Es gilt: a = 40 m, c = 10 m

b) Die Strecke [BC] ist 70 m lang. Der Flächeninhalt des Dreiecks ABC beträgt 70 % des gesamten Beckens.
Wie lang ist die kürzeste Schwimmstrecke vom Punkt A zum Beckenrand [BC]?

90 In der Raute ABCD ist die Diagonale [AC] 6 cm lang. Der Flächeninhalt beträgt 24 cm². Die Länge der Seiten beträgt 5 cm.
Berechne, wie lang die zweite Diagonale ist und welchen Abstand die jeweils gegenüberliegenden Seiten der Raute haben. Zeichne eine Planfigur.

Interaktive Aufgaben
- 2. Parallelogramm
- 3. Raute
- 4. Trapez

Training Grundwissen: 2 Grundwissen 9. Klasse

Flächenberechnung mithilfe von Vektoren im Koordinatensystem

Flächenberechnung im Dreieck

Merke

Sind $\vec{v} = \begin{pmatrix} v_x \\ v_y \end{pmatrix}$ und $\vec{w} = \begin{pmatrix} w_x \\ w_y \end{pmatrix}$ zwei Vektorpfeile, die ein Dreieck aufspannen, so erhält man den Flächeninhalt A_Δ des Dreiecks mithilfe einer **Determinante**:

$$A_\Delta = \frac{1}{2} \cdot |\vec{v} \ \vec{w}| \, \text{FE} = \frac{1}{2} \cdot \begin{vmatrix} v_x & w_x \\ v_y & w_y \end{vmatrix} \text{FE} = \frac{1}{2} \cdot (v_x \cdot w_y - v_y \cdot w_x) \, \text{FE}$$

Dabei ist die **Reihenfolge** der Vektoren in der Determinante zu beachten:
Betrachte die aufspannenden Vektoren wie die Zeiger einer Uhr. Zuerst kommt der Vektor, den man auf dem kürzeren Weg gegen den Uhrzeigersinn zum anderen Vektor um den gemeinsamen Fußpunkt drehen kann.

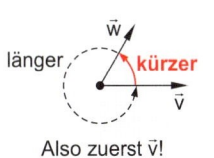

Beispiel

Das Dreieck ABC ist durch die zwei Vektorpfeile $\overrightarrow{AB} = \begin{pmatrix} 6 \\ 3 \end{pmatrix}$ und $\overrightarrow{AC} = \begin{pmatrix} 1 \\ 4 \end{pmatrix}$, die den gemeinsamen Fußpunkt A(1|1) besitzen, eindeutig festgelegt („aufgespannt").
Den Flächeninhalt des Dreiecks ABC berechnet man mithilfe der aus diesen Vektorpfeilen gebildeten Determinante:

$$A_{\Delta ABC} = \frac{1}{2} \cdot |\overrightarrow{AB} \ \overrightarrow{AC}| \, \text{FE} = \frac{1}{2} \cdot \begin{vmatrix} 6 & 1 \\ 3 & 4 \end{vmatrix} \text{FE}$$

Die beiden aufspannenden Vektoren werden in der richtigen Reihenfolge nebeneinander geschrieben. Kontrolle: Bei der falschen Reihenfolge würde sich ein negativer Wert für den Flächeninhalt ergeben.

$$\begin{vmatrix} 6 & 1 \\ 3 & 4 \end{vmatrix} = 6 \cdot 4 - 3 \cdot 1 = 21$$

Merkregel für das Ausmultiplizieren der Determinante: Über-Kreuz-Multiplikation

Berechnung der Dreiecksfläche:

$$A_{\Delta ABC} = \frac{1}{2} \cdot \begin{vmatrix} 6 & 1 \\ 3 & 4 \end{vmatrix} \text{FE}$$

$$A_{\Delta ABC} = \frac{1}{2} \cdot 21 \, \text{FE}$$

$$A_{\Delta ABC} = 10,5 \, \text{FE}$$

Die Fläche des aufgespannten Dreiecks entspricht dem halben Wert der Determinante.

Aufgabe 91

Die Punkte A(1|2), B(5|−1), C(4|3) und D(0|3,5) legen ein Viereck fest.
Berechne den Flächeninhalt des Vierecks ABCD.

Interaktive Aufgabe

✏ 5. Drachenviereck

Flächenberechnung im Parallelogramm

Merke

Sind $\vec{v} = \begin{pmatrix} v_x \\ v_y \end{pmatrix}$ und $\vec{w} = \begin{pmatrix} w_x \\ w_y \end{pmatrix}$ zwei Vektorpfeile, die ein Parallelogramm aufspannen, so entspricht der Flächeninhalt des Parallelogramms der **Determinante**:

$$A = |\vec{v} \quad \vec{w}| \, FE = \begin{vmatrix} v_x & w_x \\ v_y & w_y \end{vmatrix} FE = (v_x \cdot w_y - v_y \cdot w_x) \, FE$$

Dabei ist die **Reihenfolge** der Vektoren in der Determinante zu beachten:
Betrachte die aufspannenden Vektoren wie die Zeiger einer Uhr. Zuerst kommt der Vektor, den man auf dem kürzeren Weg gegen den Uhrzeigersinn zum anderen Vektor um den gemeinsamen Fußpunkt drehen kann.

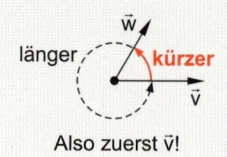

länger — kürzer
Also zuerst $\vec{v}$!

Beispiel

Das Parallelogramm ABCD ist durch die zwei Vektorpfeile $\overrightarrow{AB} = \begin{pmatrix} 6 \\ 3 \end{pmatrix}$ und $\overrightarrow{AD} = \begin{pmatrix} 1 \\ 4 \end{pmatrix}$, die den gemeinsamen Fußpunkt A(1|1) besitzen, eindeutig festgelegt („aufgespannt").

Das Parallelogramm ist punktsymmetrisch zum Diagonalenschnittpunkt M. Der Flächeninhalt des Parallelogramms ABCD ist damit doppelt so groß wie der des Dreiecks ABD.

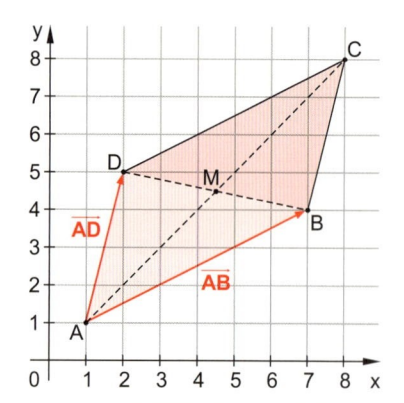

Berechnung der Parallelogrammfläche:

$A_{ABCD} = 2 \cdot A_{\triangle ABD}$
$A_{ABCD} = 2 \cdot \frac{1}{2} \cdot |\overrightarrow{AB} \quad \overrightarrow{AD}| \, FE$

Die ersten beiden Schritte dienen nur der anschaulichen Herleitung der Formel. In der Praxis ist es sinnvoll, den Flächeninhalt sofort mit der Determinante gleichzusetzen.

$A_{ABCD} = |\overrightarrow{AB} \quad \overrightarrow{AD}| \, FE$
$A_{ABCD} = \begin{vmatrix} 6 & 1 \\ 3 & 4 \end{vmatrix} FE$
$A_{ABCD} = (6 \cdot 4 - 3 \cdot 1) \, FE$
$A_{ABCD} = 21 \, FE$

Aufgabe 92

Betrachte das Parallelogramm aus oben stehendem Beispiel. Aufspannende Vektoren wären in der Abbildung ebenso

a) $\overrightarrow{BD}$ und $\overrightarrow{BA}$,
b) $\overrightarrow{BA}$ und $\overrightarrow{BC}$,
c) $\overrightarrow{AC}$ und $\overrightarrow{AB}$.

Berechne den Flächeninhalt des Parallelogramms mithilfe der angegebenen Pfeilpaare. Lies die benötigten Koordinaten der Punkte aus der Zeichnung ab.

Interaktive Aufgabe

6. Parallelogramm

Funktionale Abhängigkeiten – Veränderung von ebenen Figuren

Merke: Befindet sich ein Punkt auf einer Ortslinie (z. B. einer Geraden), so sind seine Koordinaten **durch die Funktionsgleichung** der Ortslinie **festgelegt**.

Beispiel

Die Punkte C_n liegen auf der Geraden g: $y = 2x + 1$.
Die Koordinaten aller Punkte C_n auf der Geraden g lassen sich angeben: $C_n(x \mid 2x+1)$
Der Index n besagt, dass es unendlich viele solcher Punkte gibt.
Mithilfe dieser allgemeinen Koordinaten der Punkte C_n lassen sich Veränderungen von Flächeninhalten, Streckenlängen usw. in Abhängigkeit von der Lage der Punkte C_n berechnen.

Flächenberechnung im Koordinatensystem mit Determinante

Beispiel

Gegeben sind die Punkte A(2|1) und B(5|−1) sowie die Gerade g: $y = 0{,}5x + 2$.
A und B sind Eckpunkte von Dreiecken ABC_n, wobei die Punkte C_n auf der Geraden g liegen.

a) Zeichne die Gerade g und das Dreieck ABC_1 mit $C_1(3 \mid ?)$ sowie das Dreieck ABC_2 für $C_2(6 \mid ?)$.
b) Berechne den Flächeninhalt des Dreiecks ABC_1.
c) Stelle den Flächeninhalt der Dreiecke ABC_n in Abhängigkeit der x-Koordinate (Abszisse) des Punktes C_n dar.
d) Berechne die Koordinaten des Eckpunktes C_3 des Dreiecks ABC_3 mit Flächeninhalt 8,25 FE.
e) Für welche x-Koordinaten entstehen Dreiecke ABC_n?

Lösung:

a) • Zeichnen der Geraden g
   • Einzeichnen des Punktes C_1 mit x-Koordinate 3 auf der Geraden g
   • Zeichnen des Dreiecks ABC_1
   • Gleiches Verfahren für das Dreieck ABC_2

b) Koordinaten von C_1:
$C_1(\mathbf{3} \mid ?) \in g: y = 0{,}5 \cdot \mathbf{3} + 2$
$\Leftrightarrow y = 3{,}5$
$C_1(3 \mid 3{,}5)$

Aufspannende Vektoren:

$$\overrightarrow{AB} = \begin{pmatrix} 5-2 \\ -1-1 \end{pmatrix} = \begin{pmatrix} 3 \\ -2 \end{pmatrix}$$

$$\overrightarrow{AC_1} = \begin{pmatrix} 3-2 \\ 3{,}5-1 \end{pmatrix} = \begin{pmatrix} 1 \\ 2{,}5 \end{pmatrix}$$

Flächeninhalt mit Determinante:

$$A_{\triangle ABC_1} = \frac{1}{2} \cdot \begin{vmatrix} 3 & 1 \\ -2 & 2{,}5 \end{vmatrix} \text{FE} = \frac{1}{2} \cdot [3 \cdot 2{,}5 - (-2) \cdot 1] \text{FE} = 4{,}75 \text{ FE}$$

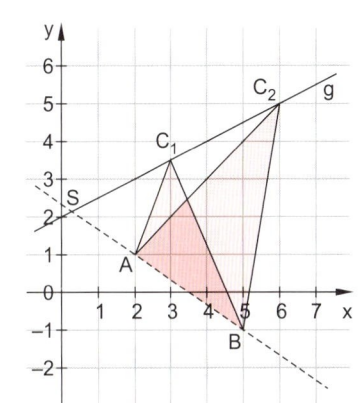

c) Die Punkte C_n auf der Geraden g besitzen folgende Koordinaten in Abhängigkeit von x:

g: y = **0,5x + 2** $\Rightarrow$ $C_n(x \mid \mathbf{0{,}5x + 2})$

Die y-Koordinate der Punkte C_n ist festgelegt durch die Geradengleichung g: y = 0,5x + 2.

Aufspannende Vektoren:

Man rechnet wie in Teilaufgabe b.

$\overrightarrow{AB} = \begin{pmatrix} 3 \\ -2 \end{pmatrix}$

$\overrightarrow{AC_n} = \begin{pmatrix} x - 2 \\ 0{,}5x + 2 - 1 \end{pmatrix} = \begin{pmatrix} x - 2 \\ 0{,}5x + 1 \end{pmatrix}$

„Spitze minus Fuß" mit $C_n(x \mid 0{,}5x + 2)$
Anstelle der speziellen Koordinaten eines Punktes C verwendet man die allgemeinen Koordinaten der Punkte C_n.

Flächeninhalt in Abhängigkeit von x mit Determinante:

$A_{\Delta ABC_n}(x) = \frac{1}{2} \cdot \begin{vmatrix} 3 & x-2 \\ -2 & 0{,}5x+1 \end{vmatrix}$ FE

$A_{\Delta ABC_n}(x) = \frac{1}{2} \cdot [3 \cdot (0{,}5x + 1) - (-2) \cdot (x - 2)]$ FE

Vorzeichen beim Ausmultiplizieren beachten

$A_{\Delta ABC_n}(x) = \frac{1}{2} \cdot [1{,}5x + 3 + 2x - 4]$ FE

Umkehrung der Vorzeichen

$A_{\Delta ABC_n}(x) = \frac{1}{2} \cdot (3{,}5x - 1)$ FE

d) $\quad A(x) = \frac{1}{2} \cdot (3{,}5x - 1)$ FE
$\quad \wedge \quad A(x) = 8{,}25$ FE

$\Rightarrow \quad \frac{1}{2} \cdot (3{,}5x - 1) = 8{,}25 \quad (I = II) \quad | \cdot 2$

Auflösen nach x

$\Leftrightarrow \quad 3{,}5x - 1 = 16{,}5 \qquad | +1$

$\Leftrightarrow \quad 3{,}5x = 17{,}5 \qquad |:3{,}5$

$\Leftrightarrow \quad x = 5$

Die x-Koordinate des Punktes C_3 ist 5.

$\mathbb{L} = \{5\}$

$C_n(x \mid 0{,}5x + 2)$

x = 5 einsetzen

$C_3(5 \mid 0{,}5 \cdot 5 + 2)$

$C_3(5 \mid 4{,}5)$

e) Der Punkt C_n darf nur bis zum Schnittpunkt S wandern, denn links von S ändert sich der Umlaufsinn der Dreiecke in AC_nB. Fällt der Punkt C_n auf den Punkt S, so entsteht kein Dreieck, sondern eine Strecke.

Die x-Koordinate des Punktes S lässt sich aus dem Term für den Flächeninhalt $A_{\Delta ABC_n}(x) = \frac{1}{2} \cdot (3{,}5x - 1)$ FE berechnen:

$A_{\Delta ABC_n}(x) = \frac{1}{2} \cdot (3{,}5x - 1)$ FE
$\downarrow$

Wandert der Punkt C_n in Richtung S, wird der Flächeninhalt der Dreiecke immer kleiner. Für $C_n = S$ ist der Flächeninhalt schließlich gleich 0.

Setze: $\quad 0 = \frac{1}{2} \cdot (3{,}5x - 1)$

$\Leftrightarrow \quad x = \frac{2}{7}$

Die x-Koordinate des Punktes S ist $\frac{2}{7}$.

$\mathbb{L} = \left\{\frac{2}{7}\right\}$

Zulässige x-Werte für Dreiecke ABC_n: $x > \frac{2}{7}$

Für x-Werte rechts von S entstehen Dreiecke ABC_n.

Training Grundwissen: 2 Grundwissen 9. Klasse

Aufgaben

93 Die Eckpunkte D_n von Parallelogrammen ABC_nD_n mit $A(1|1)$ und $B(4|0)$ liegen auf der Geraden $g: y = x + 3$.
a) Zeichne das Parallelogramm ABC_1D_1 für $D_1(2|?)$ und das Parallelogramm ABC_2D_2 für $D_2(3|?)$ und berechne den Flächeninhalt des Parallelogramms ABC_1D_1.
b) Berechne den Flächeninhalt der Parallelogramme in Abhängigkeit von der x-Koordinate der Punkte D_n.
c) Berechne die Koordinaten des Punktes D_3, sodass ein Parallelogramm mit einem Flächeninhalt von 10 FE entsteht.
d) Für welche x-Werte existieren Parallelogramme ABC_nD_n?

94 Die Punkte $A(1|1)$ und $B_n(x|x+2)$ sind Eckpunkte von Dreiecken AB_nC_n, wobei $\overrightarrow{B_nC_n} = \begin{pmatrix} -2 \\ -1 \end{pmatrix}$.
a) Zeichne die Dreiecke AB_1C_1 für $x = 3$ und AB_2C_2 für $x = 5$ ein.
b) Berechne den Flächeninhalt der Dreiecke AB_nC_n in Abhängigkeit von der Abszisse x der Punkte B_n.
c) Für welchen x-Wert erhält man ein Dreieck mit 4 FE Flächeninhalt?
d) **Schwer:** Für welche x-Werte existieren Dreiecke AB_nC_n? Löse zeichnerisch und rechnerisch.

95 Die Punkte $A(3|4)$, $C(1|0)$ und $B_n(x|-x+1)$ legen Drachenvierecke AB_nCD_n mit Symmetrieachse AC fest.
a) Zeichne das Drachenviereck AB_1CD_1 für $x = -1$ und das Drachenviereck AB_2CD_2 für $x = -2$ ein.
b) Berechne den Flächeninhalt des Drachenvierecks AB_1CD_1.
c) Berechne den Flächeninhalt in Abhängigkeit von x.
d) Berechne die Koordinaten von B_3 für das Drachenviereck AB_3CD_3 mit einem Flächeninhalt von 10 FE.

Interaktive Aufgabe 7. Variable Dreiecke

Flächenberechnung im Koordinatensystem ohne Determinante

Merke

> Besitzen zwei Punkte A und B **dieselbe Abszisse x**, so lässt sich die Länge der Strecke [AB] als Differenz der y-Koordinaten der beiden Punkte berechnen:
> $\overline{AB} = (y_A - y_B)$ LE
> (wobei $y_A > y_B$ gelten muss, also A über B liegen muss, da man sonst eine negative Streckenlänge erhalten würde)

Beispiel

Die Dreiecke $A_nB_nC_n$ sind folgendermaßen festgelegt:
Die Punkte A_n liegen auf der Geraden $g: y = 0{,}25x + 4$, die Punkte B_n auf der Geraden $k: y = -0{,}5x + 1$.
Die Punkte A_n und B_n besitzen die gleiche Abszisse x (wobei $x > -4$) und $\overrightarrow{B_nC_n} = \begin{pmatrix} 3 \\ 1 \end{pmatrix}$.
a) Zeichne die Geraden g und k und die Dreiecke $A_1B_1C_1$ für $x = 0$ und $A_2B_2C_2$ für $x = 3{,}5$.
b) Berechne den Flächeninhalt der Dreiecke $A_nB_nC_n$ in Abhängigkeit von der Abszisse x der Punkte A_n mithilfe der Formel $A = \frac{1}{2} \cdot g \cdot h$.

Lösung:
a) Zeichnung:
- Zeichnen von g und k.
- Einzeichnen von A_1 und B_1 für die x-Koordinate 0 (Abszisse) auf die jeweilige Gerade.
- Zeichnen von C_1 wie durch den Vektor vorgegeben: „von B_1 aus 3 nach rechts, 1 nach oben".
- Gleiches Verfahren für $A_2B_2C_2$.

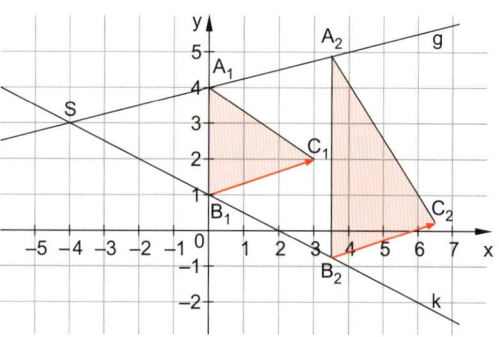

Besitzen 2 Punkte die gleiche Abszisse, dann liegen sie im Koordinatenssystem auf der gleichen Parallelen zur y-Achse („senkrecht übereinander").

b) Berechnung der Länge der Grundlinie $[B_nA_n]$:

$$\overline{A_nB_n} = (y_{A_n} - y_{B_n}) \text{ LE}$$

$y_{A_n} = 0{,}25x + 4 \qquad y_{B_n} = -0{,}5x + 1$

A_n und B_n liegen auf den Geraden mit diesen Gleichungen.

$$\overline{A_nB_n} = [0{,}25x + 4 - (-0{,}5x + 1)] \text{ LE}$$
$$\overline{A_nB_n} = [0{,}75x + 3] \text{ LE}$$

Bestimmung der Länge der Höhe h_c zur Grundlinie $[A_nB_n]$:

h_c lässt sich aus dem Vektor $\overrightarrow{B_nC_n} = \begin{pmatrix} 3 \\ 1 \end{pmatrix}$ entnehmen:

$h_c = 3$ LE

Von B_n immer 3 LE in x-Richtung, senkrecht zu $[A_nB_n]$

Der Abstand des Punktes C_n von der Strecke $[A_nB_n]$ beträgt immer 3 LE, da $[A_nB_n]$ parallel zur y-Achse ist. Es gilt:

$$A_{\Delta A_nB_nC_n}(x) = \frac{1}{2} \cdot g \cdot h = \frac{1}{2} \cdot \overline{A_nB_n} \cdot h_c = \left[\frac{1}{2} \cdot (0{,}75x + 3) \cdot 3\right] \text{ FE} = [1{,}125x + 4{,}5] \text{ FE}$$

Aufgaben

96 Zusatzaufgaben zum vorhergehenden Beispiel:
a) Berechne den Flächeninhalt der Dreiecke $A_nB_nC_n$ mithilfe einer Determinante.
b) Berechne die Koordinaten der Eckpunkte des Dreiecks $A_3B_3C_3$ mit einem Flächeninhalt von 9 FE.
c) **Schwer:** Berechne den Flächeninhalt des Dreiecks $A_0B_0C_0$, das rechtwinklig in A_0 ist.

97 Die Punkte $D_n(x \mid 0{,}75x + 2)$ auf der Geraden g: $y = 0{,}75x + 2$ legen Quadrate $A_nB_nC_nD_n$ fest. Die Punkte A_n besitzen dieselbe Abszisse x wie die Punkte D_n und liegen auf der x-Achse.
a) Zeichne die Gerade g und die Quadrate $A_1B_1C_1D_1$ bzw. $A_2B_2C_2D_2$ für $x_1 = 0$ bzw. $x_2 = 4$ in ein Koordinatensystem. Platzbedarf: $-3 \leq x \leq 10$; $0 \leq y \leq 6$
b) Berechne den Umfang und den Flächeninhalt der Quadrate $A_nB_nC_nD_n$ in Abhängigkeit von der Abszisse x der Punkte D_n.
c) Berechne die Koordinaten von D_3, sodass das zugehörige Quadrat $A_3B_3C_3D_3$ eine Seitenlänge von 6,5 LE besitzt.
d) Der Schnittpunkt D_4 der Geraden h: $y = -0{,}5x + 6{,}5$ mit der Geraden g legt ein Quadrat $A_4B_4C_4D_4$ fest.
Berechne die x-Koordinate von D_4 und gib den Umfang dieses Quadrates an.

Training Grundwissen: 2 Grundwissen 9. Klasse | 71

98

Interaktive Aufgabe

8. Variable Parallelogramme

Die Punkte $A_n(x|x+2)$ liegen auf der Geraden g: $y = x + 2$ und besitzen die gleiche Abszisse x wie die Punkte C_n auf der Geraden k: $y = 0{,}5x$. Die Punkte A_n und C_n gehören zu Rauten $A_nB_nC_nD_n$, wobei stets gilt: $\overline{B_nD_n} = 3$ LE

a) Zeichne die beiden Geraden und die beiden Rauten $A_1B_1C_1D_1$ für $x = 0$ und $A_2B_2C_2D_2$ für $x = 4$ ein.
b) Berechne den Flächeninhalt der Rauten in Abhängigkeit von der Abszisse x der Punkte A_n.
c) Für welchen x-Wert entsteht eine Raute mit 6 FE Flächeninhalt?
d) Für welchen x-Wert entsteht ein Quadrat?

Tipp

◆ Welche Eigenschaft hat ein Quadrat zusätzlich im Vergleich zu einer Raute?
◆ Wie kannst du das rechnerisch nutzen?

Extremwertaufgaben – Verlängern und Verkürzen

Bei der Untersuchung von funktionalen Abhängigkeiten spielen Extremwertbetrachtungen eine wichtige Rolle. Die in Abhängigkeit von x berechnete Größe wird auf einen größten Termwert T_{max} oder auf einen kleinsten Termwert T_{min} untersucht. Meist geht es um Extremwerte quadratischer Terme, die man mithilfe der quadratischen Ergänzung bestimmt.

Beispiel

Im gleichschenkligen Dreieck ABC ist die Basis [AB] 5 cm lang, die Höhe h_c 2 cm. Es entstehen neue gleichschenklige Dreiecke $A_nB_nC_n$, wenn man die Basis auf beiden Seiten um je 0,5x cm verkürzt und gleichzeitig die Höhe von C aus um x cm verlängert.

a) Zeichne das Dreieck ABC und das veränderte Dreieck $A_1B_1C_1$, das für den x-Wert 2 entsteht (in eine Zeichnung!).
b) Berechne den Flächeninhalt in Abhängigkeit von x.
c) Berechne den x-Wert, für den das Dreieck mit der größten Fläche entsteht.

Lösung:

a)

b) Verlängerte Höhe: $h(x) = (2 + x)$ cm
Verkürzte Basis: $\overline{A_nB_n}(x) = (5 - 2 \cdot 0{,}5x)$ cm $= (5 - x)$ cm

$$A_{\Delta A_nB_nC_n}(x) = \frac{1}{2} \cdot \overline{A_nB_n}(x) \cdot h(x)$$

$$A_{\Delta A_nB_nC_n}(x) = \frac{1}{2} \cdot (5-x) \cdot (2+x) \text{ cm}^2$$

Es empfiehlt sich immer, die Maßeinheiten am Ende der Zeile zusammenzufassen, um nur noch die Maßzahlen im Blick behalten zu müssen.

$$A_{\Delta A_nB_nC_n}(x) = \frac{1}{2} \cdot (10 + 3x - x^2) \text{ cm}^2$$

$$A_{\Delta A_nB_nC_n}(x) = (-0{,}5x^2 + 1{,}5x + 5) \text{ cm}^2$$

c) Extremwertbestimmung durch „quadratisches Ergänzen":

$A_{\Delta A_n B_n C_n}(x) = (-0{,}5x^2 + 1{,}5x + 5) \text{ cm}^2$ Klammere den Faktor vor x^2 aus.

$A_{\Delta A_n B_n C_n}(x) = -0{,}5[x^2 - 3x - 10] \text{ cm}^2$ Ergänze quadratisch.

$A_{\Delta A_n B_n C_n}(x) = -0{,}5[x^2 - 3x \mathbf{+ 1{,}5^2 - 1{,}5^2} - 10] \text{ cm}^2$ 2. binomische Formel anwenden

$A_{\Delta A_n B_n C_n}(x) = -0{,}5[(x - 1{,}5)^2 - 2{,}25 - 10] \text{ cm}^2$ Fehlerquelle $-1{,}5^2 = -2{,}25$ beachten

$A_{\Delta A_n B_n C_n}(x) = -0{,}5[(x - 1{,}5)^2 - 12{,}25] \text{ cm}^2$ Eckige Klammer auflösen

$A_{\Delta A_n B_n C_n}(x) = [-0{,}5(x - 1{,}5)^2 + 6{,}125] \text{ cm}^2$ Extremwert ablesen

$A_{max} = 6{,}125 \text{ cm}^2$ für $x = 1{,}5$

Das Dreieck mit dem größten Flächeninhalt entsteht für $x = 1{,}5$. Die Basis ist dann $(5 - 1{,}5) \text{ cm} = 3{,}5 \text{ cm}$ lang. Die Höhe h_c hat eine Länge von $(2 + 1{,}5) \text{ cm} = 3{,}5 \text{ cm}$.

Probe: $A = \frac{1}{2} \cdot 3{,}5 \text{ cm} \cdot 3{,}5 \text{ cm} = 6{,}125 \text{ cm}^2$

Aufgaben

99

Interaktive Aufgabe

9. Variable Trapeze

Die Diagonalen [AC] und [BD] des Quadrats ABCD sind jeweils 5 cm lang. Es entstehen Drachenvierecke $A_n BC_n D_n$, indem man die Diagonale [AC] von A und C aus jeweils um $0{,}25x$ cm verkürzt. Die Punkte D_n erhält man, wenn man die Diagonale [BD] über D hinaus um $2x$ cm verlängert.

a) Zeichne das Quadrat ABCD und das Viereck $A_1 BC_1 D_1$ für $x = 2$ ein.
b) Welche x-Werte sind sinnvoll?
c) Berechne den Flächeninhalt des Vierecks $A_1 BC_1 D_1$.
d) Stelle den Flächeninhalt der Drachenvierecke in Abhängigkeit von x dar.
   Ergebnis: $A(x) = (-0{,}5x^2 + 3{,}75x + 12{,}5) \text{ cm}^2$
e) Ermittle die Belegung von x für das Drachenviereck mit dem größten Flächeninhalt.

100

Die Kathete [AB] des rechtwinkligen Dreiecks ABC ist 5 cm lang. Die Kathete [AC] hat eine Länge von 8 cm. Es entstehen Dreiecke $AB_n C_n$, indem die Kathete [AB] über B hinaus um x cm verlängert wird. Gleichzeitig wird die Kathete [AC] von C aus um $0{,}5x$ cm verkürzt.

a) Zeichne das Dreieck ABC und das veränderte Dreieck $AB_1 C_1$ für $x = 3$.
b) Berechne den Flächeninhalt der Dreiecke $AB_n C_n$ in Abhängigkeit von x.
c) Berechne den x-Wert, für den das Dreieck mit dem größten Flächeninhalt entsteht.
d) Berechne den Flächeninhalt des gleichschenklig-rechtwinkligen Dreiecks $AB_2 C_2$.

Extremwertprobleme ergeben sich auch dann, wenn in eine gegebene Figur andere Figuren einbeschrieben werden. Einbeschrieben bedeutet dabei: Die Eckpunkte der einbeschriebenen Figur liegen alle auf den Seiten der umgebenden Figur.

101

Das Rechteck ABCD mit $\overline{AB} = 8 \text{ cm}$ und $\overline{BC} = 6 \text{ cm}$ ist gegeben. Es werden Parallelogramme $E_n F_n G_n H_n$ einbeschrieben. Die Punkte E_n liegen dabei auf [AB] in x cm Entfernung von A. F_n liegt auf [BC] in x cm Entfernung von B, G_n auf [CD] in x cm Entfernung von C, und schließlich H_n auf [DA] in x cm Entfernung von D.

a) Zeichne das Rechteck und das einbeschriebene Parallelogramm für $x = 2$.
b) Berechne den Flächeninhalt der Parallelogramme in Abhängigkeit von x.

Tipp ◆ Verwende die umschriebene Figur und die Restflächen!

c) Berechne den x-Wert für das Parallelogramm mit dem kleinsten Flächeninhalt.

2.5 Vierstreckensätze

Merke

Bei einer **zentrischen Streckung** mit dem **Zentrum Z** und dem **Streckungsfaktor** $k \in \mathbb{R} \setminus \{0\}$ wird jeder Urpunkt P so auf einen Bildpunkt P' auf der Geraden ZP abgebildet, dass gilt:
$\overline{ZP'} = |k| \cdot \overline{ZP}$

Für $k > 0$ liegen Bild- und Urpunkt auf derselben Seite von Z.
Für $k < 0$ liegen Bild- und Urpunkt auf verschiedenen Seiten von Z.
Strecken werden durch zentrische Streckung auf **parallele** Strecken abgebildet.

Beispiele: $k = 1{,}5$ $k = -0{,}5$

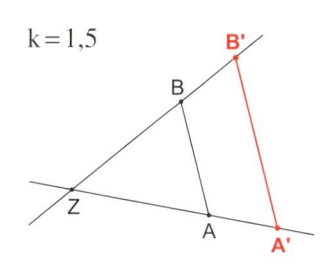

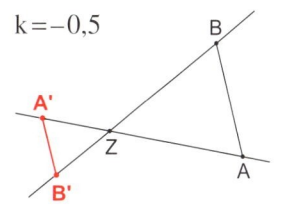

Die **Vierstreckensätze** stellen auf der Grundlage der zentrischen Streckung Zusammenhänge zwischen den **Streckenlängen** von Ur- und Bildstrecken her.

Merke

Vierstreckensätze

Werden zwei sich schneidende Geraden von 2 Parallelen in 4 Punkten geschnitten, gilt:

1. Die Längen zweier Strecken auf der einen Geraden verhalten sich wie die Längen der entsprechenden Strecken auf der anderen Geraden.

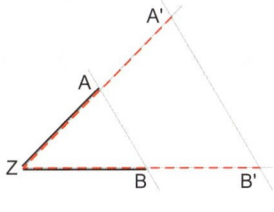

$$\frac{\overline{ZA'}}{\overline{ZA}} = \frac{\overline{ZB'}}{\overline{ZB}}$$

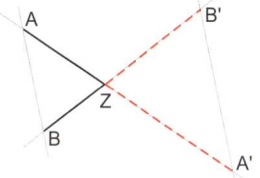

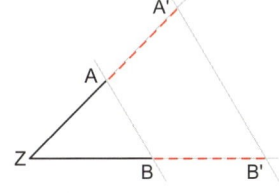

$$\frac{\overline{AA'}}{\overline{ZA}} = \frac{\overline{BB'}}{\overline{ZB}}$$

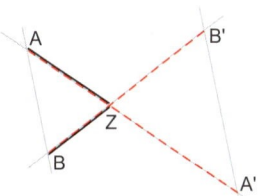

2. Die Längen der Strecken auf den Parallelen verhalten sich wie die Längen der entsprechenden Strecken auf den sich schneidenden Geraden.

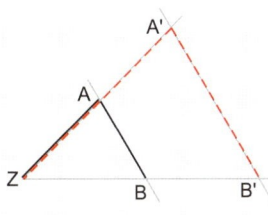

$$\frac{\overline{A'B'}}{\overline{AB}} = \frac{\overline{ZA'}}{\overline{ZA}}$$

bzw.

$$\frac{\overline{A'B'}}{\overline{AB}} = \frac{\overline{ZB'}}{\overline{ZB}}$$

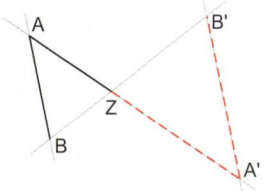

Beispiele

1. Berechne die fehlenden Streckenlängen.
   Es gilt: [AB] ∥ [A'B']

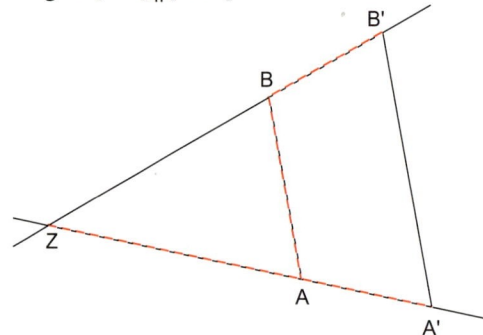

   $\overline{AB} = 4$ cm
   $\overline{ZA'} = 9$ cm
   $\overline{ZA} = 6$ cm
   $\overline{BB'} = 2{,}5$ cm

Tipp

✏ Generell gilt: Je mehr Größen bekannt sind, desto mehr Berechnungsmöglichkeiten stehen zur Verfügung.

Lösung:
Berechne zunächst $\overline{AA'}$:
$\overline{AA'} = \overline{ZA'} - \overline{ZA} = 9$ cm $- 6$ cm $= 3$ cm

Berechnung von $\overline{A'B'}$:

$\dfrac{\overline{A'B'}}{\overline{AB}} = \dfrac{\overline{ZA'}}{\overline{ZA}}$ Ansatz mit dem 2. Vierstreckensatz (Zentrum = Z)
Löse die Verhältnisgleichung nach der gesuchten Größe auf.

$\Leftrightarrow \overline{A'B'} = \dfrac{\overline{ZA'} \cdot \overline{AB}}{\overline{ZA}}$ Setze die bekannten Streckenlängen ein.

$\Leftrightarrow \overline{A'B'} = \dfrac{9 \text{ cm} \cdot 4 \text{ cm}}{6 \text{ cm}}$

$\Leftrightarrow \overline{A'B'} = 6$ cm

Berechnung von $\overline{ZB}$:

$\dfrac{\overline{AA'}}{\overline{ZA}} = \dfrac{\overline{BB'}}{\overline{ZB}}$ Ansatz mit dem 1. Vierstreckensatz (Zentrum = Z)
Löse die Verhältnisgleichung nach der gesuchten Größe auf.
Hier empfiehlt sich die „Über-Kreuz-Multiplikation".

$\Leftrightarrow \overline{AA'} \cdot \overline{ZB} = \overline{BB'} \cdot \overline{ZA}$

$\Leftrightarrow \overline{ZB} = \dfrac{\overline{BB'} \cdot \overline{ZA}}{\overline{AA'}}$ Setze die bekannten Streckenlängen ein.

$\Leftrightarrow \overline{ZB} = \dfrac{2{,}5 \text{ cm} \cdot 6 \text{ cm}}{3 \text{ cm}}$

$\Leftrightarrow \overline{ZB} = 5$ cm

Berechne schließlich $\overline{ZB'}$:
$\overline{ZB'} = \overline{ZB} + \overline{BB'} = 5$ cm $+ 2{,}5$ cm $= 7{,}5$ cm

2. Einem gleichschenkligen Dreieck EFG mit der Basislänge $\overline{EF} = 3$ cm und der zugehörigen Höhe h = 4 cm ist ein Quadrat PQRS so einzubeschreiben, dass gilt:
   [PQ] ⊂ [EF]; S ∈ [GE]; R ∈ [FG]
   Zeichne zunächst das Dreieck und das einbeschriebene Quadrat und berechne anschließend die Seitenlänge $\overline{PQ} = x$ cm des Quadrats.

Lösung:
Zeichenanleitung:

1. Schritt:

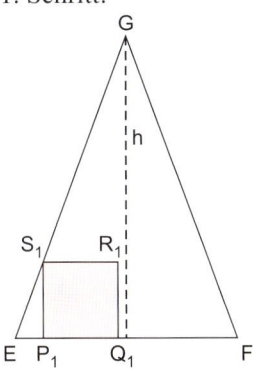

Zeichne das Dreieck EFG und beschreibe ein Probierquadrat $P_1Q_1R_1S_1$ ein, sodass $[P_1Q_1] \subset [EF]$ und $S_1 \in [GE]$ erfüllt sind.

2. Schritt:

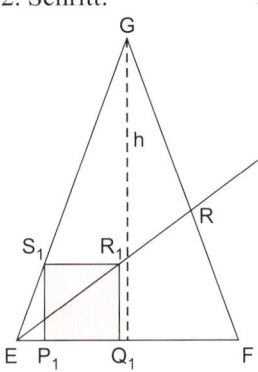

Das Quadrat $P_1Q_1R_1S_1$ wird vom Punkt E aus zentrisch gestreckt, sodass der Punkt R_1 auf den gesuchten Punkt R der Strecke [FG] abgebildet wird.

3. Schritt:

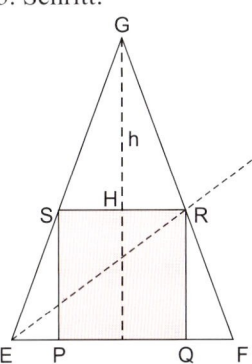

Der Punkt S ist der Schnittpunkt der Parallelen zu EF durch den Punkt R mit [GE].
Die Punkte P und Q erhält man als Fußpunkte der Lote zu EF durch den Punkt S bzw. den Punkt R.

Berechnung von $\overline{PQ} = \overline{SR} = \overline{SP} = x$ cm:

$$\frac{\overline{EF}}{\overline{SR}} = \frac{h}{\overline{GH}}$$
  Ansatz mit dem 2. Vierstreckensatz (Zentrum = G)

$\Leftrightarrow \quad \overline{EF} \cdot \overline{GH} = h \cdot \overline{SR}$
  Setze die bekannten Streckenlängen ein ($\overline{GH} = h - \overline{SP}$).

$\Leftrightarrow \quad 3 \cdot (4-x) \text{ cm}^2 = 4 \cdot x \text{ cm}^2$

$\Leftrightarrow \quad 12 - 3x = 4x$

$\Leftrightarrow \quad 7x = 12$

$\Leftrightarrow \quad x = 1\frac{5}{7}$

$\mathbb{L} = \left\{ 1\frac{5}{7} \right\}$

Aufgaben

102 Kreuze richtige Aussagen an. Es gilt: [FE]∥[AD]∥[BC]

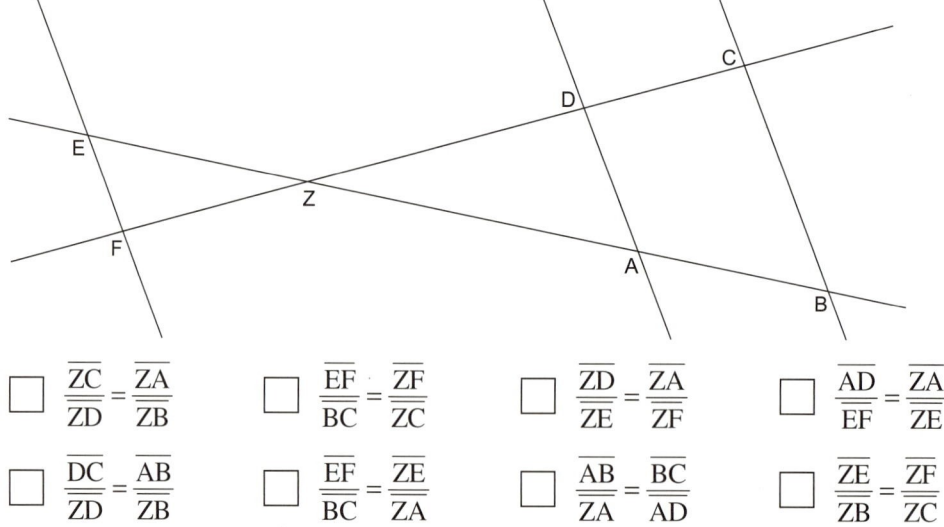

☐ $\dfrac{\overline{ZC}}{\overline{ZD}} = \dfrac{\overline{ZA}}{\overline{ZB}}$ ☐ $\dfrac{\overline{EF}}{\overline{BC}} = \dfrac{\overline{ZF}}{\overline{ZC}}$ ☐ $\dfrac{\overline{ZD}}{\overline{ZE}} = \dfrac{\overline{ZA}}{\overline{ZF}}$ ☐ $\dfrac{\overline{AD}}{\overline{EF}} = \dfrac{\overline{ZA}}{\overline{ZE}}$

☐ $\dfrac{\overline{DC}}{\overline{ZD}} = \dfrac{\overline{AB}}{\overline{ZB}}$ ☐ $\dfrac{\overline{EF}}{\overline{BC}} = \dfrac{\overline{ZE}}{\overline{ZA}}$ ☐ $\dfrac{\overline{AB}}{\overline{ZA}} = \dfrac{\overline{BC}}{\overline{AD}}$ ☐ $\dfrac{\overline{ZE}}{\overline{ZB}} = \dfrac{\overline{ZF}}{\overline{ZC}}$

☐ $\dfrac{\overline{AB}}{\overline{ZE}} = \dfrac{\overline{CD}}{\overline{ZF}}$ ☐ $\dfrac{\overline{AD}}{\overline{BC}} = \dfrac{\overline{ZA}}{\overline{ZB}}$ ☐ $\dfrac{\overline{ZA}}{\overline{AE}} = \dfrac{\overline{ZD}}{\overline{DF}}$ ☐ $\dfrac{\overline{ZC}}{\overline{ZD}} = \dfrac{\overline{ZA}}{\overline{ZB}}$

103 Die Breite $\overline{E'F'}$ eines Flusses soll bestimmt werden.
Es gilt:
$\overline{EF} = 4{,}5$ m
$\overline{GE'} = 7$ m
$\overline{GE} = 2$ m
[E'F']∥[EF]

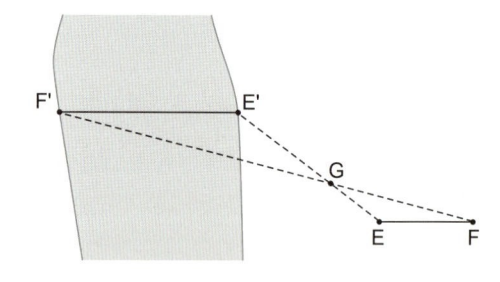

104 Ein Tourist peilt den Olympiaturm in München (Höhe 291,28 m) über seinen 8 cm langen Daumen, der dabei 40 cm von seinen Augen entfernt ist, an. Wie weit ist der Tourist vom Turm entfernt?

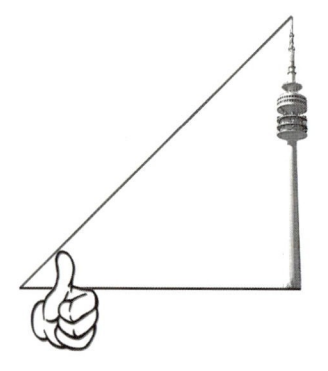

105 Ein Fußballtor ist 7,32 m breit. Der Tormann hat eine Spannweite von 2,05 m. Wie weit muss er aus dem Tor laufen, wenn der Schütze an der Strafraumgrenze 16 m vor dem Tor schießt und er das Tor komplett abdecken will?

Extremwertaufgaben

106 Dem gleichschenkligen Dreieck ABC mit der Basislänge $\overline{AB} = 4\text{ cm}$ und der zur Basis [AB] gehörigen Höhe $\overline{CM} = 8\text{ cm}$ werden gleichschenklige Dreiecke E_nF_nM mit der Basis $[E_nF_n]$ so einbeschrieben, dass die Spitze M aller Dreiecke E_nF_nM der Mittelpunkt von [AB] ist. Für die zur Basis $[E_nF_n]$ zugehörigen Höhe $\overline{MD_n}$ gilt: $\overline{MD_n} = x\text{ cm}$

a) Gib das Intervall zulässiger Werte für x an.
b) Berechne den Flächeninhalt der einbeschriebenen Dreiecke E_nF_nM in Abhängigkeit von x.
c) Berechne den Wert für x, für den das Dreieck E_1F_1M mit maximalem Flächeninhalt entsteht.

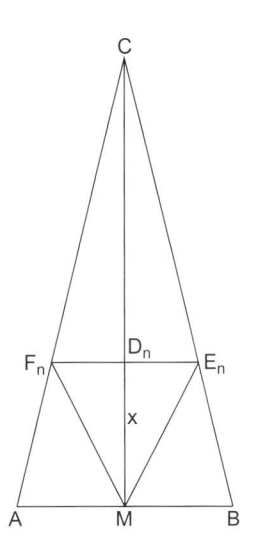

107 Dem gleichschenkligen Dreieck ABC mit Basis [AB] werden Trapeze $D_nE_nF_nG_n$ einbeschrieben. Es gilt: $\overline{AB} = 8\text{ cm}$; $h_c = 6\text{ cm}$
$[D_nE_n]$ liegt auf [AB], wobei D_n 0,5x cm entfernt von A ist und E_n 0,5x cm entfernt von B ist. F_n liegt auf [BC], G_n liegt auf [CA]. Die Strecke $[F_nG_n]$ ist parallel zu [AB] und hat einen Abstand von 1,5x cm von der Basis [AB].
a) Zeichne das Dreieck und das einbeschriebene Trapez für x = 3.
b) Berechne den Flächeninhalt der einbeschriebenen Trapeze in Abhängigkeit von x.
c) Für welchen x-Wert entsteht das Trapez mit dem größten Flächeninhalt?

Interaktive Aufgaben

/ 1. Strecke bestimmen
/ 2. Strecke bestimmen
/ 3. Strecke bestimmen
4. Strecke bestimmen
5. Maximum bestimmen

2.6 Flächensätze am rechtwinkligen Dreieck

Das Lot [CD] auf die Hypotenuse [AB] eines rechtwinkligen Dreiecks ABC zerlegt die Hypotenuse [AB] in die Strecken [AD] und [DB]. Man nennt diese Strecken Hypotenusenabschnitte und bezeichnet ihre Längen mit q und p.

In rechtwinkligen Dreiecken gilt die sogenannte **Satzgruppe des Pythagoras** zu der der **Kathetensatz**, der **Höhensatz** und der **Satz des Pythagoras** gehören.

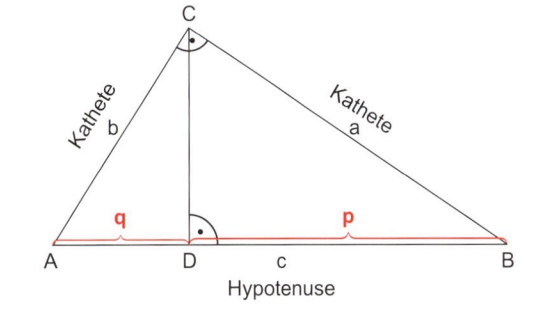

Der Kathetensatz

Merke

Kathetensatz
Im rechtwinkligen Dreieck ist das Quadrat der Länge einer Kathete gleich dem Produkt der Längen des der Kathete anliegenden Hypotenusenabschnitts und der Hypotenuse.
$a^2 = p \cdot c$ bzw. $b^2 = q \cdot c$

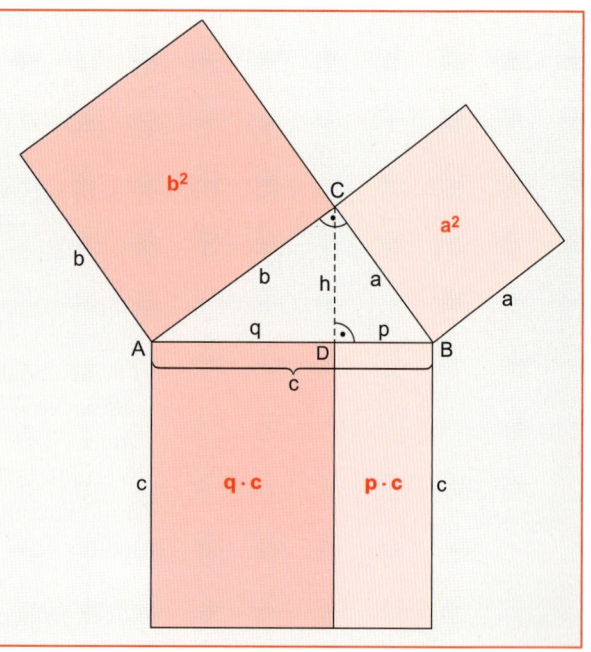

Beispiel

Im in C rechtwinkligen Dreieck ABC gilt:
$\overline{AB} = 9$ cm und $\overline{AD} = 3{,}5$ cm. Berechne $\overline{AC}$.

Lösung:

$\overline{AC}^2 = \overline{AD} \cdot \overline{AB}$

$\Leftrightarrow \overline{AC}^2 = 3{,}5 \cdot 9 \text{ cm}^2$

$\Leftrightarrow \overline{AC}^2 = 31{,}5 \text{ cm}^2 \quad | \sqrt{}$

$\Rightarrow \overline{AC} = \sqrt{31{,}5 \text{ cm}^2}$

$\Leftrightarrow \overline{AC} = 5{,}61 \text{ cm}$

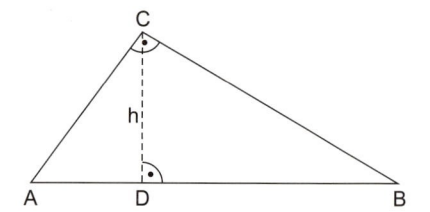

Die negative Lösung $\overline{AC} = -\sqrt{31{,}5 \text{ cm}^2}$ kommt als Seitenlänge nicht infrage.

Es ist üblich, trotz Verwendung von Näherungswerten das Gleichheitszeichen zu verwenden.

Aufgaben

108 Im in C rechtwinkligen Dreieck ABC gilt:
a) $a = 6{,}4$ cm und $p = 3{,}2$ cm. Berechne c.
b) $c = 8$ cm und $q = 3$ cm. Berechne b.
c) $c = 9$ cm und $b = 4{,}5$ cm. Berechne q.
d) $c = 15$ dm und $p = 6{,}5$ dm. Berechne a.
e) $b = 1{,}24$ dm und $c = 35{,}75$ cm. Berechne q.

109 Die Entfernung von U zu einem unzugänglichen Punkt V kann bestimmt werden, indem ein rechtwinkliges Hilfsdreieck markiert wird und die Längen der Seiten [UW] und [US] gemessen werden.
Berechne $\overline{UV}$, wenn $\overline{UW} = 250$ m und $\overline{US} = 94$ m bekannt sind.

Interaktive Aufgaben

1. Kathete bestimmen
2. Fläche bestimmen

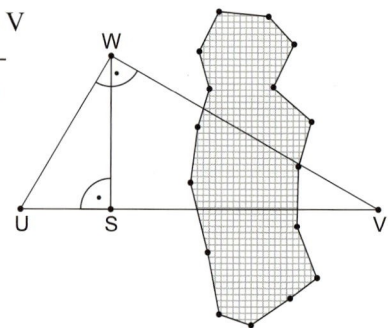

Der Höhensatz

Merke

Höhensatz
Im rechtwinkligen Dreieck ist das Quadrat der Höhe auf die Hypotenuse gleich dem Produkt der Längen der Hypotenusenabschnitte.
$h^2 = p \cdot q$

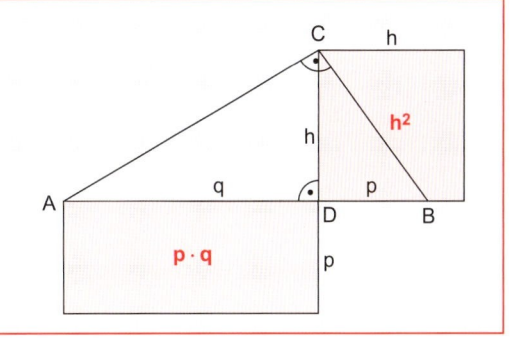

Beispiel

Im in C rechtwinkligen Dreieck ABC gilt:
$h = 4$ cm und $q = 1{,}6$ cm.
Berechne den Flächeninhalt des Dreiecks.

Lösung:
Um den Flächeninhalt $A_{\triangle ABC}$ mit der Formel

$$A_{\triangle ABC} = \underbrace{\frac{1}{2} \cdot g \cdot h}_{\text{allgemeine Formel}} = \underbrace{\frac{1}{2} \cdot \overline{AB} \cdot h}_{\text{aufgabenbezogene Formel}}$$

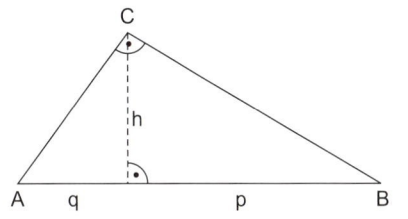

berechnen zu können, wird zunächst p berechnet, um dann $\overline{AB} = p + q$ bestimmen zu können.

Berechnung von p:

$h^2 = p \cdot q$ Forme den Höhensatz um.

$\Leftrightarrow \quad p = \dfrac{h^2}{q}$ Setze die gegebenen Werte ein.

$\Leftrightarrow \quad p = \dfrac{(4\,\text{cm})^2}{1{,}6\,\text{cm}}$ Kürze beim Ausrechnen die Maßeinheit cm.

$\Leftrightarrow \quad p = \dfrac{16\,\text{cm}^2}{1{,}6\,\text{cm}}$

$\Leftrightarrow \quad p = 10\,\text{cm}$

Berechnung von $\overline{AB}$:

$\overline{AB} = p + q$

$\overline{AB} = 10\,\text{cm} + 1{,}6\,\text{cm}$ Maßzahlen zusammenfassen

$\overline{AB} = 11{,}6\,\text{cm}$

Berechnung von $A_{\triangle ABC}$:

$A_{\triangle ABC} = \dfrac{1}{2} \cdot \overline{AB} \cdot h$ Setze die Größen in den aufgabenbezogenen Ansatz ein.

$A_{\triangle ABC} = \dfrac{1}{2} \cdot 11{,}6\,\text{cm} \cdot 4\,\text{cm}$

$A_{\triangle ABC} = \dfrac{1}{2} \cdot 11{,}6 \cdot 4\,\text{cm}^2$ Es empfiehlt sich immer, die Maßeinheiten am Ende der Zeile zusammenzufassen, um nur noch die Maßzahlen im Blick behalten zu müssen.

$A_{\triangle ABC} = 23{,}2\,\text{cm}^2$

Aufgabe 110

Das Dreieck ABC ist rechtwinklig in C. Berechne die fehlenden Größen.

	p	q	h	c
a)	7 cm	8 cm		
b)		2,5 cm		102 mm
c)	6,8 m		14,5 m	

Interaktive Aufgabe

3. Höhe bestimmen

Der Satz des Pythagoras

Merke

Satz des Pythagoras

Im rechtwinkligen Dreieck ist die Summe der Quadrate der Längen der Katheten gleich dem Quadrat der Länge der Hypotenuse.

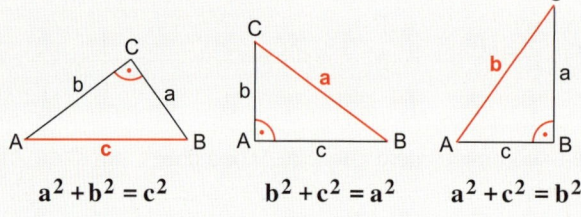

$$a^2 + b^2 = c^2 \qquad b^2 + c^2 = a^2 \qquad a^2 + c^2 = b^2$$

Es gilt auch umgekehrt: Gilt der Satz des Pythagoras in einem Dreieck, ist das ein Beweis für die Rechtwinkligkeit dieses Dreiecks.

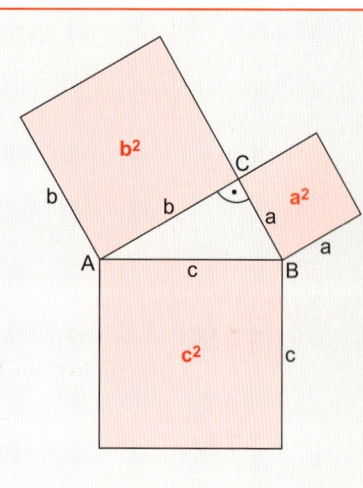

Beispiele

1. Im rechtwinkligen Dreieck ABC mit $\overline{AB} = 8$ cm und $\overline{BC} = 5$ cm hat der Winkel CBA das Maß $\beta = 90°$.
   Berechne $\overline{CA}$.

   Lösung:
   $\overline{CA}$ ist die Hypotenuse.

   $\overline{CA}^2 = \overline{AB}^2 + \overline{BC}^2 \qquad |\sqrt{}$
   $\Rightarrow \overline{CA} = \sqrt{(8\,\text{cm})^2 + (5\,\text{cm})^2}$ oder: $\overline{CA} = \sqrt{8^2 + 5^2}$ cm
   $\Leftrightarrow \overline{CA} = \sqrt{89\,\text{cm}^2} \qquad\qquad\qquad \overline{CA} = \sqrt{89}$ cm
   $\Leftrightarrow \overline{CA} = 9,43$ cm

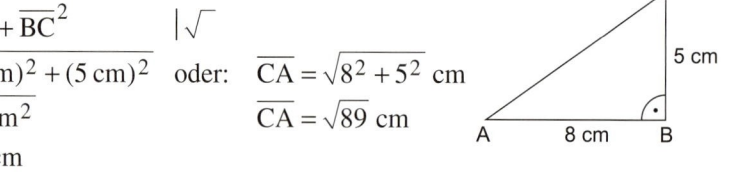

2. Eine Leiter ist 6 m lang. Sie ist 1,2 m entfernt von der Wand angelehnt. Wie hoch reicht die Leiter?

   Lösung:
   Gesucht ist h (Kathete!). Es gilt:

   $(6\,\text{m})^2 = (1,2\,\text{m})^2 + h^2 \qquad |-(1,2\,\text{m})^2$
   $\Leftrightarrow h^2 = (6\,\text{m})^2 - (1,2\,\text{m})^2 \qquad |\sqrt{}$
   $\Rightarrow h = \sqrt{6^2 - 1,2^2}\,\text{m}$
   $\Leftrightarrow h = 5,88\,\text{m}$

Aufgaben

111 Überprüfe rechnerisch, ob das Dreieck EFG mit $\overline{EF} = 13$ cm, $\overline{FG} = 12$ cm und $\overline{GE} = 5$ cm rechtwinklig ist.

112 Berechne die Länge der fehlenden Dreiecksseite der rechtwinkligen Dreiecke ABC. Zeichne eine Planfigur.
 a) $a = 12$ cm; $b = 5$ cm; $\gamma = 90°$
 b) $b = 3$ dm; $c = 12$ cm; $\beta = 90°$

113 Von den sechs Streckenlängen a, b, c, p, q und h eines rechtwinkligen Dreiecks sind jeweils 2 gegeben. Berechne die fehlenden Streckenlängen mithilfe von Höhensatz, Kathetensatz und Satz des Pythagoras. Runde auf eine Nachkommastelle.
 a) $a = 6{,}4$ cm; $p = 3{,}2$ cm
 b) $p = 5{,}4$ cm; $h = 8{,}2$ cm
 c) $p = 5$ cm; $q = 4$ cm

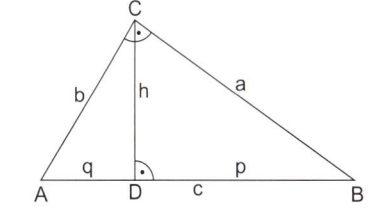

114 Berechne den Umfang eines gleichschenkligen Trapezes mit den Grundseitenlängen 14 cm und 9 cm und einer Höhe von 8 cm. Zeichne zunächst eine Planfigur.

115 Begründe, dass das abgebildete Dreieck ABC rechtwinklig ist, und berechne die fehlende Seitenlänge.

116 In einer Raute ABCD beträgt die Seitenlänge $a = 5$ cm und die Länge der Diagonale $\overline{AC} = e = 3$ cm. Berechne die Länge der anderen Diagonale f und den Flächeninhalt.

Tipp   In einer Raute halbieren sich die Diagonalen gegenseitig und stehen senkrecht aufeinander.

117 Ein Tunnel mit halbkreisförmigem Querschnitt hat einen Radius von 5 m. Er besitzt nur eine Fahrspur.
 a) Wie hoch kann ein Lkw, der den Tunnel passieren soll, maximal sein, wenn er 2,50 m breit ist?
 b) Löse die Aufgabe auch für den Fall, dass ein Sicherheitsabstand von 50 cm zur Tunneldecke eingehalten werden soll.

Interaktive Aufgaben
 4. Hypotenuse bestimmen
 5. Kathete bestimmen
 6. Zweimal Pythagoras
 7. Rechtwinkliges Dreieck?
 8. Seite gesucht
 9. Spielplatz
 10. Fernseher
 11. Eisenbahn

Folgerungen aus dem Satz des Pythagoras

Merke

Länge der Diagonale im Quadrat

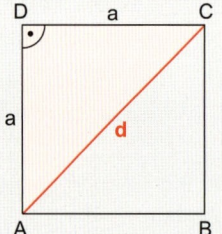

$d = a\sqrt{2}$

Höhe im gleichseitigen Dreieck

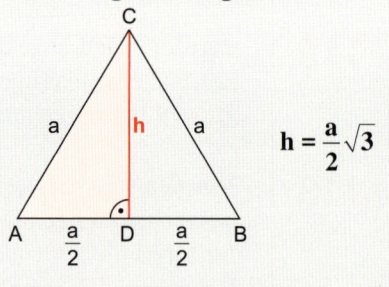

$h = \dfrac{a}{2}\sqrt{3}$

Länge der Diagonale im Rechteck

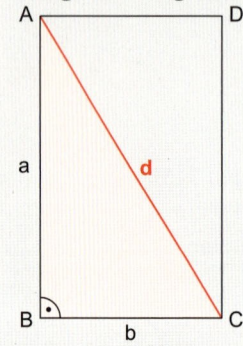

$d = \sqrt{a^2 + b^2}$

Länge der Raumdiagonale im Würfel

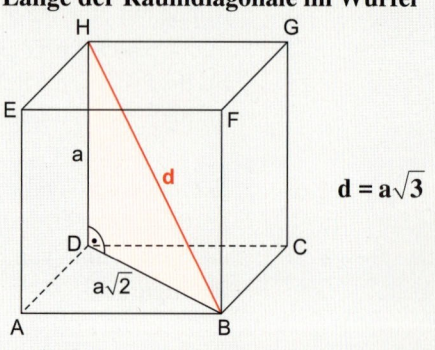

$d = a\sqrt{3}$

Länge der Raumdiagonale im Quader

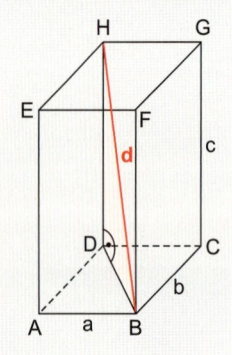

$d = \sqrt{a^2 + b^2 + c^2}$

Länge der Mantellinie beim Kegel

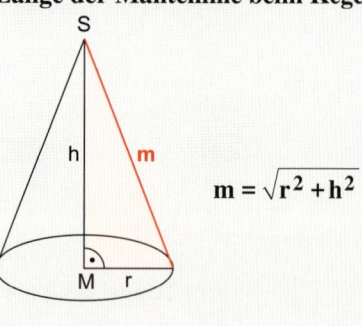

$m = \sqrt{r^2 + h^2}$

Aufgaben

118 Ein gleichseitiges Dreieck hat die Seitenlänge a = 6 cm. Berechne die Höhe und den Flächeninhalt.

119 Das nebenstehende Schrägbild zeigt eine Pyramide mit quadratischer Grundfläche. Die Spitze S liegt senkrecht über dem Diagonalenschnittpunkt E. Der Punkt M ist der Mittelpunkt der Strecke [BC]. Es gilt: $\overline{AB} = 6$ cm; $\overline{ES} = 10$ cm
Berechne folgende Streckenlängen.
a) $\overline{AC}$; $\overline{AE}$; $\overline{SA}$; $\overline{MS}$
b) $\overline{GH}$ und $\overline{GS}$, wenn $\overline{FS} = 4$ cm

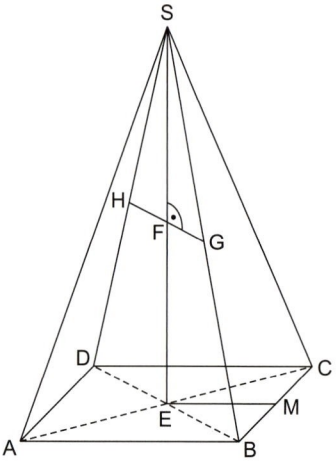

Training Grundwissen: 2 Grundwissen 9. Klasse

Merke

Länge einer Strecke im Koordinatensystem (Betrag eines Vektors)

$A(x_A | y_A); B(x_B | y_B)$

$\overrightarrow{AB} = \begin{pmatrix} x_B - x_A \\ y_B - y_A \end{pmatrix}$

$\overline{AB} = \sqrt{(x_B - x_A)^2 + (y_B - y_A)^2}$ LE

$\overrightarrow{AB} = \begin{pmatrix} v_x \\ v_y \end{pmatrix}$

$|\overrightarrow{AB}| = \sqrt{v_x^2 + v_y^2}$

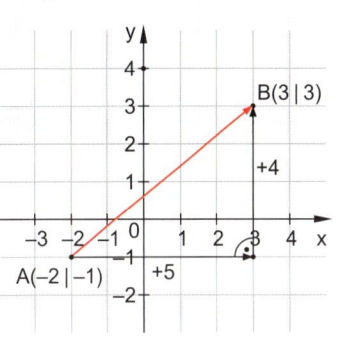

Beispiel

Berechne die Länge der Strecke [AB] mit A(−6|2) und B(2|8).

Lösung:
Man wendet den Satz des Pythagoras auf das rechtwinklige Koordinatendreieck an.

Berechne die Koordinaten von $\overrightarrow{AB}$:

$\overrightarrow{AB} = \begin{pmatrix} 2 - (-6) \\ 8 - 2 \end{pmatrix} = \begin{pmatrix} 8 \\ 6 \end{pmatrix}$

Berechne den Betrag des Vektors $\overrightarrow{AB}$:

$|\overrightarrow{AB}| = \sqrt{8^2 + 6^2} = \sqrt{100} = 10$

oder:

Berechne die Länge der Strecke [AB]:

$\overline{AB} = \sqrt{(x_B - x_A)^2 + (y_B - y_A)^2}$ LE

$\overline{AB} = \sqrt{(2-(-6))^2 + (8-2)^2}$ LE

$\overline{AB} = \sqrt{8^2 + 6^2}$ LE

$\overline{AB} = \sqrt{64 + 36}$ LE

$\overline{AB} = \sqrt{100}$ LE

$\overline{AB} = 10$ LE

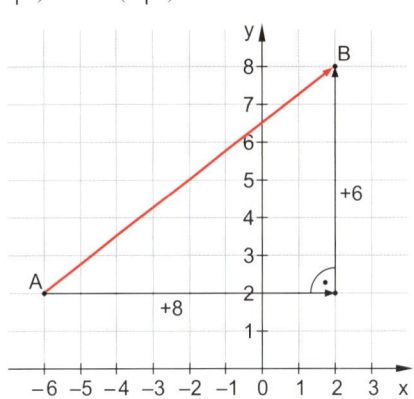

Aufgaben

120 Bestimme den Betrag des Vektors.

a) $\vec{a} = \begin{pmatrix} -2 \\ 3 \end{pmatrix}$
b) $\vec{b} = \begin{pmatrix} 12 \\ -5 \end{pmatrix}$

121 Bestimme die Länge der Strecke [EF].

a) E(−4|3); F(10|5)
b) $E\left(1\frac{1}{2} \mid -6\frac{3}{4}\right); F\left(-9\frac{1}{4} \mid 2\frac{1}{8}\right)$

122 Der Kreis k mit dem Mittelpunkt M(1|2) verläuft durch den Punkt P(5|5).
Berechne den Radius von k.
Überprüfe, ob der Punkt Q(−4|2) auf, innerhalb oder außerhalb des Kreises liegt.

123 Bestimme den Umfang des Dreiecks ABC mit A(−3|−2), B(5|0) und C(4|6).

Interaktive Aufgaben

- 12. Abstand von 2 Punkten bestimmen
- 13. Gleichschenkliges Dreieck?

3 Grundwissen 10. Klasse

3.1 Quadratische Funktionen

Merke

Funktionen mit der Funktionsgleichung f: $y = ax^2 + bx + c$ (a, b, c $\in \mathbb{R}$; a $\neq$ 0) werden wegen ihres quadratischen Teilterms $a \cdot x^2$ als **quadratische Funktionen** bezeichnet.

Die Funktion mit der Gleichung y = x²

Merke

Für die einfachste quadratische Funktion f: $y = x^2$ ($\mathbb{G} = \mathbb{R} \times \mathbb{R}$) gilt a = 1, b = 0 und c = 0.
- Für die Definitionsmenge $\mathbb{D}$ gilt: $\mathbb{D} = \mathbb{R}$, für die Wertemenge $\mathbb{W}$ gilt: $\mathbb{W} = \mathbb{R}_0^+$
- Der Graph der Funktion f heißt **Normalparabel**.
- Die Normalparabel hat den **Scheitelpunkt** S(0|0).
- Die y-Achse ist **Symmetrieachse** des Graphen mit der Gleichung s: x = 0.

Wertetabelle

x	−4	−3	−2	−1	0	1	2	3	4
$y = x^2$	16	9	4	1	0	1	4	9	16

Graph

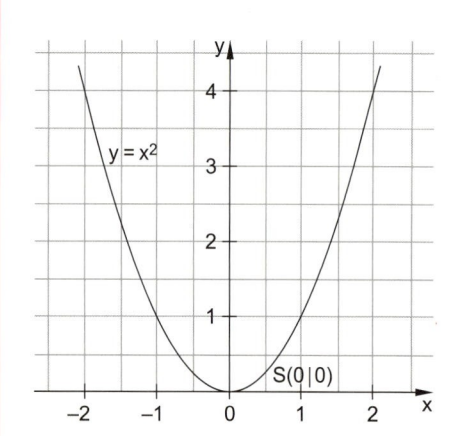

Funktionen mit Gleichungen der Form y = a · x²

Merke

Die Graphen von Funktionen mit Gleichungen der Form $y = ax^2$ ($a \in \mathbb{R} \setminus \{0\}$) sind Parabeln mit dem Scheitelpunkt S(0|0). Der **Formfaktor a** legt die **Öffnung** und die **Form** der Parabel fest.

Öffnung:
- $a > 0$: Die Parabel ist nach **oben** geöffnet.
- $a < 0$: Die Parabel ist nach **unten** geöffnet.

Form:
- $|a| > 1$: Die Parabel ist **gestreckt**, das heißt „steiler" als die Normalparabel.
- $|a| = 1$: Normalparabel
- $|a| < 1$: Die Parabel ist **gestaucht**, das heißt „flacher" als die Normalparabel.

Beispiele

$a = 1{,}5 \quad f_1: y = 1{,}5x^2$
$a = 0{,}25 \quad f_2: y = 0{,}25x^2$
$a = -0{,}5 \quad f_3: y = -0{,}5x^2$
$a = -2 \quad f_4: y = -2x^2$

Wertetabelle

x	−3	−2	−1	0	1	2	3
$f_1: y = 1{,}5x^2$	13,5	6	1,5	0	1,5	6	13,5
$f_2: y = 0{,}25x^2$	2,25	1	0,25	0	0,25	1	2,25
$f_3: y = -0{,}5x^2$	−4,5	−2	−0,5	0	−0,5	−2	−4,5
$f_4: y = -2x^2$	−18	−8	−2	0	−2	−8	−18

Graphen der Funktionen f_1–f_4:

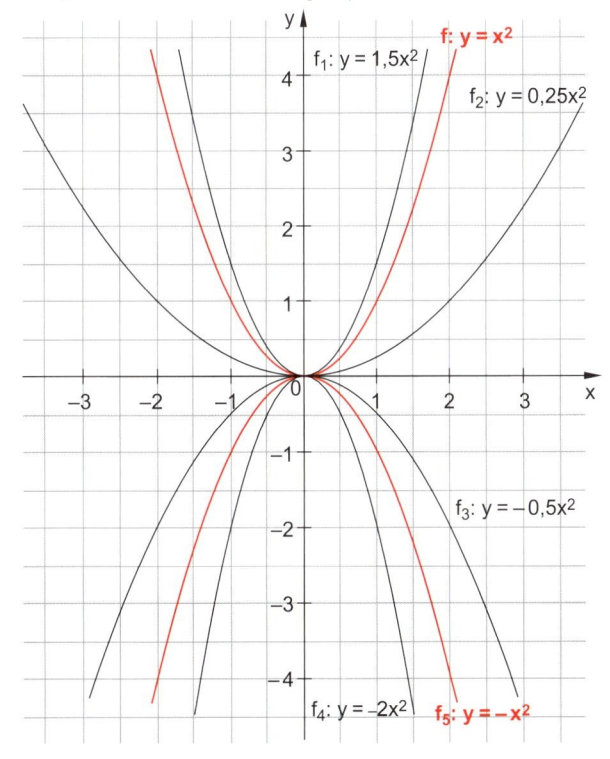

f: nach oben geöffnete Normalparabel
f_1: nach oben geöffnet und gestreckt
f_2: nach oben geöffnet und gestaucht
f_3: nach unten geöffnet und gestaucht
f_4: nach unten geöffnet und gestreckt
f_5: nach unten geöffnete Normalparabel

Aufgaben

124 Berechne den Wert von $a \in \mathbb{R} \setminus \{0\}$ so, dass der Graph der Funktion f: $y = ax^2$ durch den Punkt P verläuft.
a) P(0,5 | 1)
b) P(–3 | 6)

125 Beschreibe gemäß dem Beispiel die Graphen der nachfolgenden Funktionen.
Beispiel: p: $y = -1{,}25x^2$
- Die Parabel ist nach unten geöffnet, da $a < 0$.
- Es handelt sich um eine gestreckte Parabel, da $|a| > 1$.
- Der Scheitelpunkt hat die Koordinaten S(0 | 0).
- Die y-Achse ist Symmetrieachse mit der Gleichung s: $x = 0$.
- $\mathbb{D} = \mathbb{R}$; $\mathbb{W} = \mathbb{R}_0^-$

a) p_1: $y = 3{,}5x^2$
b) p_2: $y = -0{,}6x^2$

126 Ein aus dem Ruhezustand frei fallender Stein legt nach der Zeit t einen Weg von $s = \frac{1}{2}gt^2$ zurück (dabei soll vom Luftwiderstand abgesehen werden). Die Konstante g wird als Fallbeschleunigung bezeichnet. Ihr Wert hängt vom jeweiligen Himmelskörper ab:

$g_{Erde} \approx 9{,}81 \, \frac{m}{s^2}$ $\qquad$ $g_{Mond} \approx 1{,}62 \, \frac{m}{s^2}$ $\qquad$ $g_{Sonne} \approx 274 \, \frac{m}{s^2}$

a) Zeichne die Graphen für $t \in [0\,s;\ 6\,s]$ mit $\Delta x = 1\,s$ für den freien Fall auf der Erde, dem Mond und auf der Sonne.
Rechtswertachse: Zeit t in Sekunden
Hochwertachse: Strecke s in Metern

b) Wie lange bräuchte auf den genannten Himmelskörpern ein Stein, der aus einer Höhe von $s = 100\,m$ fällt, bis er auf dem Boden landet? (Das Verglühen des Steins auf der Sonne wird vernachlässigt.)

Interaktive Aufgaben
1. Parabel zuordnen
2. Reihenfolge
3. Parabel zeichnen

Die Scheitelform: $y = a \cdot (x - x_S)^2 + y_S$

Merke

Wird eine Parabel p mit der Gleichung $y = a \cdot x^2$ durch Parallelverschiebung mit dem Vektor $\vec{v} = \begin{pmatrix} x_S \\ y_S \end{pmatrix}$ auf die Bildparabel p' abgebildet: $p \xmapsto{\vec{v} = \begin{pmatrix} x_S \\ y_S \end{pmatrix}} p'$, so lässt sich die Gleichung der Bildparabel in der sogenannten **Scheitelform** angeben:

p': $y = a \cdot (x - x_S)^2 + y_S$

$S'(x_S | y_S)$ sind die Koordinaten des Scheitelpunkts S'.

Beispiel

p: $y = -\dfrac{2}{3} x^2 \xmapsto{\vec{v} = \begin{pmatrix} -2 \\ 4 \end{pmatrix}}$ p': $y = -\dfrac{2}{3}(x - (-2))^2 + 4$

$\qquad\qquad\qquad\qquad\qquad y = -\dfrac{2}{3}(x + 2)^2 + 4$

also: $S'(-2 | 4)$

Graph

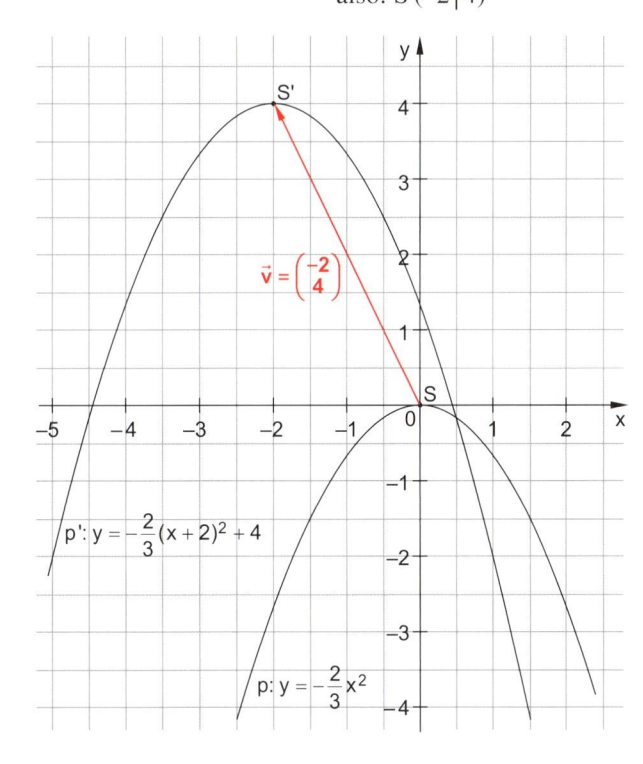

Der Graph der Parabel p' mit der Gleichung
$y = -\dfrac{2}{3}(x + 2)^2 + 4$
hat folgende Eigenschaften:
- Die Parabel ist nach unten geöffnet, da $a < 0$.
- Die Parabel ist gestaucht, da $|a| < 1$.
- Der Scheitelpunkt hat die Koordinaten $S'(-2 | 4)$.
- Die Symmetrieachse hat die Gleichung s: $x = -2$.
- $\mathbb{D} = \mathbb{R}$; $\mathbb{W} = \{y \,|\, y \leq 4\}$

Aufgabe 127

Die Parabel p wird durch Parallelverschiebung mit Vektor $\vec{v}$ auf die Parabel p' abgebildet. Gib die Gleichung der Bildparabel sowie die Eigenschaften des Graphen an und zeichne p und p'.

a) p: $y = -\dfrac{1}{4} x^2$; $\vec{v} = \begin{pmatrix} -3 \\ 4 \end{pmatrix}$

b) p: $y = 3{,}5 x^2$; $\vec{v} = \begin{pmatrix} 2 \\ -5 \end{pmatrix}$

Interaktive Aufgaben

- 4. Parabel zuordnen
- 5. Vogel
- 6. Parabel zeichnen
- 7. Parabel zuordnen
- 8. Parabel zeichnen
- 9. Parabel zuordnen
- 10. Parabel zeichnen
- 11. Verschiebungsvektor

Von der Scheitelform zur allgemeinen Form

Merke

Die Gleichung $y = a(x - x_S)^2 + y_S$ heißt **Scheitelform** der Parabelgleichung. Durch Umformung (Multiplikation des Binoms und anschließendes Zusammenfassen) erhält man die **allgemeine Form** $y = ax^2 + bx + c$.

Beispiel

$p: y = -\dfrac{2}{3}(x+2)^2 + 4$ \hfill Scheitelform

$y = -\dfrac{2}{3}(x^2 + 4x + 4) + 4$

$y = -\dfrac{2}{3}x^2 - \dfrac{8}{3}x - \dfrac{8}{3} + 4$ \hfill **Binomische Formel**

$y = -\dfrac{2}{3}x^2 - 2\dfrac{2}{3}x + 1\dfrac{1}{3}$ \hfill Allgemeine Form

Aufgabe 128

Bestimme die Wertemenge, gib die Gleichung der Symmetrieachse s an und bringe die Funktionsgleichung auf die allgemeine Form.

a) $y = -\dfrac{1}{8}(x-2)^2 + 5$ \hfill b) $y = \dfrac{1}{3}\left(x + \dfrac{1}{2}\right)^2 - \dfrac{2}{3}$

Interaktive Aufgabe

✏ 12. Scheitelform in allgemeine Form

Von der allgemeinen Form zur Scheitelform

Merke

Die Gleichung $y = ax^2 + bx + c$ heißt **allgemeine Form** der Parabelgleichung. Durch **quadratische Ergänzung** erhält man die **Scheitelform** $y = a(x - x_S)^2 + y_S$.

Beispiel

$p: y = \dfrac{1}{2}x^2 - 4x + 5$ \hfill Allgemeine Form. Klammere $\dfrac{1}{2}$ aus.

$y = \dfrac{1}{2}[x^2 - 8x + 10]$

\hfill **Quadratisch ergänzen** mit 4^2

$y = \dfrac{1}{2}[x^2 - 8x + \mathbf{4^2 - 4^2} + 10]$ \hfill Binomische Formel $a^2 - 2ab + b^2 = (a-b)^2$ anwenden

$y = \dfrac{1}{2}[(x-4)^2 - 16 + 10]$ \hfill Term vereinfachen

$y = \dfrac{1}{2}[(x-4)^2 - 6]$

$y = \dfrac{1}{2}(x-4)^2 - 3$ \hfill Scheitelform

$S(4|-3)$ \hfill Scheitelpunkt S

Aufgaben

129 Zeichne die Parabel p mithilfe einer Wertetabelle (runde auf zwei Stellen nach dem Komma; $\Delta x = 1$). Bestimme die Scheitelform und überprüfe die Koordinaten des Scheitelpunkts in der Zeichnung.

a) $p: y = 5x^2 - 15x + 2{,}5 \quad x \in [0; 3]$

b) $p: y = -\dfrac{1}{4}x^2 - \dfrac{1}{2}x - 1\dfrac{3}{4} \quad x \in [-3; 3]$

Interaktive Aufgabe

✏ 13. Allgemeine Form in Scheitelform

Berechnen von Parabelgleichungen

Merke

Abhängig von den gegebenen Werten ist beim Aufstellen von Parabelgleichungen zwischen dem Weg über die Scheitelform und dem Weg über die allgemeine Form der vorteilhaftere zu wählen. Dabei unterscheidet man 3 Fälle:
- Gegeben: Scheitelpunkt und Formfaktor a → Ansatz über die Scheitelform
- Gegeben: Scheitelpunkt und Punkt auf der Parabel → Ansatz über die Scheitelform
- Gegeben: 2 Punkte auf der Parabel und Wert von Formfaktor a oder b oder c
  → Ansatz über die allgemeine Form

Beispiel

Stelle jeweils die Parabelgleichung auf.

a) Gegeben ist eine Parabel p mit dem Formfaktor $a = -2$ und dem Scheitelpunkt $S(-1\,|\,3)$.

b) Gegeben ist eine Parabel p mit dem Scheitelpunkt $S(3\,|\,4)$, die durch den Punkt $P(4\,|\,5)$ verläuft.

c) Gegeben ist eine Parabel p mit dem Formfaktor $a = -2$, die durch die Punkte $A(2\,|\,1)$ und $B(1\,|\,-5)$ verläuft.

Lösung:

a) Ansatz über die Scheitelform:

$a = \mathbf{-2}$: $\quad p: y = \mathbf{-2}(x - x_S)^2 + y_S \qquad$ Setze $a = -2$ und x_S und y_S aus $S(-1\,|\,3)$ ein.

$S(\mathbf{-1}\,|\,\mathbf{3}) \in p: y = -2(x - (\mathbf{-1}))^2 + \mathbf{3} \qquad$ Scheitelform

$\Leftrightarrow y = -2(x^2 + 2x + 1) + 3 \qquad$ Vereinfachen

$\Leftrightarrow y = -2x^2 - 4x - 2 + 3$

$\Leftrightarrow y = -2x^2 - 4x + 1 \qquad$ Allgemeine Form

b) Ansatz über die Scheitelform:

$S(\mathbf{3}\,|\,\mathbf{4}) \in p: y = a(x - \mathbf{3})^2 + \mathbf{4} \qquad$ Koordinaten von S einsetzen

$P(\mathbf{4}\,|\,\mathbf{5}) \in p: \mathbf{5} = a(\mathbf{4} - 3)^2 + 4 \qquad$ Koordinaten von P einsetzen

$\Leftrightarrow 5 = a + 4 \qquad |-4 \qquad$ Wert von a berechnen

$\Leftrightarrow a = 1$

somit:

$p: y = 1(x - 3)^2 + 4 \qquad$ Scheitel S und a in Scheitelform einsetzen

$\Leftrightarrow y = x^2 - 6x + 9 + 4$

$\Leftrightarrow y = x^2 - 6x + 13 \qquad$ Allgemeine Form

c) Ansatz über die allgemeine Form:

$a = -2$: $p: y = -2x^2 + bx + c$ a in die allgemeine Form einsetzen

$A(2|1) \in p: 1 = -2 \cdot 2^2 + b \cdot 2 + c$ x- und y-Koordinaten von A einsetzen

$\Leftrightarrow 1 = -2 \cdot 4 + 2b + c$ Beachte: Potenzrechnung vor Punktrechnung

$\Leftrightarrow 1 = -8 + 2b + c \quad |+8$ Vereinfachen

$\Leftrightarrow \mathbf{9 = 2b + c}$

Außerdem gilt:

$B(1|-5) \in p: -5 = -2 \cdot 1^2 + b \cdot 1 + c$ x- und y-Koordinaten von B einsetzen

$\Leftrightarrow -5 = -2 + b + c \quad |+2$ Vereinfachen

$\Leftrightarrow \mathbf{-3 = b + c}$

Die **beiden Gleichungen** mit den Variablen b und c ergeben zusammen ein lineares Gleichungssystem, das man schnell mit dem Gleichsetzungsverfahren lösen kann:

$\begin{vmatrix} 9 = 2b + c \\ -3 = b + c \end{vmatrix}$ Löse beide Gleichungen nach c auf.

$\Leftrightarrow \begin{vmatrix} c = 9 - 2b \\ c = -3 - b \end{vmatrix}$ I = II: Gleichsetzen

$\Leftrightarrow \begin{vmatrix} 9 - 2b = -3 - b \;(I=II) \\ c = -3 - b \end{vmatrix} |+2b+3$ Bringe die Variable b auf eine Seite.

$\Leftrightarrow \begin{vmatrix} b = 12 \\ c = -3 - b \end{vmatrix}$

$\Leftrightarrow \begin{vmatrix} b = 12 \\ c = -15 \end{vmatrix}$

$\mathbb{L}(b|c) = \{(12|-15)\}$

$p: y = -2x^2 + 12x - 15$ Allgemeine Form mit $a = -2$, $b = 12$ und $c = -15$

Aufgaben

130 Ermittle jeweils die allgemeine Form der Parabelgleichung auf Grundlage der gegebenen Werte.
a) Parabel p mit Scheitel $S(-4|6) \in p$; $P(-6|-2) \in p$
b) Parabel p mit $a = 0{,}5$; $P(-1|0) \in p$; $Q(3|0) \in p$
c) Parabel p mit $a = -1$; $b = 6$; $A(5{,}5|1{,}75) \in p$
d) Parabel p mit $b = 0{,}5$; $P(-1|-4) \in p$; $Q(5|-7) \in p$
e) Parabel p mit Scheitel $S(-1|5) \in p$; $A(-7|-4) \in p$
f) Parabel p mit $c = 5$; $P(2|-1) \in p$; $E(-4|5) \in p$

131 Die Parabel p besitzt die Gleichung $y = x^2 - 8x + 20$.
a) Berechne die Koordinaten des Scheitelpunktes S.
b) Prüfe rechnerisch, ob die Punkte $A(-1|5)$ und $B(2|8)$ auf der Parabel liegen.

132 Die Parabel $p: y = ax^2 + bx + c$ verläuft durch die Punkte $P(-3|5)$ und $Q(3|1)$.
Der Formfaktor a hat den Wert $-0{,}5$.
Berechne die Gleichung der Parabel p. Berechne anschließend die Koordinaten des Scheitelpunktes S.

Interaktive Aufgaben
14. Parabelgleichung berechnen
15. Parabelgleichung berechnen
16. Parabelgleichung berechnen

Extremwerte

Merke

Der Graph einer quadratischen Funktion ist eine Parabel. Im **Scheitelpunkt** der Parabel besitzt eine quadratische Funktion entweder ihren **minimalen** (kleinsten) oder ihren **maximalen** (größten) Funktionswert, d. h. ihren **Extremwert**. Die y_S-Koordinate des Scheitelpunktes $S(x_S | y_S)$ entspricht daher immer dem Extremwert der quadratischen Funktion.

Beispiele

1. Die Punkte P_n auf der Parabel p mit der Gleichung $y = -\frac{1}{2}x^2 + 3x - 3$ haben dieselbe Abszisse x wie die zugehörigen Punkte Q_n auf der Geraden g mit der Gleichung $y = \frac{2}{3}x + \frac{1}{2}$.
Zeige, dass für die Streckenlänge $\overline{Q_nP_n}(x)$ gilt: $\overline{Q_nP_n}(x) = \left(\frac{1}{2}x^2 - 2\frac{1}{3}x + 3\frac{1}{2}\right)$ LE.
Bestimme rechnerisch die Länge der kürzesten Strecke $[Q_0P_0]$ und den zugehörigen Wert für x.

Lösung:

$Q_n \in g: y = \frac{2}{3}x + \frac{1}{2}$, also haben die Punkte Q_n die allgemeinen Koordinaten:
$Q_n\left(x \mid \frac{2}{3}x + \frac{1}{2}\right)$

$P_n \in p: y = -\frac{1}{2}x^2 + 3x - 3$, also haben die Punkte P_n die allgemeinen Koordinaten:
$P_n\left(x \mid -\frac{1}{2}x^2 + 3x - 3\right)$

Da Q_n und P_n die gleiche Abszisse x haben, gilt für $\overline{Q_nP_n}(x)$:

$\overline{Q_nP_n}(x) = (y_{Q_n} - y_{P_n})$ LE

$\overline{Q_nP_n}(x) = \left[\frac{2}{3}x + \frac{1}{2} - \left(-\frac{1}{2}x^2 + 3x - 3\right)\right]$ LE   y-Koordinaten einsetzen und Klammern setzen

$\overline{Q_nP_n}(x) = \left[\frac{2}{3}x + \frac{1}{2} + \frac{1}{2}x^2 - 3x + 3\right]$ LE

$\overline{Q_nP_n}(x) = \left[\frac{1}{2}x^2 - 2\frac{1}{3}x + 3\frac{1}{2}\right]$ LE

Berechnung von $\overline{P_0Q_0}$:

$\overline{Q_nP_n}(x) = \left(\frac{1}{2}x^2 - 2\frac{1}{3}x + 3\frac{1}{2}\right)$ LE   Bestimme den minimalen Funktionswert über die Scheitelform.

$\overline{Q_nP_n}(x) = \frac{1}{2}\left[x^2 - 4\frac{2}{3}x + 7\right]$ LE   Ergänze quadratisch.

$\overline{Q_nP_n}(x) = \frac{1}{2}\left[x^2 - 4\frac{2}{3}x + \left(2\frac{1}{3}\right)^2 - \left(2\frac{1}{3}\right)^2 + 7\right]$ LE

$\overline{Q_nP_n}(x) = \frac{1}{2}\left[\left(x - 2\frac{1}{3}\right)^2 - \frac{49}{9} + \frac{63}{9}\right]$ LE   Damit du wirklich die Scheitelform erhältst, anhand derer du leicht den Extremwert ablesen kannst, musst du noch $\frac{1}{2}$ in die Klammer ziehen. Denke dabei daran, auch den zweiten Summanden $-\frac{49}{9} + \frac{63}{9} = \frac{14}{9}$ mit $\frac{1}{2}$ zu multiplizieren!

$\overline{Q_nP_n}(x) = \left[\frac{1}{2}\left(x - 2\frac{1}{3}\right)^2 + \frac{7}{9}\right]$ LE

also: $\overline{Q_0P_0} = \frac{7}{9}$ LE für $x = 2\frac{1}{3}$

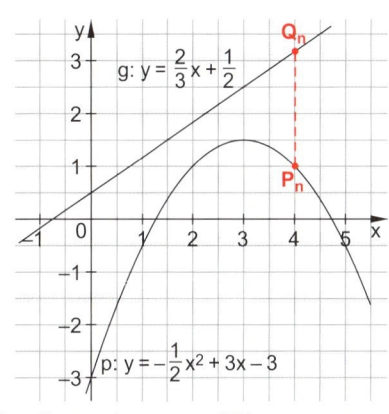

2. Die Punkte A(4|7) und B(–1|2) liegen auf einer nach oben geöffneten Normalparabel. Die Punkte C_n mit Abszisse x wandern auf dem Parabelbogen zwischen B und A und bilden mit diesen Punkten Dreiecke ABC_n.
   a) Berechne die Gleichung der Parabel und die Koordinaten des Scheitels.
   b) Zeichne die Parabel und das Dreieck ABC_1 für x = 0 in ein Koordinatensystem.
   c) Berechne den Flächeninhalt A(x) der Dreiecke ABC_n in Abhängigkeit der Abszisse x der Punkte C_n.
   d) Unter den Dreiecken ABC_n gibt es ein Dreieck ABC_0 mit maximalem Flächeninhalt A_{max}.
   Berechne A_{max} sowie die zugehörige Belegung von x. Gib ferner die Koordinaten des Punktes C_0 an.

Lösung:

a) Ansatz über die allgemeine Form:

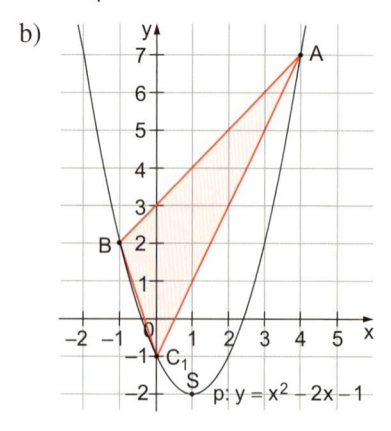

a = **1**: p: y = **1**x^2 + bx + c	Nach oben geöffnete Normalparabel → a = 1
A(**4**|**7**) ∈ p: **7** = **4**^{2} + b · **4** + c	x- und y-Koordinaten von A einsetzen
⇔ 7 = 16 + 4b + c $\quad$ |–4b – 16	Nach c auflösen
⇔ c = –4b – 9	
∧	
B(**–1**|**2**) ∈ p: **2** = (**–1**)^2 + b · (**–1**) + c	x- und y-Koordinaten von B einsetzen
⇔ 2 = 1 – b + c $\quad$ |–1 + b	Nach c auflösen
⇔ c = b + 1	

$$\Leftrightarrow \begin{vmatrix} c = -4b - 9 \\ \wedge \quad c = b + 1 \end{vmatrix}$$ I = II: Gleichsetzen

$$\Leftrightarrow \begin{vmatrix} -4b - 9 = b + 1 \ (I = II) \ |{-b + 9} \\ \wedge \quad c = b + 1 \end{vmatrix}$$ Bringe die Variable b auf eine Seite.

$$\Leftrightarrow \begin{vmatrix} -5b = 10 \quad\quad |:(-5) \\ \wedge \quad c = b + 1 \end{vmatrix}$$

$$\Leftrightarrow \begin{vmatrix} b = -2 \\ \wedge \quad c = -2 + 1 = -1 \end{vmatrix}$$

𝕃(b|c) = {(–2|–1)}
p: y = x^2 – 2x – 1 $\quad$ Allgemeine Form mit a = 1, b = –2 und c = –1

Berechnung der Koordinaten des Scheitels:
p: y = x^2 – 2x – 1 $\quad$ Ergänze quadratisch.
$\quad$ y = x^2 – 2x **+ 1^2 – 1^2** – 1
$\quad$ y = (x – 1)^2 – 2
S(1|–2)

b)

c) Aufspannende Vektoren:

$$\vec{BA} = \begin{pmatrix} 4-(-1) \\ 7-2 \end{pmatrix} = \begin{pmatrix} 5 \\ 5 \end{pmatrix}$$

$$\vec{BC_n} = \begin{pmatrix} x-(-1) \\ x^2-2x-1-2 \end{pmatrix} = \begin{pmatrix} x+1 \\ x^2-2x-3 \end{pmatrix} \quad \text{Verwende } C_n(x\,|\,x^2-2x-1);\ C_n \in p$$

Flächeninhalt in Abhängigkeit von x mit Determinante:

$$A(x) = \frac{1}{2} \cdot \left| \begin{matrix} x+1 & 5 \\ x^2-2x-3 & 5 \end{matrix} \right| \text{FE} \quad \text{Reihenfolge der Vektoren in der Determinante beachten!}$$

$$A(x) = \frac{1}{2} \cdot [(x+1)\cdot 5 - (x^2-2x-3)\cdot 5]\ \text{FE} \quad \text{Vorzeichen beim Ausmultiplizieren beachten}$$

$$A(x) = \frac{1}{2} \cdot [5x+5-5x^2+10x+15]\ \text{FE}$$

$$A(x) = \frac{1}{2} \cdot [-5x^2+15x+20]\ \text{FE}$$

$$A(x) = [-2{,}5x^2+7{,}5x+10]\ \text{FE}$$

d) $A(x) = [-2{,}5x^2+7{,}5x+10]\ \text{FE}$ Ausklammern

$A(x) = -2{,}5[x^2-3x-4]\ \text{FE}$ Ergänze quadratisch.

$A(x) = -2{,}5[x^2-3x \mathbf{+1{,}5^2-1{,}5^2} -4]\ \text{FE}$

$A(x) = -2{,}5[(x-1{,}5)^2-6{,}25]\ \text{FE}$

$A(x) = [-2{,}5(x-1{,}5)^2+15{,}625]\ \text{FE}$

$A_{max} = 15{,}625$ FE für $x=1{,}5$

$C_0(1{,}5\,|\,1{,}5^2-2\cdot 1{,}5-1)$ Setze $x=1{,}5$ in die Parabelgleichung ein.
$C_0(1{,}5\,|\,-1{,}75)$

Aufgaben

133 Gegeben sind die Parabeln p_1: $y = -\frac{1}{2}x^2+3x-5$ und p_2: $y = x^2-5x+7$.
Punkte $A_n \in p_1$ und $B_n \in p_2$ haben die gleiche Abszisse x und es gilt $y_{B_n} > y_{A_n}$.
Berechne $\overline{A_nB_n}$ in Abhängigkeit von x.
Berechne die Koordinaten der Punkte A_1 und B_1, sodass $\overline{A_1B_1}$ minimal ist.

134 Die Punkte $A(1\,|\,-3)$ und $B(5\,|\,1)$ bilden mit den Punkten $C_n(x\,|\,x^2)$ auf der Normalparabel p Dreiecke ABC_n.
a) Zeichne die Parabel und das Dreieck ABC_1 mit $C_1(2{,}5\,|\,?)$ in ein Koordinatensystem.
Platzbedarf: $-2 \leq x \leq 5$; $-3 \leq y \leq 6{,}5$
b) Berechne den Flächeninhalt der Dreiecke ABC_n in Abhängigkeit von der x-Koordinate der Punkte C_n und berechne anschließend den Flächeninhalt des Dreiecks ABC_1.
c) Ermittle den Flächeninhalt des Dreiecks ABC_0 mit dem kleinstmöglichen Flächeninhalt und zeichne es ein.
d) Berechne den Abstand des Punktes C_1 von der Geraden AB.
e) Unter den Dreiecken gibt es ein weiteres Dreieck ABC_2, das den gleichen Flächeninhalt wie das Dreieck ABC_1 besitzt. Zeichne es ein und begründe deine Lösung.

Interaktive Aufgaben

- 17. Extremwert Parabel und Punkte
- 18. Extremwert Parabel und Gerade
- 19. Extremwert Parabel und Parabel

135 Gegeben ist die Parabel p_1 mit $a = \frac{1}{2}$, $A(0|6) \in p_1$ und $B(5|8,5) \in p_1$.

a) Berechne die Gleichung von p_1 und anschließend die Koordinaten des Scheitelpunktes S_1 von p_1.

b) Zeichne p_1 in ein Koordinatensystem ein. Platzbedarf: $-1 \leq x \leq 8$; $-2 \leq y \leq 7$

c) Die Punkte $P_n(0|?)$ auf der y-Achse, Q_n auf p_2: $y = -\frac{1}{2}x^2 + 4x - 6$, R_n auf p_1 und $S_n(0|?)$ auf der y-Achse bilden Rechtecke $P_n Q_n R_n S_n$ mit zu den Koordinatenachsen paarweise parallelen Seiten ($x > 0$). Zeichne für $x = 2$ ein Scharrechteck $P_1 Q_1 R_1 S_1$ ein.

d) Berechne die Seitenlänge $\overline{Q_n R_n}$ der Rechtecke in Abhängigkeit von x und sodann den Umfang u(x) der Rechtecksschar in Abhängigkeit von x.
Ergebnis: $u(x) = (2x^2 - 10x + 24)$ LE

e) Berechne den Wert von x, für den ein Rechteck mit minimalem Umfang entsteht, und gib diesen an.

3.2 Weitere Funktionen

Funktionen der indirekten Proportionalität (Hyperbeln)

Der Flächeninhalt A eines Rechtecks mit den Seitenlängen x und y entspricht dem Produkt der Seitenlängen, also: A = x · y. Statt den Flächeninhalt anhand der beiden Seitenlängen zu berechnen, kann man umgekehrt auch die Seitenlängen zu einem bestimmten Flächeninhalt ermitteln. Hat man beispielsweise Fliesen für eine Terrassengröße von 12 m² gekauft, so kann man diese zu verschiedenen Rechtecken zusammensetzen:

x in m	1	2	3	4	5	6	...
y in m	12	6	4	3	2,4	2	...

Zeichnet man die flächengleichen Rechtecke, so liegen deren Eckpunkte P_n auf einem sogenannten **Hyperbelast**. Für die Koordinaten der Punkte $P_n(x|y)$ gilt:

$x \cdot y = k$ bzw. $y = \dfrac{k}{x}$

mit einem festen Wert für k.
Im Beispiel ist k = 12.

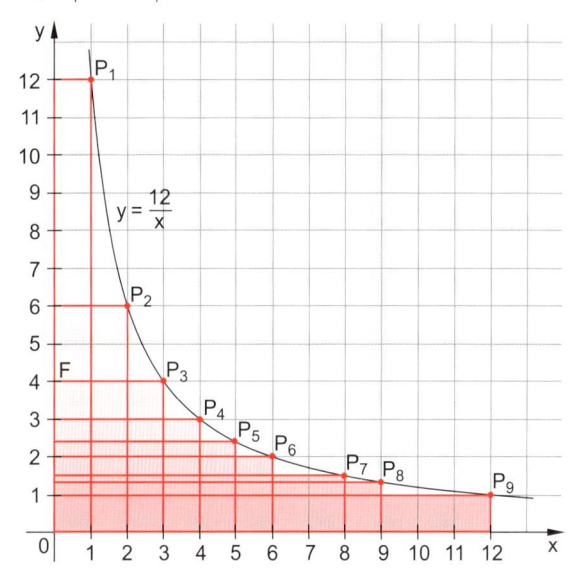

Merke

Funktionen mit Gleichungen der Form $y = \dfrac{k}{x}$ mit $\mathbb{G} = \mathbb{R} \times \mathbb{R}$, $x \neq 0$ sind **Funktionen der indirekten Proportionalität**. Ihre Graphen heißen **Hyperbeln**.
Die Hyperbeln kommen den Koordinatenachsen beliebig nahe, ohne sie aber zu berühren. Man bezeichnet die Koordinatenachsen als **Asymptoten** der Funktion.

Beispiele

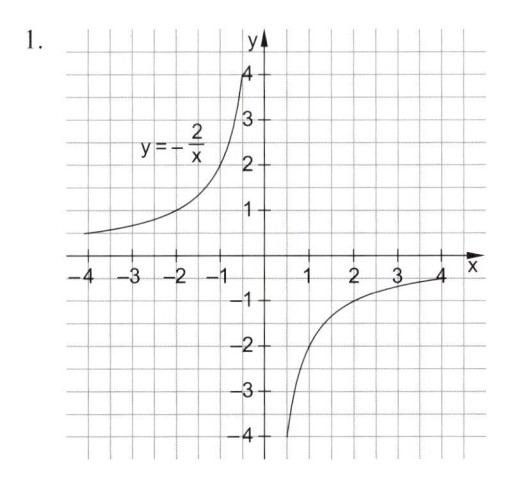

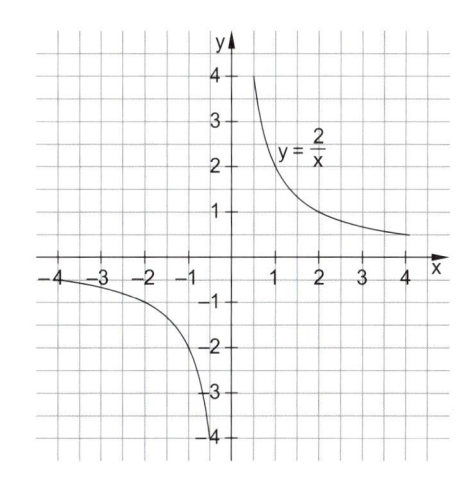

1.

2. Der Punkt P (2,25 | 1,6) liegt auf dem Graphen zur Funktion f mit der Gleichung $y = \frac{k}{x}$ mit $\mathbb{G} = \mathbb{R} \times \mathbb{R}$; $k \neq 0$.

a) Zeige rechnerisch, dass die Funktion f die Gleichung $y = \frac{3,6}{x}$ hat.

b) Erstelle eine Wertetabelle für f und zeichne den zugehörigen Graphen in ein Koordinatensystem.

c) Gib die Gleichung einer Geraden g an, die mit dem Graphen zu f nur den Punkt P gemeinsam hat.

d) Welche der drei angegebenen Geraden hat mit dem Graphen zu f keinen Punkt gemeinsam? Kreuze die richtige Lösung an.

☐ $g_1: y = x + 2$ ☐ $g_2: y = -\frac{1}{2}x - 3$ ☐ $g_3: y = -x - 1$

Lösung:

a) $P(\mathbf{2,25} | \mathbf{1,6}) \in f : \mathbf{1,6} = \frac{k}{\mathbf{2,25}}$ $| \cdot 2,25$

$\Leftrightarrow k = 1,6 \cdot 2,25$

$\Leftrightarrow k = 3,6$

$\mathbb{L} = \{3,6\}$

also: $f: y = \frac{3,6}{x}$

b) Wertetabelle:

x	−3	−2	−1	0	1	2	3
$y = \frac{3,6}{x}$	−1,2	−1,8	−3,6	nicht def.	3,6	1,8	1,2

Graph:

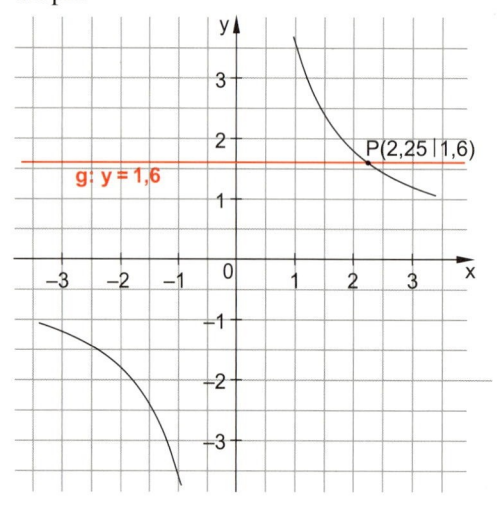

c) z. B.: g: y = 1,6   (siehe Zeichnung in Teilaufgabe b)

d) ☐ $g_1: y = x + 2$ ☐ $g_2: y = -\frac{1}{2}x - 3$ ☒ $g_3: y = -x - 1$

Aufgaben

136

a) Zeichne die Graphen der Funktionen h mit der Gleichung $y = \frac{-1,5}{x}$ und i mit der Gleichung $y = -\frac{2}{3}x - 1,5$ in ein gemeinsames Koordinatensystem ($-5 \leq x \leq 5$; $-5 \leq y \leq 5$).

b) Gib die Gleichung einer Geraden j an, sodass j keinen Punkt mit dem Graphen zu h gemeinsam hat.

Training Grundwissen: 3 Grundwissen 10. Klasse   97

c) Berechne die Koordinaten der Schnittpunkte der Funktionen h und i auf zwei Stellen nach dem Komma gerundet.

Tipp
- Schnittpunkte von Funktionen berechnet man durch Gleichsetzen der Funktionsterme.
- Die dabei hier entstehende quadratische Gleichung kann mithilfe der Lösungsformel (siehe Kapitel „3.3 Quadratische Gleichungen") gelöst werden.

137
a) Gegeben ist die Funktion f mit der Gleichung $y = -\frac{3}{x}$ mit $\mathbb{G} = \mathbb{R} \times \mathbb{R}$. Erstelle eine Wertetabelle für $x \in [-4; 4]$ mit $\Delta x = 1$ und zeichne den Graphen zu f in ein Koordinatensystem.
b) Die Punkte $P_n \left(-x \mid \frac{3}{x}\right)$ und $R_n \left(x \mid -\frac{3}{x}\right)$ liegen auf dem Graphen zu f. Zusammen mit dem Punkt $Q(-2 \mid -3)$ bilden sie Dreiecke $P_n Q R_n$. Zeichne das Dreieck $P_1 Q R_1$ für $x = 3$.
c) Berechne den Flächeninhalt der Dreiecke $P_n Q R_n$ in Abhängigkeit von x. Berechne sodann den Flächeninhalt des Dreiecks $P_1 Q R_1$.

Interaktive Aufgabe

- 1. Hyperbel

Exponentialfunktionen

Ein Mediziner beobachtet, dass sich die von einer Bakterienkultur belegte Fläche stündlich verdoppelt. Zu Beginn der Beobachtung beträgt die belegte Fläche 2,4 cm².

Der Flächeninhalt y cm² ändert sich wie folgt:

Beginn der
Beobachtung: $y = 2{,}4$ **erste Verdopplung** $\Leftrightarrow \; y = 2{,}4 \cdot 2^0$
Nach 1 Stunde: $y = 2{,}4 \cdot 2$ $\Leftrightarrow \; y = 2{,}4 \cdot 2^1$
                                                 Verdopplung des
Nach 2 Stunden: $y = (2{,}4 \cdot 2) \cdot 2$ **neuen Ausgangswertes** $\Leftrightarrow \; y = 2{,}4 \cdot 2^2$
Nach 3 Stunden: $y = (2{,}4 \cdot 2 \cdot 2) \cdot 2$ $\Leftrightarrow \; y = 2{,}4 \cdot 2^3$
Nach 4 Stunden: $y = (2{,}4 \cdot 2 \cdot 2 \cdot 2) \cdot 2$ $\Leftrightarrow \; y = 2{,}4 \cdot 2^4$
...   .
Nach x Stunden: $\Leftrightarrow \; \mathbf{y = 2{,}4 \cdot 2^x}$

Wertetabelle

x	0	1	2	3	4	5	6
$y = 2{,}4 \cdot 2^x$	2,4	4,8	9,6	19,2	38,4	76,8	153,6

Graph

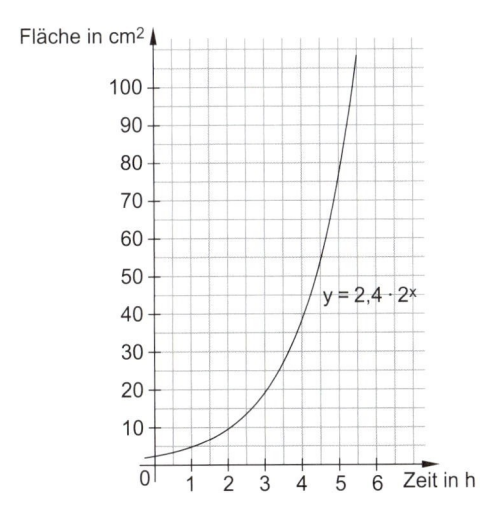

Merke

Funktionen mit Gleichungen der Form $y = k \cdot a^x$ mit $\mathbb{G} = \mathbb{R} \times \mathbb{R}$, $k > 0$ und $a > 0$ beschreiben **Wachstums-** bzw. **Abklingprozesse**. Da die Variable x als Exponent des Funktionsterms auftritt, bezeichnet man solche Funktionen als **Exponentialfunktionen**.
- Alle Exponentialfunktionen verlaufen durch den Punkt $(0|k)$.
- Alle Exponentialfunktionen haben die x-Achse als Asymptote.
- Für **0 < a < 1** sind die Graphen monoton fallend: **exponentielles Abklingen**
- Für **a > 1** sind die Graphen monoton steigend: **exponentielles Wachstum**

Beispiele

1. Ein Pkw verliert im ersten Jahr etwa 25 % des Neupreises. In den folgenden Jahren beträgt der jährliche Wertverlust etwa 10 % vom Restwert des vorhergehenden Jahres. Der Durchschnittspreis eines Neuwagens beträgt ca. 25 000 €.
   Der Wert y € ändert sich im Laufe der Jahre wie folgt:

   Beginn: 25 000

   Nach 1 Jahr: $25\,000 - 25\,000 \cdot \dfrac{25}{100} = 25\,000 \cdot (1 - 0{,}25)$
   $= 25\,000 \cdot 0{,}75$
   $= 18\,750 = 18\,750 \cdot 0{,}9^0$

   Nach 2 Jahren: $18\,750 \cdot 0{,}9 \qquad = 18\,750 \cdot 0{,}9^1$
   Nach 3 Jahren: $(18\,750 \cdot 0{,}9) \cdot 0{,}9 \qquad = 18\,750 \cdot 0{,}9^2$
   Nach 4 Jahren: $(18\,750 \cdot 0{,}9 \cdot 0{,}9) \cdot 0{,}9 \qquad = 18\,750 \cdot 0{,}9^3$
   … … …
   Nach x Jahren: $\qquad\qquad\qquad\qquad\qquad 18\,750 \cdot 0{,}9^{x-1}$

2. Als **Halbwertszeit $T_{\frac{1}{2}}$** eines Stoffes wird die Zeitspanne bezeichnet, nach der die Hälfte der zerfallsfähigen Kerne umgewandelt wurde. Die Halbwertszeiten von Nukliden sind äußerst unterschiedlich und reichen von Bruchteilen von Sekunden (Polonium-214: 160 Mikrosekunden) bis zu mehreren Milliarden Jahren (Uran-238: 4,5 Milliarden Jahre).
   Der gesetzmäßige Zusammenhang zwischen der Anzahl N(t) der zur Zeit t noch nicht zerfallenen Kerne und der Halbwertszeit $T_{\frac{1}{2}}$ lässt sich durch die Formel $N(t) = N_0 \cdot \left(\dfrac{1}{2}\right)^{\frac{t}{T_{\frac{1}{2}}}}$ darstellen, wobei N_0 für die Anzahl der anfangs vorhandenen Kerne steht. Für radioaktives Cäsium-137 beträgt die Halbwertszeit ca. 30 Jahre.
   Die Gleichung $y = 75 \cdot \left(\dfrac{1}{2}\right)^{\frac{x}{30}}$ beschreibt den exponentiellen Zerfall für eine ursprünglich vorhandene Anzahl von 75 Kernen Cäsium.

Zeit in Jahren	0	30	60	90	120
Anzahl Kerne	75	37,5	18,75	9,38	4,69

3. Ein Anfangskapital K_0 wächst bei einem Prozentsatz von p % in Abhängigkeit der Jahre x gemäß dem Zusammenhang $K = K_0 \cdot q^x$, mit $q = 1 + \dfrac{p}{100}$.

   a) Ein Guthaben von 500 € wird mit jährlich 6 % verzinst.
   Leite die passende Formel für das Guthaben nach x Jahren her.
   b) Ermittle zeichnerisch, nach wie vielen Jahren das Kapital mehr als 800 € beträgt.
   c) Wie viel Geld wären an deinem 16. Geburtstag auf deinem Konto, wenn zu deiner Geburt 1 000 € bei einem Zinssatz von 6 % einbezahlt worden wären? Runde auf zwei Stellen nach dem Komma.

Lösung:

a) Anfangskapital K_0 in €: 500

Nach **1** Jahr: $K = 500 + 500 \cdot 0{,}06$ Anfangskapital + 6 % Zinsen
$K = 500 \cdot (1 + 0{,}06)$
$K = 500 \cdot 1{,}06^1$

Nach **2** Jahren: $K = 500 \cdot 1{,}06 + (500 \cdot 1{,}06) \cdot 0{,}06$ Kapital nach 1 Jahr + Zinsen
$K = 500 \cdot 1{,}06 \cdot (1 + 0{,}06)$
$K = 500 \cdot 1{,}06 \cdot 1{,}06$
$K = 500 \cdot 1{,}06^2$

Nach **3** Jahren: $K = 500 \cdot 1{,}06^2 + (500 \cdot 1{,}06^2) \cdot 0{,}06$
$K = \ldots$
$K = 500 \cdot 1{,}06^3$

Nach **x** Jahren: $K = 500 \cdot 1{,}06^x$

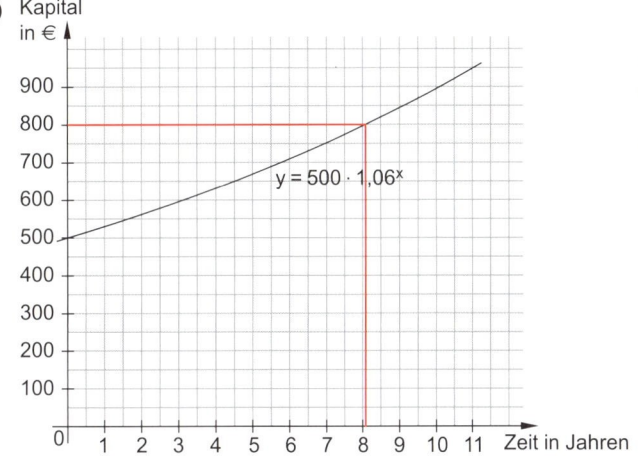

b) Zeichne den Graphen mithilfe einer Wertetabelle. Lies dann ab, wie lange es dauert, um 800 € anzusparen (rot eingezeichnet).

Nach etwas mehr als 8 Jahren beträgt das Kapital mehr als 800 €.

c) $K = 1\,000\,€ \cdot 1{,}06^{16}$
$K = 2\,540{,}35\,€$
Es wären rund 2 540,35 € auf dem Konto.

Aufgaben

138 Erstelle je eine Wertetabelle und zeichne die Graphen in ein Koordinatensystem.

a) f: $y = 2^x$; g: $y = \left(\dfrac{1}{2}\right)^x$; $x \in [-3;\,3]$; $\Delta x = 1$

b) f: $y = 1{,}2 \cdot 3^x$; g: $y = -2 \cdot 0{,}5^x$ $x \in [-2;\,1{,}5]$; $\Delta x = 0{,}5$

139 Bestimme die Funktionsgleichung der Exponentialfunktion f: $y = k \cdot a^x$, die durch die Punkte A und B verläuft.

a) A(0 | 0,125); B(2 | 18)   b) A(−2 | 10); B(0 | 2,5)

140 Gegeben ist die Funktion f mit $y = 175 \cdot 1{,}4^x$.

a) Erstelle eine Wertetabelle für $x \in [-1;\,5]$ mit $\Delta x = 1$ und zeichne den Graphen.
(x-Achse: 1 cm $\hat{=}$ 1 LE; y-Achse: 1 cm $\hat{=}$ 100 LE)
b) Entnimm dem Graphen, für welchen Wert von x sich der Funktionswert 500 ergibt.
c) Berechne den Funktionswert für $x = 2{,}5$.

141 Herr Ludolf legt 2009 als Hochzeitsgeschenk für seine Tochter Laura ein Kapital von 2 500 € an. Die Bank bietet einen jährlichen Zinssatz von 5 %. Die Kapitalentwicklung kann durch die Gleichung $y = 2\,500 \cdot 1{,}05^x$ beschrieben werden.
a) Erstelle eine Wertetabelle, die die Kapitalentwicklung der nächsten 10 Jahre beschreibt.
b) Entnimm der Tabelle, ab welchem Jahr Laura über ein Kapital von 3 500 € verfügt.
c) Über welches Guthaben würde Laura zur goldenen Hochzeit nach 50 Ehejahren verfügen?

142 Ein Waldbestand von 52 000 fm (Festmeter) wächst mit einer jährlichen Zuwachsrate von 3,5 %. Dieser Wachstumsvorgang kann durch die Gleichung $V(x) = 52\,000 \cdot 1{,}035^x$ beschrieben werden.
a) Zeichne den Graphen der Funktion für $x \in [0; 50]$ mit $\Delta x = 5$ Jahre.
(x-Achse: 1 cm $\hat{=}$ 5 Jahre; y-Achse: 1 cm $\hat{=}$ 25 000 fm)
b) Bestimme aus der Zeichnung, nach wie vielen Jahren sich der Waldbestand vervierfacht hat. Überprüfe dein Ergebnis rechnerisch.

143 Im Jahr 1950 lebten etwa 2,5 Milliarden Menschen auf der Welt. Man ging damals von einer durchschnittlichen Wachstumsrate von ca. 1,8 % aus.
Stelle die Höhe der Weltbevölkerung in Abhängigkeit von der Anzahl x der vergangenen Jahre dar und berechne anschließend, wie viele Menschen im Jahr 2010 auf der Erde leben würden, wenn die Wachstumsrate von 1,8 % konstant geblieben wäre.

144 Einem populären Diätratgeber folgend beschließt Herr Hochholzer, mit einem aktuellen Gewicht von 120 kg, wöchentlich um 1,5 % abzunehmen.
a) Stelle sein aktuelles Gewicht in Abhängigkeit der vergehenden Wochen durch eine entsprechende Gleichung dar.
b) Welches Gewicht hätte er nach 15 Wochen?
c) Stelle den Zusammenhang grafisch dar. Wähle zunächst sinnvolle Einteilungen für die Achsen.
d) Entnimm dem Graphen, wann Herr Hochholzer sein Wunschgewicht von 82 kg erreicht hätte.

Interaktive Aufgaben
2. Exponentialfunktion durch 2 Punkte
3. Füchse
4. Studenten
5. Traumurlaub
6. Hausmüll

3.3 Quadratische Gleichungen

Gleichungen der Form $ax^2 + bx + c = 0$ mit $a \in \mathbb{R} \setminus \{0\}$ und $b, c \in \mathbb{R}$ heißen **quadratische Gleichungen**. Man unterscheidet dabei zwischen reinquadratischen Gleichungen und gemischtquadratischen Gleichungen ohne bzw. mit linearem Term bx.

Merke

Quadratische Gleichungen der Form $ax^2 + c = 0$ mit **b = 0** bezeichnet man als **reinquadratische Gleichungen**.
Für die Lösungsmenge einer reinquadratischen Gleichung der Form $x^2 = d$ gilt:
- $d > 0$: 2 Lösungen $\mathbb{L} = \{-\sqrt{d}; +\sqrt{d}\}$
- $d = 0$: 1 Lösung $\mathbb{L} = \{0\}$
- $d < 0$: keine Lösung $\mathbb{L} = \emptyset$

Beispiele

1. $\quad \frac{1}{2}x^2 - 4 = 0 \quad |+4 \qquad \mathbb{G} = \mathbb{R}$

    Reinquadratische Gleichung: Löse nach x^2 auf.

    $\Leftrightarrow \quad \frac{1}{2}x^2 = 4 \quad |\cdot 2$

    Bringe die Gleichung durch äquivalentes Umformen auf die Form $x^2 = d$.

    $\Leftrightarrow \quad x^2 = 8 \quad |\sqrt{}$

    $\Leftrightarrow \quad |x| = \sqrt{8}$

    $x_1 = -\sqrt{8} \approx -2{,}83 \quad \vee \quad x_2 = +\sqrt{8} \approx +2{,}83$

    $\mathbb{L} = \{-\sqrt{8}; +\sqrt{8}\}$

    Grafische Lösung:

2. $\quad (3z - 2)^2 + 5z = 4 - 7z \qquad \mathbb{G} = \mathbb{R}$

    Wende die 2. binomische Formel an und löse nach z^2 auf.

    $\Leftrightarrow \quad 9z^2 - 12z + 4 + 5z = 4 - 7z$

    $\Leftrightarrow \quad 9z^2 - 7z + 4 = 4 - 7z \quad |-4 + 7z$

    Zusammenfassen und äquivalentes Umformen

    $\Leftrightarrow \quad 9z^2 = 0 \quad \left|\cdot \frac{1}{9}\right.$

    $\Leftrightarrow \quad z^2 = 0$

    Nur der Wert $z = 0$ erfüllt die Gleichung.

    $\mathbb{L} = \{0\}$

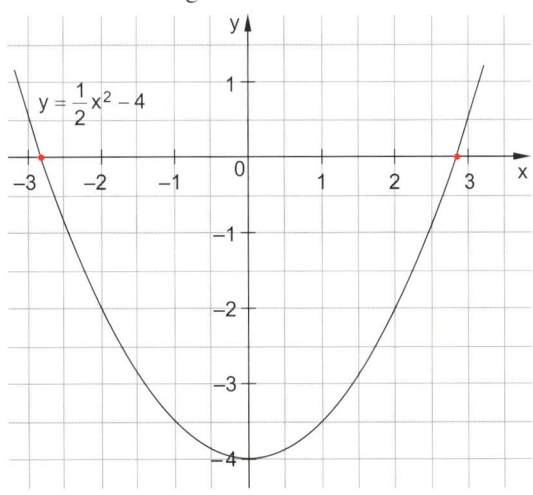

3. $\dfrac{6}{5}a^2 = -\dfrac{36}{5} \quad \big| \cdot \dfrac{5}{6} \qquad \mathbb{G} = \mathbb{R}$

$\Leftrightarrow \quad a^2 = -6$

$\mathbb{L} = \varnothing$

Reinquadratische Gleichung: Löse nach a^2 auf durch Multiplikation mit dem Kehrbruch.

Die Gleichung besitzt keine Lösung, da das Quadrat einer reellen Zahl nicht negativ sein kann.

Aufgabe 145

Löse folgende Gleichungen ($\mathbb{G} = \mathbb{R}$).

a) $\sqrt{2}x^2 - \sqrt{72} = 0$

b) $(x-3)(x+3) + (x-4)(x+4) = 25$

c) $\dfrac{y-6}{y-5} = \dfrac{2y+8}{y+4}$

d) $\dfrac{5+3a}{a} = \dfrac{7a-7}{4a-9}$

Interaktive Aufgabe

1. Gleichung lösen

Merke

Gleichungen der Form $ax^2 + bx + c = 0$ mit $a, b \in \mathbb{R} \setminus \{0\}$ und $c \in \mathbb{R}$ bezeichnet man als **gemischtquadratische Gleichungen**.

Beispiele

1. $5{,}5x^2 - 9{,}2x + 14 = 0$ \qquad $a = 5{,}5;\ b = -9{,}2;\ c = 14$

2. $\left(\dfrac{1}{2}x - 7\right)^2 = 11$

$\Leftrightarrow \dfrac{1}{4}x^2 - 7x + 49 = 11 \quad |-11$

$\Leftrightarrow \dfrac{1}{4}x^2 - 7x + 38 = 0 \qquad a = \dfrac{1}{4};\ b = -7;\ c = 38$

Auch diese Gleichung ist gemischtquadratisch, wie nach der Umformung ersichtlich ist.

3. $-\dfrac{2}{3}x^2 = 2\sqrt{3}x + 3 \quad |-2\sqrt{3}x - 3$

$\Leftrightarrow -\dfrac{2}{3}x^2 - 2\sqrt{3}x - 3 = 0 \qquad a = -\dfrac{2}{3};\ b = -2\sqrt{3};\ c = -3$

Diskriminante und Lösungsformel

Merke

- Um die Lösungsmenge einer gemischtquadratischen Gleichung zu ermitteln, bringt man die Gleichung in die **allgemeine Form: $ax^2 + bx + c = 0$**.
- Die Anzahl der Lösungen der quadratischen Gleichung wird mithilfe der **Diskriminante $D = b^2 - 4ac$** bestimmt.
- Für die Lösungsmenge der Gleichung gilt:
  - $D > 0$: 2 Lösungen $\mathbb{L} = \{x_1; x_2\}$
  - $D = 0$: 1 Lösung $\mathbb{L} = \{x\}$
  - $D < 0$: keine Lösung $\mathbb{L} = \emptyset$
- Die Lösungselemente x werden mithilfe der **Lösungsformel**
$$x_{1/2} = \frac{-b \pm \sqrt{D}}{2a}$$
ermittelt, indem die Werte der Variablen a bzw. b sowie der Wert der Diskriminante D in die Lösungsformel eingesetzt werden.

Beispiel

Berechne zuerst den Wert der Diskriminante D und dann die Lösungsmenge ($\mathbb{G} = \mathbb{R}$).
a) $9x^2 - 6x - 8 = 0$
b) $4{,}5x^2 = -0{,}5 + 3x$
c) $-5x^2 + 12x - 14 = -3x^2 + 4x - 5$

Lösung:

a) $9x^2 - 6x - 8 = 0$ \qquad $a = 9;\ b = -6;\ c = -8$

$D = b^2 - 4ac$ \qquad Diskriminante D berechnen
$D = (-6)^2 - 4 \cdot 9 \cdot (-8)$
$D = 36 + 288$
$D = 324$ \qquad Da $D > 0$, gibt es zwei Lösungen x_1 und x_2.

$\Leftrightarrow x_{1/2} = \dfrac{-b \pm \sqrt{D}}{2a}$

$\Leftrightarrow x_{1/2} = \dfrac{-(-6) \pm \sqrt{324}}{2 \cdot 9}$

$\Leftrightarrow x_{1/2} = \dfrac{6 \pm 18}{18}$

$x_1 = \dfrac{24}{18} = 1\dfrac{1}{3} \quad \vee \quad x_2 = \dfrac{-12}{18} = -\dfrac{2}{3}$

$\mathbb{L} = \left\{-\dfrac{2}{3}; 1\dfrac{1}{3}\right\}$

b) \qquad $4{,}5x^2 = -0{,}5 + 3x$ \qquad Zunächst allgemeine Form aufstellen, dann a, b und c ablesen.
$\Leftrightarrow 4{,}5x^2 - 3x + 0{,}5 = 0$

$D = b^2 - 4ac$ \qquad Diskriminante D berechnen
$D = (-3)^2 - 4 \cdot 4{,}5 \cdot 0{,}5$
$D = 9 - 9$
$D = 0$ \qquad Da $D = 0$, gibt es genau eine Lösung.

$\Leftrightarrow x = \dfrac{-b \pm \sqrt{D}}{2a} = \dfrac{-(-3) + 0}{2 \cdot 4{,}5} = \dfrac{3}{9} = \dfrac{1}{3}$

$\mathbb{L} = \left\{\dfrac{1}{3}\right\}$

c) $\quad -5x^2 + 12x - 14 = -3x^2 + 4x - 5 \quad | +3x^2 - 4x + 5 \quad$ Allgemeine Form aufstellen
$\Leftrightarrow \quad -2\underbrace{x^2}_{a} + 8\underbrace{x}_{b} - \underbrace{9}_{c} = 0$

$D = b^2 - 4ac$
$D = 8^2 - 4 \cdot (-2)(-9)$
$D = 64 - 72$
$D = -8 \qquad\qquad\qquad\qquad\qquad\qquad$ Da $D < 0$, gibt es keine Lösung.
$\mathbb{L} = \emptyset$

Aufgaben

146 Löse die folgenden quadratischen Gleichungen ($\mathbb{G} = \mathbb{R}$).

a) $1x^2 - \dfrac{1}{6}x - \dfrac{7}{6} = 0$
b) $3x - 65 = -2x^2$

c) $\dfrac{1}{2}y^2 + 7 = \dfrac{1}{4}(6+y)^2 + 1; \quad y < 10$
d) $\dfrac{1}{4}(x-7)^2 = \dfrac{1}{2}x - 3\dfrac{3}{4}$

e) $-(4+x) = \dfrac{10}{2x}$

147 In einem Rechteck ist eine Seite 5 cm länger als die andere. Der Flächeninhalt des Rechtecks beträgt 104 cm².
Wie lang sind die Seiten?

148 Die Seiten eines Rechtecks sind 21 m und 8 m lang. Die längere Seite wird um x m verkürzt, die kürzere um x m verlängert.
Bestimme den Wert von x so, dass das neue Rechteck einen Flächeninhalt von 210 m² hat. Gib auch seine Seitenlängen an.

Interaktive Aufgaben

- 2. Anzahl der Lösungen bestimmen
- 3. a-b-c-Formel
- 4. Komplexe Gleichung
- 5. Zeitungsanzeige

Nullstellen von Parabeln

Merke

Die x-Koordinaten der Schnittpunkte einer Parabel mit der x-Achse werden als **Nullstellen** bezeichnet. Eine quadratische Funktion $y = ax^2 + bx + c$ hat je nach Lage des Scheitelpunktes S und dem Vorzeichen von a zwei, eine oder gar keine Nullstellen. Zur Berechnung der Nullstellen ermittelt man mithilfe eines Gleichungssystems die Koordinaten der Schnittpunkte der Parabel mit der x-Achse ($y = 0$):

Parabelgleichung: $\quad y = ax^2 + bx + c$
Gleichung der x-Achse: $\quad \wedge \; y = 0$

Gleichsetzen: $\quad ax^2 + bx + c = 0$

Man setzt also den Funktionsterm **gleich null** und löst die Gleichung mittels der Lösungsformel für gemischtquadratische Gleichungen.

Beispiel

Bestimme die Nullstellen der Parabel p: $y = \frac{1}{2}x^2 - 3x + 2\frac{1}{2}$ und überprüfe dein Ergebnis grafisch.

Lösung:

$\frac{1}{2}x^2 - 3x + 2\frac{1}{2} = 0$ $\qquad$ Funktionsterm gleich null setzen

$D = b^2 - 4ac$ $\qquad$ Diskriminantenwert berechnen

$D = (-3)^2 - 4 \cdot \frac{1}{2} \cdot 2\frac{1}{2}$

$D = 9 - 5$

$D = 4$ $\qquad$ $D > 0$: also 2 Lösungselemente (= Nullstellen)

$\Leftrightarrow x_{1/2} = \frac{-b \pm \sqrt{D}}{2a}$ $\qquad$ Lösungsformel

$\Leftrightarrow x_{1/2} = \frac{-(-3) \pm \sqrt{4}}{2 \cdot \frac{1}{2}}$

$\Leftrightarrow x_{1/2} = \frac{3 \pm 2}{1}$

$x_1 = 5 \; \vee \; x_2 = 1$ $\qquad$ Zwei Nullstellen

$\mathbb{L} = \{1; 5\}$

Die Parabel schneidet die x-Achse in den Punkten $N_1(1|0)$ und $N_2(5|0)$.

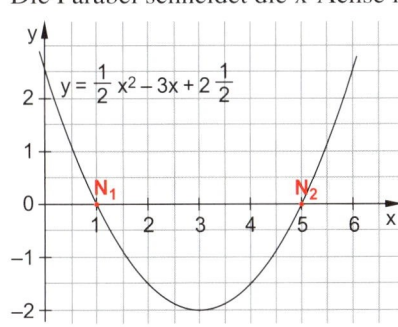

Aufgabe 149

Bestimme die Nullstellen der Parabel.

a) p: $y = -\frac{1}{2}x^2 + 2x - 2$ $\qquad$ b) p: $y = -\frac{1}{4}x^2 + \frac{1}{2}x - 3\frac{1}{4}$ $\qquad$ c) p: $y = -\frac{1}{8}x^2 + x$

Interaktive Aufgaben

- 6. Nullstellen bestimmen
- 7. Nullstellen bestimmen
- 8. Nullstellen und Parabel bestimmen
- 9. Bundesjugendspiele

Schnitt von Parabel und Gerade

Die Bestimmung des Schnittpunktes zweier Geraden führt auf ein lineares Gleichungssystem (da jeder Geraden im Koordinatensystem eine lineare Gleichung entspricht). Entsprechend geht man bei der Bestimmung der Schnittpunkte einer Parabel mit einer Geraden vor.

Merke

> Die Koordinaten der Schnittpunkte einer Parabel mit der Gleichung $y = ax^2 + bx + c$ und einer Geraden mit der Gleichung $y = mx + t$ erfüllen gleichzeitig beide Gleichungen. Sie sind also Lösungen des Gleichungssystems:
>
> Parabel p: $\quad y = ax^2 + bx + c$
> Gerade g: $\quad \wedge \quad y = mx + t$
>
> Gleichsetzen: $\quad ax^2 + bx + c = mx + t$
>
> Die erhaltene quadratische Gleichung wird in die allgemeine Form gebracht, d. h., sie wird nach 0 aufgelöst und der Wert der Diskriminante D berechnet. Anhand der Anzahl der Lösungselemente kann die Anzahl der Schnittpunkte angegeben werden:
> - $D > 0$: 2 Schnittpunkte S_1 und S_2
> - $D = 0$: 1 **Berühr**punkt B (Die Gerade ist eine **Tangente** an p.)
> - $D < 0$: kein Schnittpunkt
>
> Zur Berechnung der **x-Koordinaten** (Abszissen) der Schnittpunkte (bzw. des Berührpunktes) löst man die Gleichung mittels der Lösungsformel.
> Zur Berechnung der **y-Koordinaten** (Ordinaten) der Schnittpunkte (bzw. des Berührpunktes) werden die Lösungen der quadratischen Gleichung(en) in die Parabel- **oder** die Geradengleichung eingesetzt. Die einfachere der beiden Gleichungen (in der Regel die Geradengleichung) ist dabei zu bevorzugen.

Beispiele

1. Berechne die Koordinaten der Schnittpunkte der Parabel p: $y = (x-2)^2 - 1$ und der Geraden g mit $y = -x + 7$.

   Lösung:
   Schnittpunktbedingung:
   Parabel p: $\quad y = (x-2)^2 - 1$
   Gerade g: $\quad \wedge \quad y = -x + 7$

   $\Rightarrow \quad (x-2)^2 - 1 = -x + 7 \quad$ (I = II) $\quad$ Gleichsetzen
   $\Leftrightarrow \quad x^2 - 4x + 4 - 1 = -x + 7 \quad$ Vereinfachen und in die allgemeine Form bringen
   $\Leftrightarrow \quad x^2 - 4x + 3 = -x + 7 \quad |+x-7$
   $\Leftrightarrow \quad x^2 - 3x - 4 = 0 \quad$ Quadratische Gleichung in der allgemeinen Form

   $D = b^2 - 4ac \quad$ Wert der Diskriminante berechnen
   $D = (-3)^2 - 4 \cdot 1 \cdot (-4)$
   $D = 25 \quad$ $D > 0$: 2 Schnittpunkte

   $\Leftrightarrow \quad x_{1/2} = \dfrac{-b \pm \sqrt{D}}{2a} \quad$ Berechne die x-Koordinaten der Schnittpunkte mit der Lösungsformel.

   $\Leftrightarrow \quad x_{1/2} = \dfrac{-(-3) \pm \sqrt{25}}{2 \cdot 1}$

$x_1 = 4 \vee x_2 = -1$ x-Koordinaten der beiden Schnittpunkte

$\mathbb{L} = \{-1; 4\}$ Lösungsmenge angeben

Einsetzen in $S_n(x | -x + 7)$:   Berechne die y-Koordinaten der Schnittpunkte durch Einsetzen in die Geradengleichung.

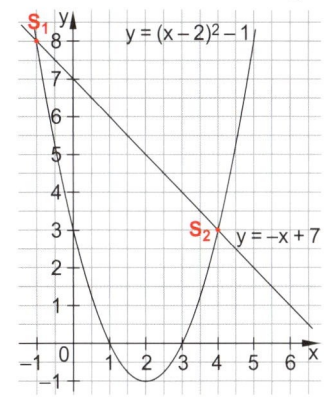

$S_1(-1 | -(-1) + 7)$
$S_1(-1 | 8)$
$S_2(4 | -4 + 7)$
$S_2(4 | 3)$

2. Zeige, dass die Gerade g mit g: $y = 2x + \frac{3}{2}$ Tangente an die Parabel p mit $y = \frac{1}{2}x^2 + 3x + 2$ ist und berechne die Koordinaten des Berührpunktes B.

Lösung:

Schnittpunktbedingung:

Parabel p: $y = \frac{1}{2}x^2 + 3x + 2$ Die Gerade ist eine Tangente an die Parabel, wenn es nur einen Schnittpunkt (Berührpunkt) mit ihr gibt.

Gerade g: $\wedge \quad y = 2x + \frac{3}{2}$

$\Rightarrow \frac{1}{2}x^2 + 3x + 2 = 2x + \frac{3}{2}$ (I = II) $\Big| -2x - \frac{3}{2}$ Gleichsetzen

$\Leftrightarrow \frac{1}{2}x^2 + x + \frac{1}{2} = 0$ In die allgemeine Form bringen

$D = b^2 - 4ac$ Wert der Diskriminante berechnen

$D = 1^2 - 4 \cdot \frac{1}{2} \cdot \left(\frac{1}{2}\right)$

$D = 0$ D = 0: 1 Berührpunkt → Tangente

$\Leftrightarrow x = \frac{-b \pm \sqrt{D}}{2a}$ x-Koordinate des Berührpunktes mit der Lösungsformel berechnen

$\Leftrightarrow x = \frac{-1 \pm \sqrt{0}}{2 \cdot \frac{1}{2}}$

$\Leftrightarrow x = -1$

$\mathbb{L} = \{-1\}$ Lösungsmenge angeben

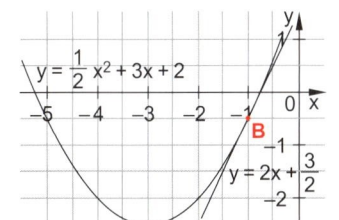

Einsetzen in $B\left(x \,\Big|\, 2x + \frac{3}{2}\right)$:

$B\left(-1 \,\Big|\, 2(-1) + \frac{3}{2}\right)$

$B\left(-1 \,\Big|\, -\frac{1}{2}\right)$

Die Gerade berührt die Parabel im Punkt $B\left(-1 \,\Big|\, -\frac{1}{2}\right)$.

Aufgaben

150 Für die folgenden Aufgaben ist die Grundmenge $\mathbb{G} = \mathbb{R} \times \mathbb{R}$.
Zeige durch Rechnung, dass die Gerade g mit der Gleichung $y = \frac{1}{2}x - 3\frac{5}{8}$ eine Tangente an die Parabel p mit der Gleichung $y = \frac{1}{2}x^2 - 3x + 2\frac{1}{2}$ ist und ermittle die Koordinaten des Berührpunktes B. Überprüfe das Ergebnis grafisch.

151 Berechne die Koordinaten der Schnittpunkte der Parabel p: $y = -\frac{1}{4}x^2 + \frac{1}{2}x + 5$ und der Geraden g: $y = \frac{1}{2}x + 4$. Überprüfe das Ergebnis grafisch.

152 Zeige, dass die Gerade g mit der Gleichung $y = \frac{1}{3}x + 6$ und die Parabel p mit der Gleichung $y = -(x+6)^2 + 3$ keinen Punkt gemeinsam haben. Überprüfe das Ergebnis grafisch.

Interaktive Aufgaben

10. Schnittpunkte bestimmen   11. Auto und Motorrad

Schnitt von Parabel mit Parabel – System quadratischer Gleichungen

Merke

Die Bestimmung der Schnittpunkte **zweier Parabeln** p_1 und p_2 führt auf ein Gleichungssystem, das aus **zwei quadratischen Gleichungen** besteht.
Die Koordinaten der Schnittpunkte erfüllen gleichzeitig beide Gleichungen.
Sie sind also Lösungen des Gleichungssystems:

Parabel p_1: $y = a_1 x^2 + b_1 x + c_1$
Parabel p_2: $\wedge$ $y = a_2 x^2 + b_2 x + c_2$
Gleichsetzen: $a_1 x^2 + b_1 x + c_1 = a_2 x^2 + b_2 x + c_2$

Beispiel

Berechne die Koordinaten der Schnittpunkte der beiden Parabeln p_1: $y = -(x-7)^2 + 11$ und p_2: $y = \frac{1}{4}(x-2)^2 + 1$ mithilfe des Gleichsetzungsverfahrens.

Lösung:
Schnittpunktbedingung:

Parabel p_1: $y = -(x-7)^2 + 11$
Parabel p_2: $\wedge$ $y = \frac{1}{4}(x-2)^2 + 1$

$\Rightarrow \quad -(x-7)^2 + 11 = \frac{1}{4}(x-2)^2 + 1$ (I = II)   In die allgemeine Form bringen

$\Leftrightarrow \quad -(x^2 - 14x + 49) + 11 = \frac{1}{4}(x^2 - 4x + 4) + 1$

$\Leftrightarrow \quad -x^2 + 14x - 49 + 11 = \frac{1}{4}x^2 - x + 1 + 1$

$\Leftrightarrow \quad -x^2 + 14x - 38 = \frac{1}{4}x^2 - x + 2 \quad \Big| -\frac{1}{4}x^2 + x - 2$

$\Leftrightarrow \quad -\frac{5}{4}x^2 + 15x - 40 = 0$

$D = b^2 - 4ac$ Wert der Diskriminante berechnen
$D = 15^2 - 4 \cdot \left(-\frac{5}{4}\right) \cdot (-40)$
$D = 225 - 200$
$D = 25$ $D > 0$: zwei Schnittpunkte

$\Leftrightarrow \quad x_{1/2} = \dfrac{-b \pm \sqrt{D}}{2a}$

$\Leftrightarrow \quad x_{1/2} = \dfrac{-15 \pm \sqrt{25}}{2 \cdot \left(-\frac{5}{4}\right)}$

$\Leftrightarrow \quad x_{1/2} = \dfrac{-15 \pm 5}{-2{,}5}$

$x_1 = 4 \quad \lor \quad x_2 = 8$

$\mathbb{L} = \{4;\ 8\}$

Berechne die x-Koordinaten der Schnittpunkte mithilfe der Lösungsformel.

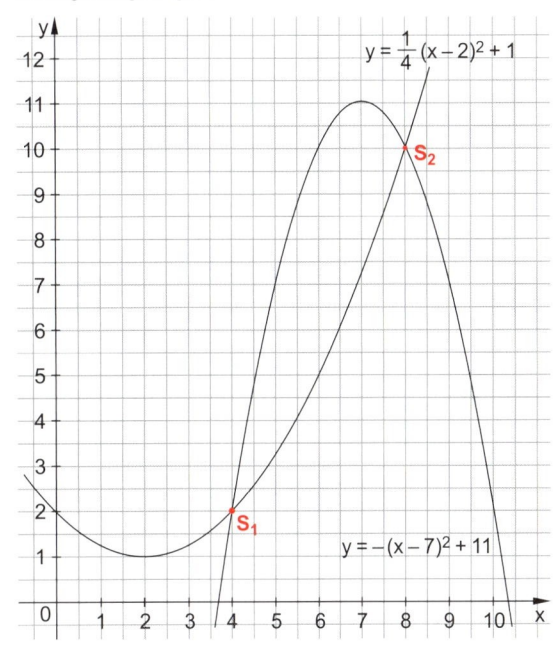

Einsetzen der x-Koordinaten in eine der beiden Parabelgleichungen:

$S_1(4\,|\,-(\mathbf{4}-7)^2+11)$

$S_1(4\,|\,2)$

$S_2(8\,|\,-(\mathbf{8}-7)^2+11)$

$S_2(8\,|\,10)$

Lösungsmenge angeben

Aufgaben

Für die folgenden Aufgaben ist die Grundmenge $\mathbb{G} = \mathbb{R} \times \mathbb{R}$.

153 Zeige rechnerisch, dass sich die Parabel p_1 mit der Gleichung $y = -\frac{1}{4}x^2 - \frac{1}{2}x - 1$ und die Parabel p_2 mit der Gleichung $y = -x^2 + 2x - 5$ weder berühren noch schneiden.

154 Berechne die Koordinaten der Schnittpunkte der Parabel p_1 mit der Gleichung $y = \frac{1}{2}x^2 - \frac{1}{2}x - 2$ und der Parabel p_2 mit der Gleichung $y = -x^2 + 4x + 4$.

155 Die Parabel p_1 mit der Gleichung $y = -\frac{3}{2}x^2 + 9x - 8\frac{1}{2}$ und die Parabel p_2 mit der Gleichung $y = \frac{2}{3}x^2 - 4x + 11$ berühren sich im Punkt B.
Berechne die Koordinaten des Berührpunktes.

Interaktive Aufgaben

✎ 12. Schnittpunkte von 2 Parabeln
✎ 13. Berührpunkt von 2 Parabeln

Funktionale Abhängigkeiten und Extremwertberechnungen

Funktionale Abhängigkeiten und Extremwertberechnungen sind ein Schwerpunkt in der Abschlussprüfung. Das folgende Beispiel und die Aufgabe bauen auf dem Grundwissen 9. Klasse auf und führen auf das Anspruchsniveau in der Abschlussprüfung hin.

Beispiel

Die Parabel p hat die Gleichung $y = -0{,}25x^2 + 2x + 3$.
Die Gerade g hat die Gleichung $y = -0{,}25x + 3$.

a) Tabellarisiere die Parabel p für $x \in [-2;\ 10]$ in Schritten von $\Delta x = 1$ und zeichne die Graphen zu p und g in ein Koordinatensystem.
Platzbedarf: $-2 \leq x \leq 12$; $-3 \leq y \leq 8$

b) Berechne die Koordinaten der Schnittpunkte P und Q der Parabel p mit der Geraden g, wobei $x_P < x_Q$ gelten soll.

Punkte $C_n(x \mid -0{,}25x^2 + 2x + 3)$ auf der Parabel p liegen zwischen den Punkten P und Q und besitzen dieselbe Abszisse x wie die Punkte A_n auf der Geraden g. Die Punkte A_n und C_n sind die Eckpunkte von rechtwinkligen Dreiecken $A_n B_n C_n$ mit Hypotenuse $[B_n C_n]$.
$[A_n B_n]$ ist parallel zur x-Achse und immer 3 LE lang.

c) Zeichne die Dreiecke $A_1 B_1 C_1$ für $x = 3$ und $A_2 B_2 C_2$ für $x = 8$ in das Koordinatensystem ein.

d) Berechne die Länge der Kathete $[C_n A_n]$ in Abhängigkeit von x und anschließend den Flächeninhalt der Dreiecke $A_n B_n C_n$ in Abhängigkeit von x.

e) Berechne die x-Koordinate für das flächengrößte Dreieck und gib A_{max} an.

f) Für welche x-Koordinaten ist das Dreieck gleichschenklig-rechtwinklig?

Lösung:

a)

x	−2	−1	0	1	2	3	4	5	6	7	8	9	10
$-0{,}25x^2 + 2x + 3$	−2	0,75	3	4,75	6	6,75	7	6,75	6	4,75	3	0,75	−2

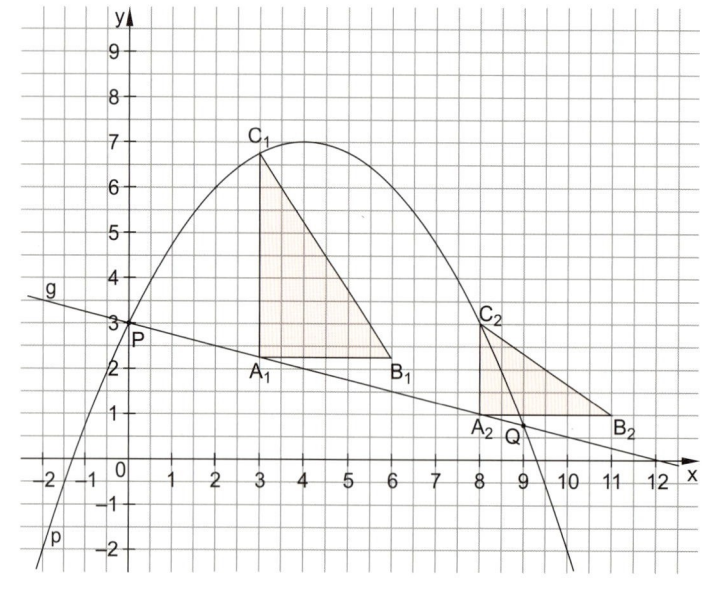

- Zeichne A_1 und C_1 mit der x-Koordinate $x = 3$ auf g bzw. p ein.
- Zeichne die Strecke $[A_1 B_1]$ parallel zur x-Achse mit einer Länge von 3 LE ein. Achte auf den Umlaufsinn! B_1 muss rechts von A_1 liegen.
- Verfahre ebenso für $A_2 B_2 C_2$.

b) Die Schnittpunkte liegen auf der Parabel p **und zugleich** auf der Geraden g. Für die Koordinaten der Schnittpunkte P und Q müssen also beide Gleichungen erfüllt sein:

p: $y = -0{,}25x^2 + 2x + 3$
g: $\wedge \quad y = -0{,}25x + 3$ *Gleichungssystem aufstellen*

$\Rightarrow \quad -0{,}25x^2 + 2x + 3 = -0{,}25x + 3 \quad (I = II) \quad |+0{,}25x - 3$

$\Leftrightarrow \quad -0{,}25x^2 + 2{,}25x = 0$ *In die allgemeine Form bringen*

$D = b^2 - 4ac$ *Wert der Diskriminante berechnen*

$D = 2{,}25^2 - 4 \cdot (-0{,}25) \cdot 0$

$D = 5{,}0625$ $D > 0$: *es gibt 2 Lösungselemente*

$\Leftrightarrow \quad x_{1/2} = \dfrac{-b \pm \sqrt{D}}{2a}$ *Lösungsformel anwenden*

$\Leftrightarrow \quad x_{1/2} = \dfrac{-2{,}25 \pm \sqrt{5{,}0625}}{2 \cdot (-0{,}25)}$

$x_1 = 0 \quad \vee \quad x_2 = 9$
$\mathbb{L} = \{0;\ 9\}$

In eine der beiden Gleichungen (die einfachere!) einsetzen:

P(**0** | −0,25 · **0** + 3)   Q(**9** | −0,25 · **9** + 3)   Beachte: $x_P < x_Q$
P(0 | 3)   Q(9 | 0,75)

c) Zeichnung siehe Teilaufgabe a

d) $A_n(x \,|\, -0{,}25x + 3)$
$C_n(x \,|\, -0{,}25x^2 + 2x + 3)$

Berechnung der Kathetenlänge:

$\overline{C_n A_n} = (y_{C_n} - y_{A_n})$ LE

$\overline{C_n A_n}(x) = [-0{,}25x^2 + 2x + 3 - (-0{,}25x + 3)]$ LE

$\overline{C_n A_n}(x) = [-0{,}25x^2 + 2{,}25x]$ LE

Die Punkte A_n und C_n haben die gleiche Abszisse x, also ist die Länge der Strecke $[A_n C_n]$ durch die Differenz ihrer y-Koordinaten gegeben.

Berechnung des Flächeninhalts:

$A_{\Delta A_n B_n C_n}(x) = \dfrac{1}{2} \cdot \overline{A_n B_n} \cdot \overline{C_n A_n}(x)$

$A_{\Delta A_n B_n C_n}(x) = \dfrac{1}{2} \cdot 3 \cdot (-0{,}25x^2 + 2{,}25x)$ FE

$A_{\Delta A_n B_n C_n}(x) = 1{,}5 \cdot (-0{,}25x^2 + 2{,}25x)$ FE

$A_{\Delta A_n B_n C_n}(x) = (-0{,}375x^2 + 3{,}375x)$ FE

$\overline{A_n B_n}$ ist stets 3 LE lang.
$A_\Delta = \dfrac{1}{2} \cdot g \cdot h$

e) Lösungsweg 1:
Berechnung von A_{max}:

$A_{\Delta A_n B_n C_n}(x) = (-0{,}375x^2 + 3{,}375x)$ FE   *Ergänze quadratisch.*

$A_{\Delta A_n B_n C_n}(x) = -0{,}375[x^2 - 9x]$ FE

$A_{\Delta A_n B_n C_n}(x) = -0{,}375[x^2 - 9x + \mathbf{4{,}5^2 - 4{,}5^2}]$ FE

$A_{\Delta A_n B_n C_n}(x) = -0{,}375[(x - 4{,}5)^2 - 20{,}25]$ FE

$A_{\Delta A_n B_n C_n}(x) = [-0{,}375(x - 4{,}5)^2 + 7{,}59375]$ FE

$A_{max} = 7{,}59375$ FE   für $x = 4{,}5$

Lösungsweg 2:
Da stets gilt $g = \overline{A_nB_n} = 3$ LE ist der Flächeninhalt am größten, wenn die Höhe $h = \overline{C_nA_n}$ am größten ist. Es genügt also zu bestimmen, für welche x-Koordinate die Kathete $[C_nA_n]$ am längsten ist:

$\overline{C_nA_n}(x) = [-0{,}25x^2 + 2{,}25x]$ LE

$\overline{C_nA_n}(x) = -0{,}25[x^2 - 9x]$ LE

$\overline{C_nA_n}(x) = -0{,}25[x^2 - 9x \mathbf{+ 4{,}5^2 - 4{,}5^2}]$ LE

$\overline{C_nA_n}(x) = -0{,}25[(x - 4{,}5)^2 - 20{,}25]$ LE

$\overline{C_nA_n}(x) = [-0{,}25(x - 4{,}5)^2 + 5{,}0625]$ LE

$\overline{C_nA_n}_{max} = 5{,}0625$ LE für $x = 4{,}5$

$\Rightarrow A_{max} = \frac{1}{2} \cdot 3 \cdot 5{,}0625$ FE $= 7{,}59375$ FE (vgl. Lösungsweg 1)

f) Da sich die Länge von $[A_nB_n]$ nicht verändert (stets 3 LE), ist das Dreieck genau dann gleichschenklig, wenn auch $[C_nA_n]$ eine Länge von 3 LE hat:

$\overline{C_nA_n} = [-0{,}25x^2 + 2{,}25x]$ LE $\wedge$ $\overline{C_nA_n} = 3$ LE

Gleichsetzen:
$\Rightarrow \quad -0{,}25x^2 + 2{,}25x = 3 \quad | -3$

$\Leftrightarrow \quad -0{,}25x^2 + 2{,}25x - 3 = 0$

$D = b^2 - 4ac$ \hspace{2em} Wert der Diskriminante berechnen
$D = 2{,}25^2 - 4 \cdot (-0{,}25) \cdot (-3)$
$D = 2{,}0625$ \hspace{2em} $D > 0$: es gibt 2 Lösungselemente

$\Leftrightarrow x_{1/2} = \frac{-b \pm \sqrt{D}}{2a}$

$\Leftrightarrow x_{1/2} = \frac{-2{,}25 \pm \sqrt{2{,}0625}}{2 \cdot (-0{,}25)}$ \hspace{2em} Lösungsformel anwenden

$x_1 = 1{,}63 \vee x_2 = 7{,}37$

$\mathbb{L} = \{1{,}63; 7{,}37\}$ \hspace{2em} Lösungsmenge angeben

Es gibt also zwei gleichschenklig-rechtwinklige Dreiecke, nämlich dann, wenn die x-Koordinaten von A und C die Werte $x_1 = 1{,}63$ oder $x_2 = 7{,}37$ annehmen.

Aufgabe 156

Interaktive Aufgaben

14. Funktionale Abhängigkeit: Parallelogramme
15. Funktionale Abhängigkeit: Dreiecke

Gegeben sind die beiden Parabeln $p_1: y = -(x-4)^2 + 2$ und $p_2: y = \frac{1}{4}x^2 - x + 5$.

a) Berechne die Koordinaten des Scheitelpunkts der Parabel p_2, gib die Koordinaten des Scheitelpunkts der Parabel p_1 an und bringe die Gleichung der Parabel p_1 in die allgemeine Form $y = ax^2 + bx + c$.
(Zwischenergebnis: $p_1: y = -x^2 + 8x - 14$)

b) Erstelle Wertetabellen und zeichne die Parabeln in ein Koordinatensystem.
Für $p_1: x \in [2; 6]$; $\Delta x = 1$; für $p_2: x \in [-1; 5]$; $\Delta x = 1$
Platzbedarf: $-2 \leq x \leq 7$; $-2 \leq y \leq 7$

c) Die Punkte $P_n(x|?)$ liegen auf der Parabel p_1, die Punkte $Q_n(x|?)$ auf der Parabel p_2. Zeichne $[P_1Q_1]$ für $x = 2$ und $[P_2Q_2]$ für $x = 4$.

d) Berechne die Länge der Strecken $[P_nQ_n]$ in Abhängigkeit von der x-Koordinate der Punkte P_n und Q_n.
[Zwischenergebnis: $\overline{P_nQ_n}(x) = (1{,}25x^2 - 9x + 19)$ LE]

e) Berechne die minimale Streckenlänge $\overline{P_0Q_0}$ und gib die Koordinaten der Punkte P_0 und Q_0 an.

3.4 Berechnungen am Kreis

Flächeninhalt und Umfang eines Kreises

Merke

- Für jeden Kreis hat das Verhältnis aus Umfang u und Durchmesser d den gleichen Wert. Dieser wird mit der **Kreiszahl π** bezeichnet.
  $$\frac{u}{d} = \pi$$
- Die Kreiszahl π ist eine **irrationale Zahl** (lässt sich nicht als Bruch darstellen) und besitzt unendlich viele Nachkommastellen, weshalb sie oft gerundet angegeben wird:
  π = 3,141592653... ≈ 3,14
- Mithilfe der Kreiszahl π berechnet man den Umfang u (= Länge der Kreislinie) und den Flächeninhalt A:
  Kreisumfang: u = d · π = 2 · r · π
  Kreisfläche: A = r² · π
  Bei Berechnungen wird in der Regel gerundet.

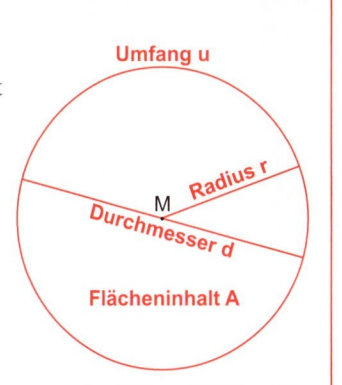

Beispiel

Ein Kreis hat einen Durchmesser von 5 cm. Berechne Umfang und Flächeninhalt.

Lösung:
Berechnung des Umfangs:
u = d · π = 5 cm · π = 15,71 cm   gerundet

Berechnung des Flächeninhalts:
A = r² · π = (2,5 cm)² · π = 19,63 cm²   gerundet

Aufgaben

157 Ein Kreis hat den Flächeninhalt 20 cm². Berechne den Durchmesser und den Umfang des Kreises.

158 Der Erdradius beträgt ca. 6 370 km. Welche Strecke hat man zurückgelegt, wenn man die Erde einmal entlang des Äquators umrundet?

159 Eine Schnur ist 10 m lang. Bestimme den Radius des Kreises, den man mit ihr umspannen kann.

Interaktive Aufgaben

- 1. Winkelmaß bestimmen
- 2. Torwand
- 3. Kamerawagen

Kreisteile – Kreissektor und Kreisbogen

Die beiden Schenkel des Mittelpunktswinkels AMB mit dem Maß φ schneiden aus der Kreisfläche einen **Kreissektor AMB** und aus der Kreislinie einen **Kreisbogen $\overset{\frown}{AB}$** aus. Ein Kreisbogen wird immer gegen den Uhrzeigersinn orientiert bezeichnet (von A aus gegen den Uhrzeigersinn nach B). Der Mittelpunktswinkel BMA des Bogens $\overset{\frown}{BA}$ hat somit das Maß 360° − φ.

Die **Bogenlänge b** des Kreisbogens $\overset{\frown}{AB}$ ist abhängig vom Maß des Mittelpunktswinkels φ. Es besteht folgende direkte Proportionalität:

$\dfrac{b}{u} = \dfrac{\varphi}{360°}$ und damit $b = \dfrac{\varphi}{360°} \cdot u$

Mit $u = 2 \cdot r \cdot \pi$ gilt dann:

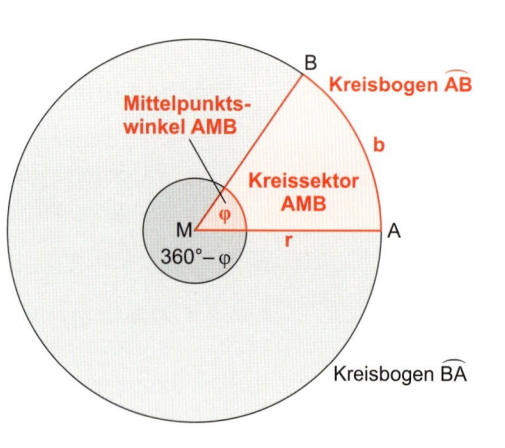

Merke

> **Bogenlänge b eines Kreisbogens:**
> $b = \dfrac{\varphi}{360°} \cdot 2 \cdot r \cdot \pi$ oder gekürzt: $b = \dfrac{\varphi}{180°} \cdot r \cdot \pi$

Der Flächeninhalt des Kreissektors AMB ist ebenso abhängig vom Maß des Mittelpunktswinkels φ.
Es besteht folgende direkte Proportionalität:

$\dfrac{A_{\text{Sektor}}}{A_{\text{Kreis}}} = \dfrac{\varphi}{360°}$ und damit $A_{\text{Sektor}} = \dfrac{\varphi}{360°} \cdot A_{\text{Kreis}}$

Mit $A_{\text{Kreis}} = r^2 \cdot \pi$ gilt dann:

Merke

> **Fläche eines Kreissektors:**
> $A_{\text{Sektor}} = \dfrac{\varphi}{360°} \cdot r^2 \cdot \pi$

Es besteht ein Zusammenhang zwischen der Bogenlänge des Kreisbogens und dem Flächeninhalt des Kreissektors: Betrachtet man die Formel für den Flächeninhalt des Kreissektors genauer, so findet sich darin die Formel für die Bogenlänge.

$A_{\text{Sektor}} = \dfrac{\varphi}{360°} \cdot r^2 \cdot \pi = \dfrac{\varphi}{2 \cdot 180°} \cdot r \cdot r \cdot \pi = \dfrac{1}{2} \cdot \dfrac{\varphi}{180°} \cdot r \cdot \pi \cdot r = \dfrac{1}{2} \cdot b \cdot r$

Merke

> Zusammenhang zwischen Flächeninhalt des Sektors und Bogenlänge des Kreisbogens:
> $A_{\text{Sektor}} = \dfrac{1}{2} \cdot b \cdot r$

Training Grundwissen: 3 Grundwissen 10. Klasse | 115

Beispiel

Berechne die Bogenlängen der Kreisbögen $\overparen{AB}$ und $\overparen{BA}$ und den Flächeninhalt des abgebildeten Kreissektors mit Radius r = 2,5 cm.

Lösung:

Bogenlänge b des Bogens $\overparen{AB}$:

$b = \dfrac{\varphi}{180°} \cdot r \cdot \pi$

$b = \dfrac{84°}{180°} \cdot 2{,}5 \text{ cm} \cdot \pi$

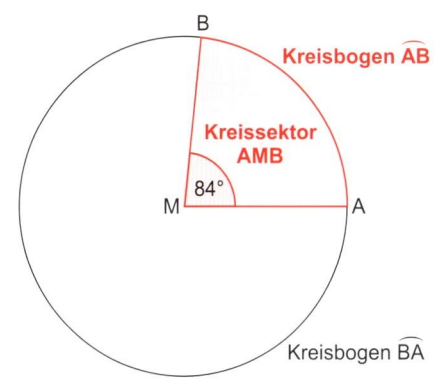

$b = 3{,}67 \text{ cm}$

Die Bogenlänge b' des Bogens $\overparen{BA}$ lässt sich auf zwei verschiedene Arten berechnen:

$b' = \dfrac{276°}{180°} \cdot 2{,}5 \text{ cm} \cdot \pi$ 　　Mittelpunktswinkel des Bogens $\overparen{BA}$: $360° - 84° = 276°$

$b' = 12{,}04 \text{ cm}$

oder:

Berechnung des Umfangs:

$u = 2 \cdot r \cdot \pi$

$u = 2 \cdot 2{,}5 \text{ cm} \cdot \pi$

$u = 15{,}71 \text{ cm}$

Bogenlänge b' des Bogens $\overparen{BA}$:

$b' = u - b$ 　　　　　　　　Umfang des Kreises − Bogenlänge des Bogens $\overparen{AB}$

$b' = 15{,}71 \text{ cm} - 3{,}67 \text{ cm}$

$b' = 12{,}04 \text{ cm}$

Berechnung des Flächeninhalts:

$A = \dfrac{\varphi}{360°} \cdot r^2 \cdot \pi$

$A = \dfrac{84°}{360°} \cdot (2{,}5 \text{ cm})^2 \cdot \pi$

$A = 4{,}58 \text{ cm}^2$

Aufgaben

160 Die Bogenlänge eines Halbkreises beträgt 100 cm.
Berechne den Radius, den Flächeninhalt und den Umfang des Halbkreises.

161 Die Fläche eines Kreissektors beträgt 50 cm².
Wie groß ist der Radius und der Mittelpunktswinkel des Kreissektors, wenn die zugehörige Bogenlänge 10 cm beträgt?
Berechne auch den Umfang des Sektors.

Tipp ✏ Verwende die Formel $A_{Sektor} = \frac{1}{2} \cdot b \cdot r$ und berechne daraus den Radius r.

Interaktive Aufgaben

- 4. Kreisbogenlänge
- 5. Radius berechnen
- 6. Fläche berechnen
- 7. Fläche berechnen
- 8. Fläche berechnen

Das Kreissegment

Ein **Kreissegment** entsteht durch eine Kreissehne, die das Kreissegment aus der Kreisfläche ausschneidet. Die Berechnung des Flächeninhalts erfolgt mithilfe des Dreiecks MAB und des Kreissektors AMB.

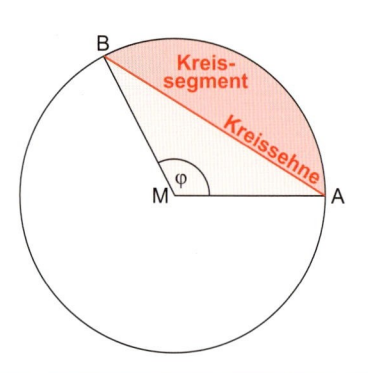

Merke

Fläche eines Kreissegments:

$A_{Segment} = A_{Sektor} - A_{Dreieck}$

Beispiel

In den nebenstehenden gotischen Torbogen soll ein Holztor eingepasst werden. Das eingezeichnete Hilfsdreieck ist gleichseitig.
Berechne die Fläche des Tores.

Lösung:
Der obere Teil des Tores setzt sich aus einem Kreissektor und einem Kreissegment zusammen (oder auch: einem Dreieck und zwei Segmenten). Der untere Teil ist ein Rechteck von 1 m Breite und 1,25 m Höhe.

Berechnung des Kreissektors BAC:

$A_{Sektor} = \dfrac{\varphi}{360°} \cdot r^2 \cdot \pi$ Radius r = 1 m
Mittelpunktswinkel $\varphi = 60°$
(gleichseitiges Dreieck!)

$A_{Sektor} = \dfrac{60°}{360°} \cdot (1\,m)^2 \cdot \pi$

$A_{Sektor} = \dfrac{1}{6}\pi\ m^2 = 0,52\ m^2$

Berechnung des Kreissegments:
$A_{Segment} = A_{Sektor} - A_{Dreieck}$

$A_{Segment} = A_{Sektor} - \dfrac{(1\,m)^2}{4}\sqrt{3}$ Siehe Kapitel 2.6 – Folgerungen aus dem Satz des Pythagoras:
Höhe im gleichseitigen Dreieck: $h = \dfrac{a}{2}\sqrt{3}$; Fläche: $A = \dfrac{a^2}{4}\sqrt{3}$

$A_{Segment} = 0,52\ m^2 - 0,43\ m^2 = 0,09\ m^2$

Berechnung der Torfläche:
$A_{Tor} = A_{Rechteck} + A_{Sektor} + A_{Segment}$
$A_{Tor} = 1,25\ m^2 + 0,52\ m^2 + 0,09\ m^2 = 1,86\ m^2$

Aufgabe 162

Interaktive Aufgabe

9. Kreissegment

Die Seitenlänge des Quadrats ABCD beträgt 4 cm. F und E sind Seitenmittelpunkte. Die Mittelpunkte der Kreisbögen $\overset{\frown}{FG}$, $\overset{\frown}{HE}$ und $\overset{\frown}{BD}$ sind die Punkte D, B bzw. A.
Berechne den Flächeninhalt und den Umfang der schraffierten Fläche (Pilz mit Linienzug FEHBDGF).

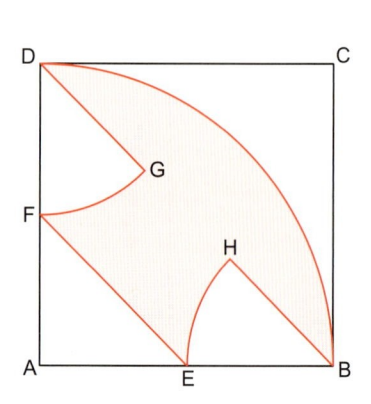

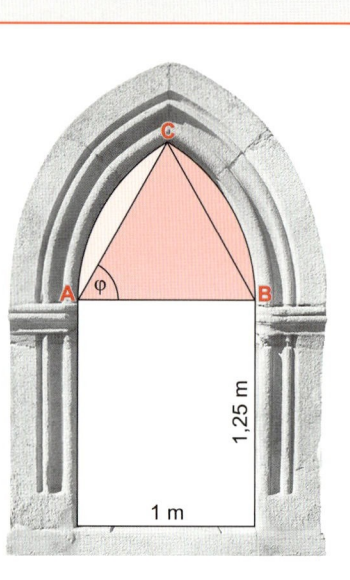

3.5 Trigonometrie

Sinus, Kosinus und Tangens am Einheitskreis

Merke

Die Koordinaten eines Punktes P auf dem **Einheitskreis** (mit Radius 1 LE) sind abhängig vom Winkel α, den der Radius $\overline{MP}$ mit der x-Achse einschließt.
Man verwendet folgende Bezeichnungen:
Die **x-Koordinate** von P nennt man **cos α** (**Kosinus**).
Die **y-Koordinate** von P nennt man **sin α** (**Sinus**).

Die Werte von cos α und sin α liegen zwischen −1 und 1. (Das sind die Extremwerte der Koordinaten der Punkte auf dem Einheitskreis.)

Das Verhältnis $\tan \alpha = \frac{\sin \alpha}{\cos \alpha}$ nennt man **tan α** (**Tangens**).

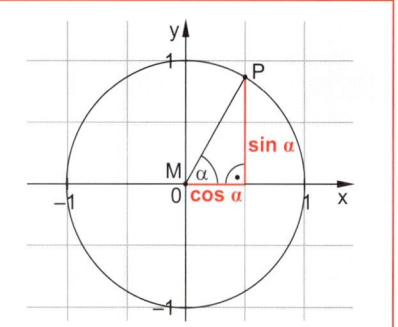

Beispiel

In der nebenstehenden Zeichnung gilt:
P(0,5 | 0,87) und α = 60°.
Es folgt:
cos 60° = 0,5
sin 60° = 0,87 (gerundet)

Überprüfe die Werte mit dem Taschenrechner.

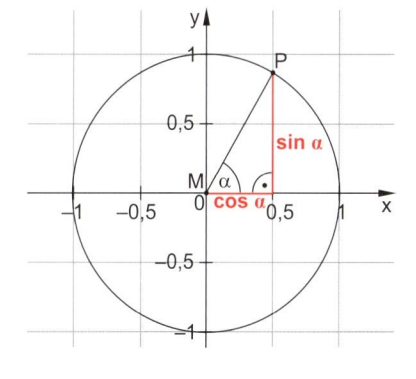

Sinus, Kosinus und Tangens im rechtwinkligen Dreieck

Die Dreiecke OAC und OBD in der nebenstehenden Zeichnung sind rechtwinklig.
Es gilt nach dem 2. Vierstreckensatz:

$$\frac{\overline{AC}}{\overline{OC}} = \frac{\overline{BD}}{\overline{OD}}$$

$$\frac{\sin \alpha}{1} = \frac{\text{Länge der Gegenkathete}}{\text{Länge der Hypotenuse}}$$

$$\sin \alpha = \frac{\text{Länge der Gegenkathete}}{\text{Länge der Hypotenuse}}$$

Da D auf [OC frei wählbar ist, gilt diese Beziehung in allen rechtwinkligen Dreiecken mit Winkel α.

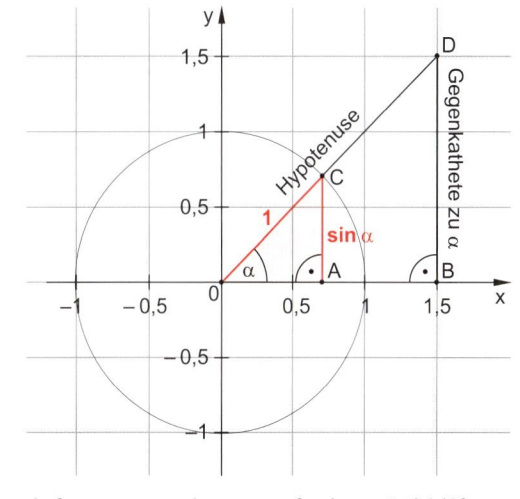

Entsprechende Konstruktionen lassen sich auch für cos α und tan α anfertigen. Mithilfe der Vierstreckensätze gelangt man zu den folgenden Beziehungen.

Merke

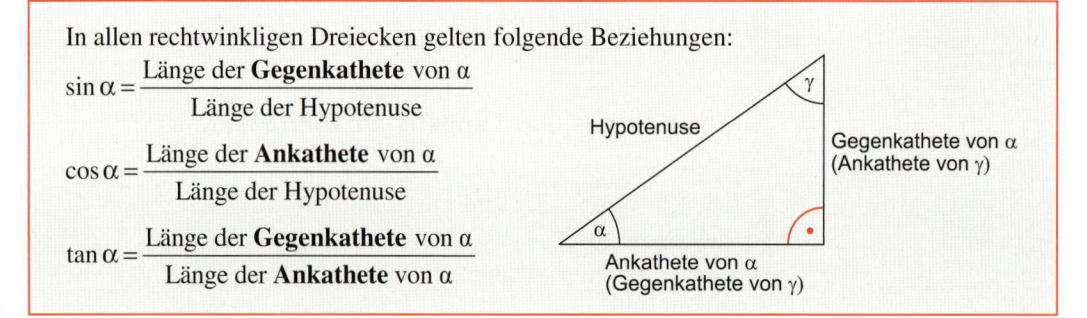

In allen rechtwinkligen Dreiecken gelten folgende Beziehungen:

$$\sin \alpha = \frac{\text{Länge der \textbf{Gegenkathete} von } \alpha}{\text{Länge der Hypotenuse}}$$

$$\cos \alpha = \frac{\text{Länge der \textbf{Ankathete} von } \alpha}{\text{Länge der Hypotenuse}}$$

$$\tan \alpha = \frac{\text{Länge der \textbf{Gegenkathete} von } \alpha}{\text{Länge der \textbf{Ankathete} von } \alpha}$$

Berechnung von Seitenlängen

Mithilfe der Seitenverhältnisse sin α, cos α und tan α kann man die Seitenlängen in rechtwinkligen Dreiecken berechnen.

Beispiel

Gegeben ist ein rechtwinkliges Dreieck ABC mit α = 30° und Hypotenusenlänge $\overline{CA}$ = 8 cm. Bestimme die fehlenden Seitenlängen dieses rechtwinkligen Dreiecks.

Lösung:
Systematisches Vorgehen zur Berechnung von $\overline{BC}$:
Gegeben: Winkelmaß α und die Länge der Hypotenuse
Gesucht: Länge der Gegenkathete [BC]

Da die Länge der Hypotenuse bekannt ist und die Länge der Gegenkathete gesucht, bietet sich nur die Sinus-Beziehung an.

In tan α kommt die Hypotenuse nicht vor, in cos α kommt die Gegenkathete nicht vor.

Rechnung:

$$\sin \alpha = \frac{\text{Länge der Gegenkathete von } \alpha}{\text{Länge der Hypotenuse}}$$

Die Gegenkathete von α ist [BC].

$$\sin 30° = \frac{\overline{BC}}{8 \text{ cm}}$$

Nach $\overline{BC}$ auflösen

$\overline{BC} = 8 \text{ cm} \cdot \sin 30°$
$\overline{BC} = 8 \text{ cm} \cdot 0,5$
$\overline{BC} = 4 \text{ cm}$

Der Taschenrechner liefert sin 30° = 0,5.

Jetzt kann man die Länge der Seite [AB] auf drei verschiedene Arten berechnen:

1. Satz des Pythagoras:

$\overline{AB} = \sqrt{8^2 - 4^2} \text{ cm} = \sqrt{48} \text{ cm} = 6,93 \text{ cm}$

oder:

2. Kosinusbeziehung:

$$\cos \alpha = \frac{\text{Länge der Ankathete von } \alpha}{\text{Länge der Hypotenuse}}$$

Die Ankathete von α ist [AB].

$$\cos 30° = \frac{\overline{AB}}{8 \text{ cm}}$$

Auflösen nach $\overline{AB}$

$\overline{AB} = 8 \text{ cm} \cdot \cos 30°$
$\overline{AB} = 8 \text{ cm} \cdot 0,8660...$
$\overline{AB} = 6,93 \text{ cm}$

Der Taschenrechner liefert cos 30° ≈ 0,8660... Rechne mit diesem Wert weiter und runde erst im Ergebnis.

oder:

3. Tangensbeziehung:

$$\tan \alpha = \frac{\text{Länge der Gegenkathete von } \alpha}{\text{Länge der Ankathete von } \alpha}$$

$\tan 30° = \dfrac{4\,\text{cm}}{\overline{AB}}$ Auflösen nach $\overline{AB}$

$\overline{AB} = \dfrac{4\,\text{cm}}{\tan 30°}$

$\overline{AB} = \dfrac{4\,\text{cm}}{0{,}5773\ldots}$

$\overline{AB} = 6{,}93\,\text{cm}$

Berechnung von Winkelmaßen

Mithilfe der Seitenverhältnisse sin α, cos α und tan α kann man die Winkelmaße in rechtwinkligen Dreiecken berechnen.

Merke

> Sind in einem Dreieck zwei Winkelmaße bekannt, so kennt man auch das dritte Winkelmaß, denn die **Summe der Innenwinkel** beträgt stets **180°**.

Beispiel

Gegeben ist ein rechtwinkliges Dreieck ABC mit α = 30°, $\overline{AB} = 6{,}93\,\text{cm}$, $\overline{BC} = 4\,\text{cm}$ und Hypotenusenlänge $\overline{CA} = 8\,\text{cm}$. Bestimme den fehlenden Innenwinkel γ.

Lösung:
Der fehlende Innenwinkel γ lässt sich auf 4 verschiedene Arten berechnen:

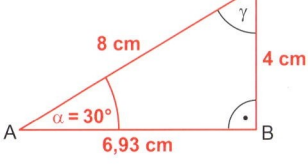

1. Winkelsumme im Dreieck:
γ = 180° − 90° − 30° = 60°

oder:

2. Sinusbeziehung:

$$\sin \gamma = \frac{\text{Länge der Gegenkathete von } \gamma}{\text{Länge der Hypotenuse}}$$

$\sin \gamma = \dfrac{\overline{AB}}{\overline{CA}}$

$\sin \gamma = \dfrac{6{,}93\,\text{cm}}{8\,\text{cm}}$ Verwende den Taschenrechnerwert des Bruchs.

$\sin \gamma = 0{,}8662\ldots$ Der Taschenrechner liefert das Winkelmaß γ zum
γ = 60°   Sinuswert 0,8662… mit der Taste [SIN⁻¹]:
     γ = [SIN⁻¹] 0,8662… ≈ 60°

oder:

3. Kosinusbeziehung:

$$\cos \gamma = \frac{\text{Länge der Ankathete von } \gamma}{\text{Länge der Hypotenuse}}$$

$\cos \gamma = \dfrac{\overline{BC}}{\overline{CA}}$

$$\cos \gamma = \frac{4\,\text{cm}}{8\,\text{cm}}$$

$$\cos \gamma = 0{,}5$$

$$\gamma = 60°$$

Der Taschenrechner liefert: $\gamma = \boxed{\text{COS}^{-1}}\, 0{,}5 = 60°$

oder:

4. Tangensbeziehung:

$$\tan \gamma = \frac{\text{Länge der Gegenkathete von } \gamma}{\text{Länge der Ankathete von } \gamma}$$

$$\tan \gamma = \frac{\overline{AB}}{\overline{BC}}$$

$$\tan \gamma = \frac{6{,}93\,\text{cm}}{4\,\text{cm}}$$

$$\tan \gamma = 1{,}7325$$

$$\gamma = 60°$$

Der Taschenrechner liefert: $\gamma = \boxed{\text{TAN}^{-1}}\, 1{,}7325 \approx 60°$

Merke — Sind von einem Dreieck **eine Seitenlänge** und **zwei weitere Bestimmungsstücke** bekannt (Winkelmaße oder Seitenlängen), so ist das Dreieck vollständig berechenbar.

Beispiel

Im Dreieck ABC ist [BC] die Hypotenuse. Es gilt: $\overline{BC} = 5$ cm, $\overline{AB} = 3$ cm.
Berechne alle Winkelmaße und die fehlende Seitenlänge.

Lösung:
Planfigur:

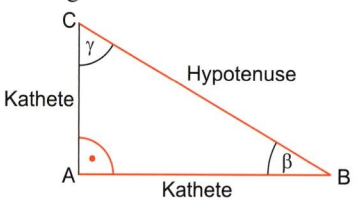

Es sind eine Seite und zwei weitere Bestimmungsstücke bekannt (zwei Seiten und ein 90°-Winkel). Das Dreieck ist also vollständig berechenbar.

Berechnung der fehlenden Seitenlänge mit dem Satz des Pythagoras:

$$\overline{CA} = \sqrt{\overline{BC}^2 - \overline{AB}^2} = \sqrt{5^2 - 3^2}\,\text{cm} = 4\,\text{cm}$$

Berechnung des fehlenden Winkelmaßes γ über die Tangensfunktion:

Alle drei Beziehungen (sin, cos, tan) sind möglich, da alle drei Seiten bekannt sind!

$$\tan \gamma = \frac{\overline{AB}}{\overline{CA}}$$

$$\tan \gamma = \frac{3\,\text{cm}}{4\,\text{cm}}$$

$$\tan \gamma = 0{,}75$$

$$\gamma = 36{,}87°$$

Der Taschenrechner liefert: $\gamma = \boxed{\text{TAN}^{-1}}\, 0{,}75 \approx 36{,}87°$

β berechnet man am schnellsten mit der Winkelsumme:
$\beta = 180° - 90° - 36{,}87° = 53{,}13°$

Übung: Berechne die Winkelmaße im Dreieck mit den Beziehungen sin φ und cos φ.

Training Grundwissen: 3 Grundwissen 10. Klasse 121

Aufgaben

Tipp
> Suche bei der Lösung der folgenden Aufgaben rechtwinklige Dreiecke, von denen man zusätzlich zum rechten Winkel noch zwei weitere Bestimmungsstücke kennt (davon mindestens eine Seitenlänge!).

163 Im nebenstehenden Rechteck ABCD mit $\overline{AB} = 6$ cm und $\overline{BC} = 4$ cm sind folgende Streckenlängen und Winkelmaße gesucht: $\overline{BD}, \overline{ED}, \overline{AE}, \alpha, \beta, \varphi$

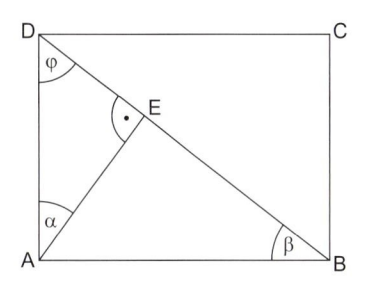

164 Im rechtwinkligen Dreieck ABC ist $\overline{AB} = 6$ cm, $\sphericalangle BAC = 42°$ und [CA] die Hypotenuse. Berechne die Länge der beiden anderen Dreiecksseiten, die Höhe h_b und die Winkelmaße β_1 und β_2, in die die Höhe h_b den 90°-Winkel bei B teilt. Erstelle eine Planfigur.

165 Das nebenstehende Dreieck ABC ist gleichschenklig.
a) Berechne die Maße der Basiswinkel und die Länge der Höhe h.
b) Berechne den Radius r des Inkreises.

166 Die nebenstehende Raute ABCD hat eine Seitenlänge von 6 cm. Das Maß δ des Winkels ADC beträgt 75°.
Berechne die Länge der Diagonalen, die Maße der Innenwinkel, das Maß des Winkels ε und den Inkreisradius.

Interaktive Aufgaben
1. Seite bestimmen
2. Seite und Winkel bestimmen
3. Gebäudehöhe bestimmen
4. Hängebrücke
5. Umfang bestimmen
6. Seite bestimmen
7. Winkel bestimmen

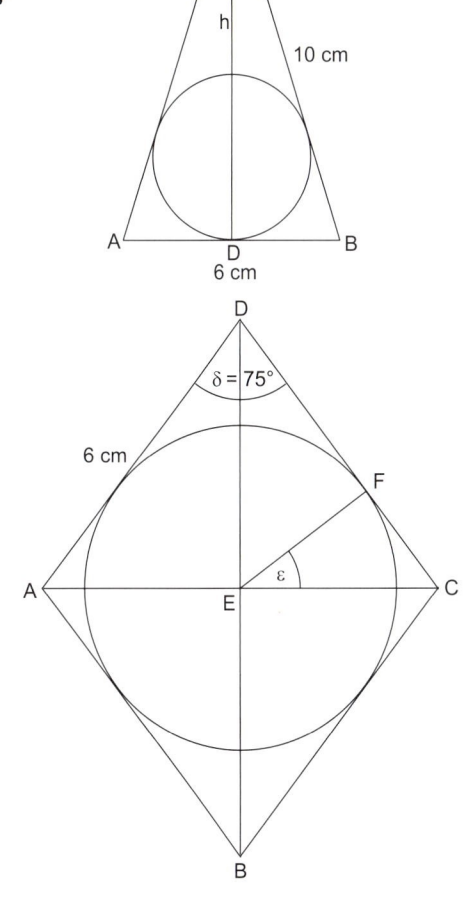

Steigungswinkel einer Geraden

Merke

Der **Steigungswinkel** einer Geraden ist der Winkel, den die Gerade mit jeder Parallelen zur x-Achse einschließt. Die Steigung m einer Geraden g: $y = mx + t$ ist gleich dem Tangens des Steigungswinkels α der Geraden:
$\tan \alpha = m$

Beispiel

Die abgebildete Gerade g hat die Gleichung $y = 2x + 2$. Also ist ihre Steigung $m = 2$.
In allen Steigungsdreiecken der Geraden g hat das Verhältnis

$$\tan \alpha = \frac{\text{Länge der Gegenkathete von } \alpha}{\text{Länge der Ankathete von } \alpha}$$

den Wert 2, etwa im rechtwinkligen Dreieck AFC:

$\tan \alpha = \dfrac{4 \text{ LE}}{2 \text{ LE}}$
$\tan \alpha = 2$
$\alpha = 63{,}43°$

Der Taschenrechner liefert das Winkelmaß α zum Tangenswert 2 mit der Taste $\boxed{\text{TAN}^{-1}}$:
$\alpha = \boxed{\text{TAN}^{-1}}\, 2 \approx 63{,}43°$

$\alpha = 63{,}43°$ ist das Maß des Steigungswinkels der Geraden g.

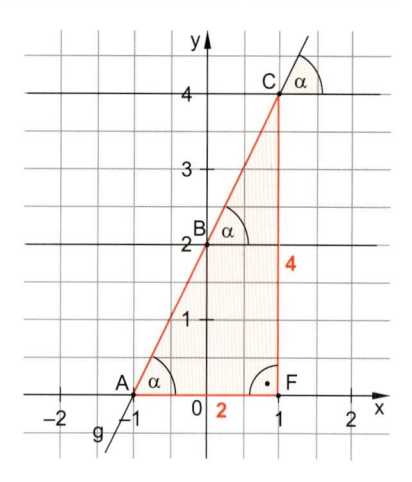

Aufgaben

167 Berechne die Maße der Winkel, die die beiden Geraden g: $y = x + 1$ und h: $y = 0{,}5x + 1$ einschließen.

Tipp
- Berechne zuerst die Maße der beiden Steigungswinkel der Geraden und erschließe dann die Maße der Schnittwinkel (mithilfe einer Zeichnung).

168 Die Gerade g schneidet die x-Achse im P(2|0). Sie schließt mit der x-Achse einen Winkel mit einem Maß von 30° ein.
Stelle die Gleichung der Geraden auf.
Runde die Steigung auf zwei Stellen nach dem Komma.

Interaktive Aufgabe
- 8. Steigungswinkel

Training Grundwissen: 3 Grundwissen 10. Klasse

Flächeninhalt eines Dreiecks

Du hast im vorhergehenden Grundwissen 9. Klasse schon zwei Methoden kennengelernt, um den Flächeninhalt eines **beliebigen** Dreiecks zu bestimmen:

- Flächeninhaltsformel: $A_\Delta = \frac{1}{2} \cdot g \cdot h$
- Determinante mit aufspannenden Vektoren: $A_\Delta = \frac{1}{2} \cdot \begin{vmatrix} v_x & w_x \\ v_y & w_y \end{vmatrix} = \frac{1}{2} \cdot (v_x \cdot w_y - v_y \cdot w_x)$

Durch Anwendung der Sinusbeziehung kommt nun noch eine weitere Methode hinzu.

Merke

Der Flächeninhalt eines **beliebigen** Dreiecks lässt sich aus zwei Seiten und dem von den Seiten eingeschlossenen Winkel berechnen:

$A_\Delta = \frac{1}{2} \cdot a \cdot b \cdot \sin \gamma$

$A_\Delta = \frac{1}{2} \cdot a \cdot c \cdot \sin \beta$

$A_\Delta = \frac{1}{2} \cdot b \cdot c \cdot \sin \alpha$

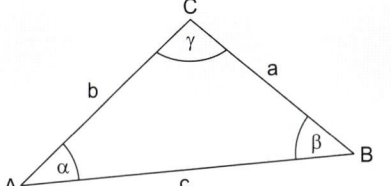

Beispiel

Im rechtwinkligen Teildreieck AHC gilt:

$\sin \alpha = \frac{h}{b} \Rightarrow h = b \cdot \sin \alpha$

Eingesetzt in die Flächeninhaltsformel erhält man:

$A_{\Delta ABC} = \frac{1}{2} \cdot c \cdot h$

$A_{\Delta ABC} = \frac{1}{2} \cdot c \cdot b \cdot \sin \alpha$

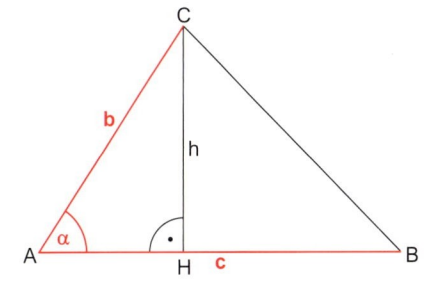

Aufgaben

169 Gegeben ist das Dreieck ABC mit a = 5 cm, b = 6 cm und γ = 80°.
Berechne den Flächeninhalt des Dreiecks ABC und anschließend den Abstand der Punkte A und B von der jeweils gegenüberliegenden Seite.

170 Ein Dach soll mit rautenförmigen Blechen verkleidet werden. Die einzelnen Bleche haben eine Fläche von 10 dm². Ein Innenwinkel beträgt 50°.
Berechne die Seitenlänge der Rauten.

Interaktive Aufgabe

◆ 9. Fläche berechnen

Sinussatz und Kosinussatz

Merke

Sinussatz

Die Verhältnisse einer Seite zum Sinus des Gegenwinkels sind in jedem beliebigen Dreieck jeweils gleich. Es lassen sich drei Verhältnisgleichungen aufstellen:

- $\dfrac{a}{\sin \alpha} = \dfrac{b}{\sin \beta}$
- $\dfrac{a}{\sin \alpha} = \dfrac{c}{\sin \gamma}$
- $\dfrac{b}{\sin \beta} = \dfrac{c}{\sin \gamma}$

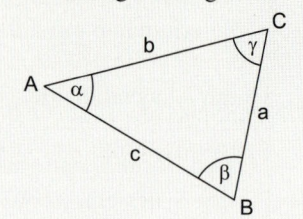

(α ist Gegenwinkel von a, β ist Gegenwinkel von b, γ ist Gegenwinkel von c)

Erweiterter Sinussatz

Die Verhältnisse einer Seite zum Sinus des Gegenwinkels sind in jedem beliebigen Dreieck gleich dem doppelten Umkreisradius.

$$\dfrac{a}{\sin \alpha} = \dfrac{b}{\sin \beta} = \dfrac{c}{\sin \gamma} = 2 \cdot r_{\text{Umkreis}}$$

Der Taschenrechner liefert bei der Berechnung von Winkelmaßen über die Sinusfunktion immer einen Wert kleiner 90°. Bei der Berechnung von Winkelmaßen in rechtwinkligen Dreiecken führt das zu keinen Problemen, da alle unbekannten Winkelmaße kleiner 90° sind (Winkelsumme). In beliebigen nicht rechtwinkligen Dreiecken ist allerdings folgende Eigenschaft der Sinusfunktion zu berücksichtigen:

Merke

Für alle α mit $0° < \alpha < 90°$ gilt:
$\sin \alpha = \sin(180° - \alpha)$

Beispiel

Es existieren zwei Winkelmaße im Intervall $]0°; 180°[$ mit dem Sinuswert 0,705.
Der Taschenrechner liefert α aus $\boxed{\text{SIN}^{-1}}\ 0{,}705 = 44{,}83°$. Das zweite Winkelmaß erhält man aus der Beziehung $180° - \alpha = 180° - 44{,}83° = 135{,}17°$.

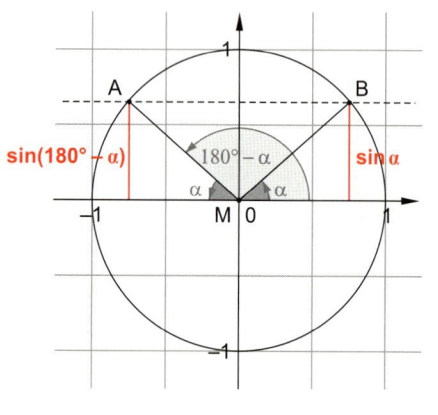

Bei der Berechnung von Winkelmaßen in beliebigen Dreiecken mithilfe des Sinussatzes ist daher anhand der Winkelsumme zu überprüfen, welche der beiden Lösungen α bzw. $180° - \alpha$ die richtige ist. Lässt sich so keine der beiden Lösungen ausschließen, rechnet man mit dem Kosinussatz nach.

Merke

Kosinussatz

In jedem beliebigen Dreieck gilt:
- $a^2 = b^2 + c^2 - 2 \cdot b \cdot c \cdot \cos\alpha$
- $b^2 = a^2 + c^2 - 2 \cdot a \cdot c \cdot \cos\beta$
- $c^2 = a^2 + b^2 - 2 \cdot a \cdot b \cdot \cos\gamma$

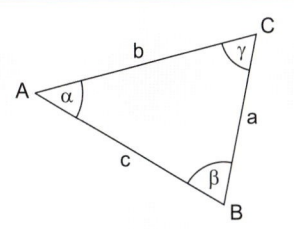

Merkregel: Zwei Seiten a und b schließen einen Winkel γ ein.
Dann gilt für die Gegenseite c des Winkels γ:

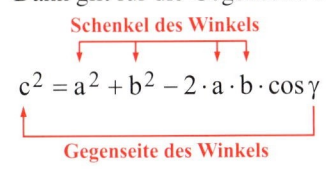

$$c^2 = a^2 + b^2 - 2 \cdot a \cdot b \cdot \cos\gamma$$

- Schenkel des Winkels: a, b, $\cos\gamma$
- Gegenseite des Winkels: c^2

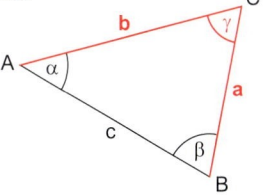

Berechnungen in beliebigen Dreiecken

Sind von einem beliebigen Dreieck 3 Größen bekannt, so ist es vor der Berechnung einer weiteren Größe von Vorteil, sich zunächst zu überlegen, welcher Fall vorliegt:

Fall SWS: Man kennt 2 Seiten und den eingeschlossenen Winkel.
Fall SSS: Man kennt 3 Seiten.
} Nur Kosinussatz möglich!

In **allen anderen Fällen** verwendet man den Sinussatz (evtl. mithilfe der Winkelsumme).

Beispiele

1. Streckenberechnung mit dem Sinussatz:
   Gegeben: $c = 4$ cm, $\alpha = 30°$, $\gamma = 80°$
   Gesucht: a

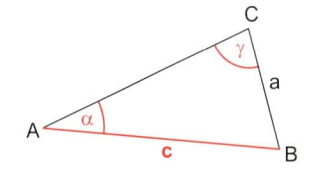

   Lösung:
   Nicht SWS und nicht SSS
   → Sinussatz

   Sinussatz:

   $$\frac{a}{\sin\alpha} = \frac{c}{\sin\gamma}$$

   a ist die Gegenseite von α.

   $$\frac{a}{\sin 30°} = \frac{4\,\text{cm}}{\sin 80°} \quad \Big| \cdot \sin 30°$$

   $$a = \frac{4\,\text{cm}}{\sin 80°} \cdot \sin 30°$$

   $$a = 2{,}03\,\text{cm}$$

2. Streckenberechnung mit dem Kosinussatz:
   Gegeben: $a = 5$ cm, $b = 4$ cm, $\gamma = 40°$
   Gesucht: c

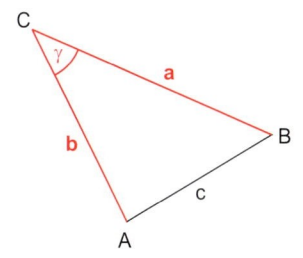

   Lösung:
   Es sind zwei Seiten und der von ihnen eingeschlossene Winkel bekannt
   → Fall SWS → Kosinussatz

Kosinussatz:

$c^2 = a^2 + b^2 - 2 \cdot a \cdot b \cdot \cos\gamma$ c ist die Gegenseite von γ.

$c^2 = (5^2 + 4^2 - 2 \cdot 5 \cdot 4 \cdot \cos 40°)\,\text{cm}^2$

$c = \sqrt{25 + 16 - 40 \cdot \cos 40°}\,\text{cm}$

$c = 3,22\,\text{cm}$

3. Winkelberechnung mit dem Sinussatz:
Gegeben: a = 6 cm, b = 8 cm, β = 110°
Gesucht: α

Lösung:
Nicht SWS und nicht SSS → Sinussatz

Sinussatz:

$\dfrac{a}{\sin\alpha} = \dfrac{b}{\sin\beta}$ b ist die Gegenseite von β
a ist die Gegenseite von α

$\dfrac{\sin\alpha}{a} = \dfrac{\sin\beta}{b}$ Bildet man auf beiden Seiten den Kehrbruch, bleibt das Gleichheitszeichen richtig.

$\sin\alpha = \dfrac{\sin\beta}{b} \cdot a$

$\sin\alpha = \dfrac{\sin 110°}{8\,\text{cm}} \cdot 6\,\text{cm}$

$\sin\alpha = 0{,}7047\ldots$ Mit $\boxed{\text{SIN}^{-1}}\ 0{,}7047\ldots = 44{,}81°$ aus dem Taschenrechner

$\alpha_1 = 44{,}81°\ (\vee\ \alpha_2 = 180° - 44{,}81° = 135{,}19°)$ Da β = 110°, folgt aus der Winkelsumme im Dreieck ABC, dass α_1 die richtige Lösung ist.

4. Winkelberechnung mit dem Kosinussatz:
Gegeben: a = 4 cm, b = 2,5 cm, c = 3,5 cm
Gesucht: α

Lösung:
Fall SSS → nur Kosinussatz möglich

Kosinussatz:

$a^2 = b^2 + c^2 - 2 \cdot b \cdot c \cdot \cos\alpha$ a ist die Gegenseite von α.

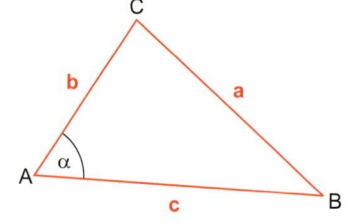

Gegenseite

$a^2 = b^2 + c^2 - 2 \cdot b \cdot c \cdot \cos\alpha \qquad |\ +2 \cdot b \cdot c \cdot \cos\alpha$

$a^2 + 2 \cdot b \cdot c \cdot \cos\alpha = b^2 + c^2 \qquad |\ -a^2$

$2bc \cdot \cos\alpha = b^2 + c^2 - a^2 \qquad |\ :(2bc)$

$\cos\alpha = \dfrac{b^2 + c^2 - a^2}{2bc}$ Setze beim Eintippen in den Taschenrechner Klammern um Zähler und Nenner.

$\cos\alpha = \dfrac{2{,}5^2 + 3{,}5^2 - 4^2}{2 \cdot 2{,}5 \cdot 3{,}5}$

$\cos\alpha = 0{,}1428\ldots$

$\alpha = 81{,}79°$

Hinweis: Sinussatz und Kosinussatz gelten in allen Dreiecken, also insbesondere auch in rechtwinkligen Dreiecken! Alle Beispiele und Übungen des vorhergehenden Abschnitts „Sinus, Kosinus und Tangens im rechtwinkligen Dreieck" lassen sich also auch mithilfe von Sinussatz und Kosinussatz lösen.

Aufgaben

171 Gegeben ist das Dreieck ABC mit a = 5 cm, b = 7 cm und β = 70°.
a) Zeichne das Dreieck. Berechne dann alle fehlenden Seitenlängen, Winkelmaße und den Flächeninhalt des Dreiecks.
b) Berechne den Radius des Umkreises. Zeichne dazu den Umkreis ein.

172 Ein Parallelogramm ABCD hat folgende Maße: $\overline{AB}$ = 8 cm, $\overline{BC}$ = 6 cm, ∢CBA = 40°.
Zeichne das Parallelogramm und berechne die Länge der Diagonalen und das Maß ε des Winkels BMC (M ist der Diagonalenschnittpunkt).

173 Der Punkt P ist von den Punkten A und B durch eine Schlucht getrennt. Für einen Brückenbau soll die Entfernung von P zu A und zu B bestimmt werden. Dazu misst man die 30 m lange Strecke [AB]. Von A aus peilt man den Punkt P auf der anderen Seite der Schlucht an und misst den Winkel BAP. Er beträgt 40°. Der Punkt P wird anschließend von B aus angepeilt. Der Winkel PBA beträgt 70°.
Ermittle daraus die Entfernungen $\overline{AP}$ und $\overline{BP}$.

Tipp ✏ Erstelle eine Planfigur.

174 Die Länge einer nicht direkt messbaren Strecke [AB] wurde folgendermaßen bestimmt:
- Festlegung einer Hilfslinie [EF] und Messung ihrer Länge: $\overline{EF}$ = 20 m
- Mit einem Peilgerät werden von E und F aus folgende Winkel gemessen: ∢FEA = 100°, ∢FEB = 30°, ∢BFE = 80°, ∢AFE = 25°.

Aus diesen Angaben wurde die Länge von [AB] errechnet.

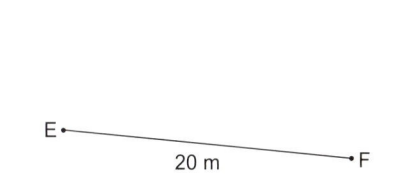

Tipp ✏ Betrachte verschiedene Dreiecke und berechne alle Strecken und Winkel in der Figur,
✏ bis du ein Dreieck zur Verfügung hast, in dem die Strecke [AB] enthalten ist und von
✏ dem du drei Bestimmungsstücke kennst.

175 Betrachte das nebenstehende Trapez ABCD. Berechne die Länge der beiden Diagonalen und die Länge von [CD].

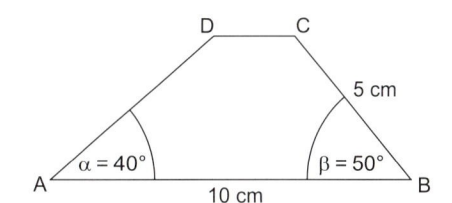

176 Ein viereckiges Grundstück ABCD hat folgende Maße:
$\overline{AB}$ = 60 m, $\overline{DA}$ = 80 m, ∢CBA = 130°, ∢BAD = 60°, ∢ADC = 80°.
a) Zeichne das Grundstück im Maßstab 1 : 1 000.
b) Berechne alle fehlenden Winkel und Seitenlängen des Grundstücks.

Tipp ✏ Berechne zuerst die Diagonale $\overline{BD}$ und versuche dann im Dreieck ABD weitere Win-
✏ kel zu berechnen, die dir weiterhelfen.

177 Gegeben sind die Punkte A(1|1), B(4|2) und C(3|5).
Berechne die Seitenlängen und die Maße der Innenwinkel des Dreiecks ABC.

Tipp ◆ Formel für die Länge einer Strecke im Koordinatensystem.

178 Ein Turm hat einen Innendurchmesser von 2,40 m. Eine Wendeltreppe füllt den Innenraum komplett aus. Die Stufen der Wendeltreppe sind in einen Rahmen eingepasst, der die Form eines Kreissektors mit Radius 1,20 m und Mittelpunktswinkel 40° besitzt. Die Strecken [AB] und [AE] sind 20 cm lang.
a) Zeichne eine Stufe im Maßstab 1:20.
b) Berechne den Flächeninhalt der Stufe BCDE und die Länge der Streben [BE] und [CD]. Rechne auf mm genau.

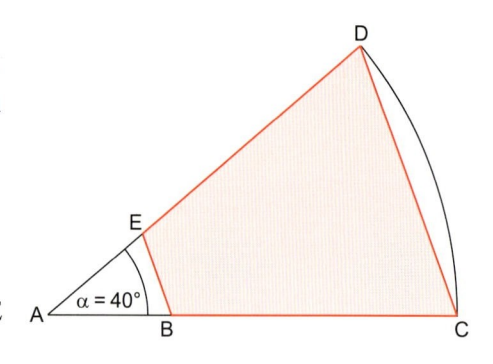

179 Ein Drachenviereck hat folgende Maße:
$\overline{AB} = \overline{AT} = \overline{AD} = 40$ cm
$\sphericalangle BAD = 80°$
$\overline{BC} = \overline{CD} = 80$ cm
Fertige eine Zeichnung im Maßstab 1:10 an und berechne die Länge der Streben [TB], [TD] und [AC] sowie das Maß der Winkel DCB und DTB.

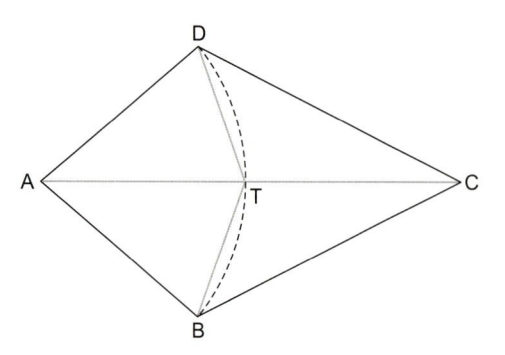

Interaktive Aufgaben
◆ 10. Winkel berechnen
◆ 11. Seite berechnen
◆ 12. Seite berechnen
◆ 13. Winkel berechnen
◆ 14. Winkel berechnen in 2 Schritten
◆ 15. Feuer

3.6 Raumgeometrie

Zeichnen von Schrägbildern

Merke

Ein **Schrägbild** dient zur räumlichen Darstellung dreidimensionaler Objekte auf einer zweidimensionalen Zeichenebene.
- Strecken, Flächen und Winkel, die zur Zeichenebene **parallel** verlaufen, werden in **wahrer Größe** dargestellt.
- Strecken, die **senkrecht** zur Zeichenebene verlaufen, werden unter dem **Verzerrungswinkel ω** gegen die **Schrägbildachse s** und unter dem **Verkürzungsfaktor q** immer **verzerrt und verkürzt** dargestellt.

Beispiele

1. Konstruiere das Schrägbild eines Würfels mit der Kantenlänge 2 cm, dem Verkürzungsfaktor $q = \frac{1}{2}$ und dem Verzerrungswinkel mit dem Maß $\omega = 45°$.
Dabei soll [CD] auf der Schrägbildachse s liegen.

   Lösung:
   - Zeichne eine Schrägbildachse s und die Grundfläche ABCD in wahrer Größe. Bezeichne die Ecken mit $A_0 B_0 C_0 D_0$. Beachte, dass $[C_0 D_0]$ auf s liegen soll.

   - Die Punkte $C_0 = C$ und $D_0 = D$ liegen auf s. $[A_0 D_0]$ und $[B_0 C_0]$ verlaufen senkrecht zur Schrägbildachse s. Damit verlaufen [AD] und [BC] senkrecht zur Zeichenebene und sind verkürzt und verzerrt darzustellen.

   - Die Seitenkanten [AE], [BF], [CG] und [DH] verlaufen parallel zur Zeichenebene, also sind sie in wahrer Länge darzustellen. Die in der Realität nicht sichtbaren Kanten des Würfels werden gestrichelt gezeichnet.

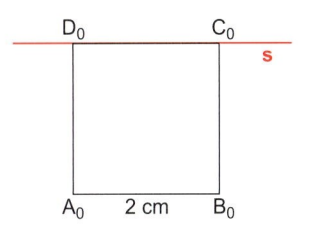

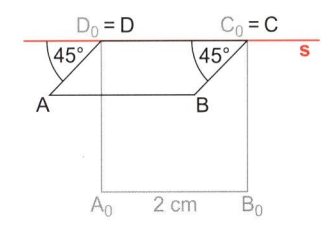

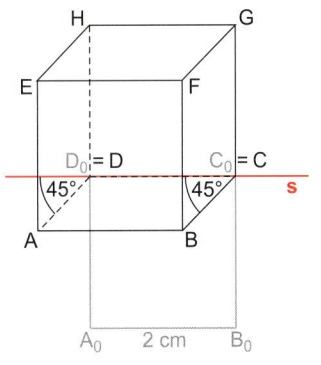

2. Das Quadrat ABCD mit der Diagonalenlänge 4 cm ist die Grundfläche einer geraden Pyramide ABCDS. Die Spitze S liegt senkrecht über dem Diagonalenschnittpunkt M mit $\overline{MS} = 3$ cm.
Zeichne ein Schrägbild der Pyramide ABCDS, wobei [AC] auf der Schrägbildachse s liegen soll. Es gilt: $q = \frac{1}{2}$ und $\omega = 60°$.

Lösung:
- Schrägbildachse s zeichnen
- Zeichne die Grundfläche AB_0CD_0 des Schrägbildes in wahrer Größe. [AC] liegt dabei auf der Schrägbildachse.

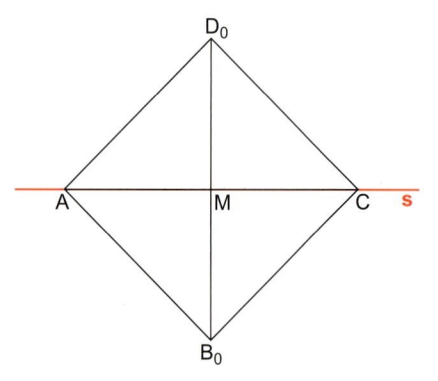

- $[B_0D_0]$ verläuft senkrecht zur Schrägbildachse, [BD] wird also mit dem Faktor $q = \frac{1}{2}$ verkürzt und um 60° verzerrt.

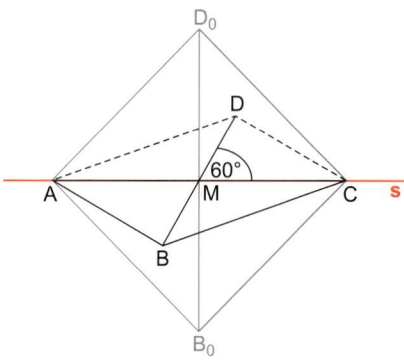

- Die Höhe [MS] verläuft in der Zeichenebene und wird in Originalgröße angetragen.

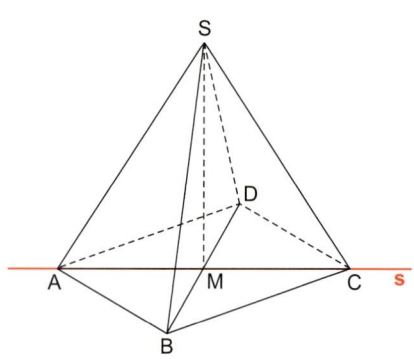

Tipp
- Die Grundfläche in wahrer Größe dient als Orientierungshilfe.
- Zeichne sie dünn mit Bleistift und radiere sie nach dem Verzerren wieder aus.

Aufgaben

180 Das gleichschenklige Dreieck ABC mit der Basis [BC] ist die Grundfläche der Pyramide ABCS. D ist der Mittelpunkt der Basis [BC]. Die Spitze S liegt senkrecht über dem Punkt E ∈ [AD]. Es gilt: $\overline{BC} = 12$ cm, $\overline{AD} = 9$ cm, $\overline{DE} = 3$ cm und $\overline{ES} = 9$ cm.
Zeichne ein Schrägbild der Pyramide ABCS, wobei [AD] auf der Schrägbildachse s liegen soll. Für die Zeichnung gilt: $q = \frac{1}{2}$; $\omega = 60°$.

181 Das Drachenviereck ABCD mit AC als Symmetrieachse und M als Diagonalenschnittpunkt ist die Grundfläche der Pyramide ABCDS. Die Spitze S liegt senkrecht über dem Punkt A und es gilt: $\overline{AC} = 10$ cm, $\overline{BD} = 6$ cm, $\overline{AM} = 4$ cm und $\overline{AS} = 6$ cm.
Zeichne ein Schrägbild der Pyramide ABCDS, wobei [AC] auf der Schrägbildachse s liegen soll. Für die Zeichnung gilt: $q = \frac{1}{2}$; $\omega = 45°$.

Prisma

Ein Körper, der durch Parallelverschiebung der Grundfläche entsteht, heißt **Prisma**. Ein Prisma, dessen Seitenkanten senkrecht auf Grund- und Deckfläche stehen, heißt **gerades Prisma**.

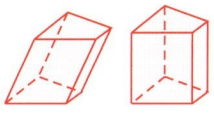

Merke

Eigenschaften von Prismen
- Grundfläche G und Deckfläche sind deckungsgleich.
- Die Höhe h eines Prismas ist der Abstand der kongruenten Grund- und Deckfläche.
- Die **Oberfläche O** ist die Summe der Flächeninhalte aller begrenzenden Flächen.
- Die **Mantelfläche M** ist die Oberfläche ohne Grundfläche und Deckfläche.
- Die Mantelfläche von **geraden Prismen** besteht aus **Rechtecken**.
- Prismen, die im Grundflächeninhalt A_G und in der Höhe h übereinstimmen, besitzen das **gleiche Volumen**.

Volumen: $V = A_G \cdot h$

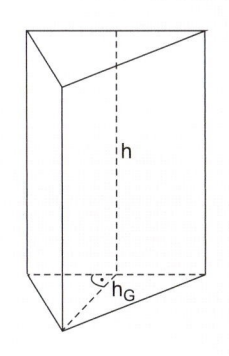

Beispiel

Die Grundfläche des Prismas ABCDEF ist ein gleichseitiges Dreieck mit Seitenlänge 6 cm. Die Höhe h des Prismas beträgt 8 cm.
Berechne das Volumen, die Mantelfläche und die Oberfläche des Prismas und das Maß φ des Winkels MBN.

Lösung:
Volumen V:

$V = A_G \cdot h$

$V = \dfrac{1}{2} \cdot \overline{AC} \cdot h_G \cdot h$

$V = \dfrac{1}{2} \cdot 6 \cdot \sqrt{6^2 - 3^2} \cdot 8 \text{ cm}^3$

$V = \dfrac{1}{2} \cdot 6 \cdot 5{,}20 \cdot 8 \text{ cm}^3$

$V = 124{,}8 \text{ cm}^3$

A_G: Flächeninhalt des Dreiecks ABC
mit $A_{\triangle ABC} = \dfrac{1}{2} \cdot g \cdot h$

Wende den Satz des Pythagoras im rechtwinkligen Dreieck MBC an:

$h_G = \overline{MB}$

$\overline{MB} = \sqrt{\overline{BC}^2 - \overline{CM}^2}$

$\overline{MB} = \sqrt{6^2 - 3^2} \text{ cm}$

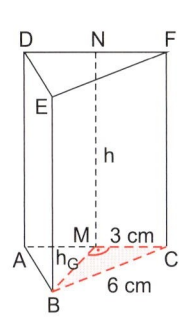

Oberfläche O:

$O = 2 \cdot A_G + 3 \cdot A_{ACFD}$

$O = 2 \cdot \dfrac{1}{2} \cdot 6 \text{ cm} \cdot 5{,}20 \text{ cm} + 3 \cdot 6 \text{ cm} \cdot 8 \text{ cm}$

$O = 175{,}20 \text{ cm}^2$

Mantelfläche M:

$M = 3 \cdot A_{ACFD} = 3 \cdot 6 \text{ cm} \cdot 8 \text{ cm} = 144 \text{ cm}^2$

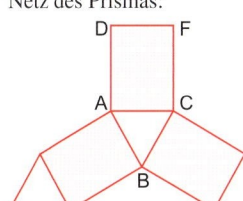

Netz des Prismas:

Berechnung von φ = ∡MBN:

$\tan \varphi = \dfrac{\overline{MN}}{\overline{BM}}$

Im rechtwinkligen Dreieck BMN sind bekannt:
$\overline{BM} = h_G = 5{,}2$ cm
$\overline{MN} = 8$ cm
∡NMB = 90°

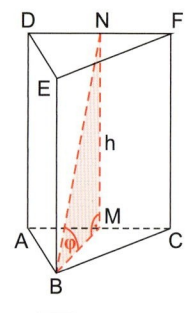

$\tan \varphi = \dfrac{8}{5{,}2}$

$\tan \varphi = 1{,}5384\ldots$

$\varphi = 56{,}98°$

Aufgabe 182

Das Drachenviereck ABCD mit Diagonalenschnittpunkt M und $\overline{AC} = 8$ cm, $\overline{BD} = 6$ cm und $\overline{CM} = 3$ cm ist Grundfläche eines Prismas mit der Höhe $\overline{AE} = 5$ cm.
a) Zeichne ein Schrägbild mit [BD] auf der Schrägbildachse und $q = \frac{1}{2}$ sowie ω = 45°.
b) Berechne das Volumen und die Mantelfläche.
c) Berechne das Maß ε des Winkels EMF.

Tipp

Bei **Winkelberechnungen** lautet das Grundprinzip: Suche nach Dreiecken, von denen du drei Bestimmungsstücke kennst. Beachte dabei, dass im Schrägbild nicht alle Strecken und Winkel in wahrer Größe erscheinen.

Interaktive Aufgaben

1. Prisma mit rechteckiger Grundfläche
2. Prisma mit dreieckiger Grundfläche
3. Netz

Funktionale Abhängigkeiten und Extremwertberechnungen

Durch Verlängern oder Verkürzen von Strecken in Abhängigkeit einer Variablen x entstehen aus gegebenen Körpern neue Körper. Deren Volumen, Mantel- und Oberfläche kann dann in Abhängigkeit von x berechnet werden.

Beispiel

Gegeben ist wieder das Prisma ABCDEF aus obigem Beispiel mit einem gleichseitigen Dreieck der Seitenlänge 6 cm als Grundfläche und der Höhe h = 8 cm. Die Strecke [AC] des Prismas wird an beiden Enden um x cm verlängert. Gleichzeitig wird die Höhe h des Prismas um x cm verkürzt. Dadurch entstehen neue Prismen $A_n BC_n D_n E_n F_n$.

a) Zeichne das ursprüngliche Prisma mit [AC] auf der Schrägbildachse und $q = \frac{1}{2}$ und ω = 45°. Zeichne nun das veränderte Prisma für x = 2 ein und berechne anschließend das Volumen der veränderten Prismen $A_n BC_n D_n E_n F_n$ in Abhängigkeit von x.
b) Für welchen x-Wert erhält man das Prisma mit dem größten Volumen?
c) Für welche x-Werte entstehen Prismen mit einem Rauminhalt von 145,6 cm³?

Lösung:

a) Verwende den im obigen Beispiel berechneten Wert von h_G zum Zeichnen der Grundfläche. Da h_G senkrecht auf der Schrägbildachse steht und $q = \frac{1}{2}$, ist h_G mit 5,20 cm : 2 = 2,60 cm Länge einzuzeichnen. (Da nebenstehende Zeichnung im Maßstab 1 : 2 angefertigt ist, beträgt h_G hier nur 1,30 cm.)

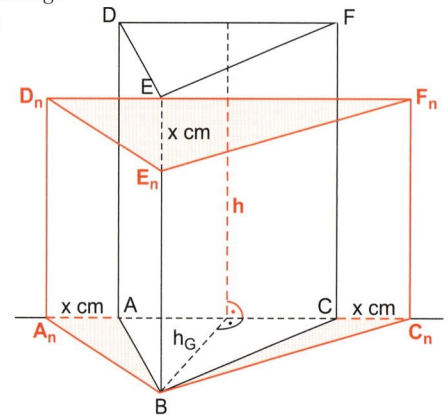

(Zeichnung im Maßstab 1 : 2)

Formel der gesuchten Größe:

$V = A_G \cdot h$

$V = \frac{1}{2} \cdot \overline{A_n C_n} \cdot h_G \cdot h$ Überlege: Welche Streckenlängen in der Formel sind abhängig von x?

Ansatz in Abhängigkeit von x:

$V(x) = \frac{1}{2} \cdot (6 + 2x) \cdot 5{,}2 \cdot (8 - x)\, cm^3$ Die Höhe $h_G = 5{,}2$ cm des Dreiecks (Grundfläche) ändert sich nicht!

$V(x) = (3 + x) \cdot (41{,}6 - 5{,}2x)\, cm^3$

$V(x) = (124{,}8 - 15{,}6x + 41{,}6x - 5{,}2x^2)\, cm^3$

$V(x) = (-5{,}2x^2 + 26x + 124{,}8)\, cm^3$

b) Quadratische Ergänzung (ohne Maßeinheiten):

$V(x) = -5{,}2x^2 + 26x + 124{,}8$

$V(x) = -5{,}2(x^2 - 5x - 24)$

$V(x) = -5{,}2(x^2 - 5x + 2{,}5^2 - 2{,}5^2 - 24)$

$V(x) = -5{,}2[(x - 2{,}5)^2 - 30{,}25]$ $6{,}25 = 2{,}5^2$

$V(x) = -5{,}2(x - 2{,}5)^2 + 157{,}3$

$V_{max} = 157{,}3\, cm^3$ für $x = 2{,}5$

c) $\quad V(x) = (-5{,}2x^2 + 26x + 124{,}8)\, cm^3$
$\quad \wedge \quad V(x) = 145{,}6\, cm^3$

$\Rightarrow\ -5{,}2x^2 + 26x + 124{,}8 = 145{,}6$ (I = II) $| -145{,}6$

$\Leftrightarrow\ -5{,}2x^2 + 26x - 20{,}8 = 0$ Allgemeine Form $ax^2 + bx + c = 0$

$D = b^2 - 4ac$
$D = 26^2 - 4 \cdot (-5{,}2) \cdot (-20{,}8)$
$D = 243{,}36$

$\Leftrightarrow\ x_{1/2} = \dfrac{-26 \pm \sqrt{243{,}36}}{-10{,}4}$ Anwenden der Lösungsformel für quadratische Gleichungen

$\Leftrightarrow\ x_{1/2} = \dfrac{-26 \pm 15{,}6}{-10{,}4}$

$x_1 = 1 \ \vee\ x_2 = 4$

$\mathbb{L} = \{1;\ 4\}$

Für die x-Werte 1 und 4 entstehen Prismen mit dem angegebenen Volumen.

Aufgabe 183

Interaktive Aufgabe

4. Veränderte Prismen

Das gerade Prisma ABCDEFGH hat die Raute ABCD als Grundfläche. Der Punkt E liegt senkrecht über A. Die Diagonale [AC] ist 5 cm lang. Die Diagonale [BD] hat eine Länge von 8 cm. Das Prisma besitzt die Höhe h = 6 cm.

a) Zeichne das Prisma im Schrägbild mit [AC] auf der Schrägbildachse, q = 0,5 und $\omega = 45°$.
b) Berechne die Längen der Raumdiagonalen [AG] und [HB].
   Welchen Winkel schließen diese Raumdiagonalen mit der Grundfläche ein?
c) Berechne das Volumen und die Oberfläche des Prismas.
d) Die Diagonale [AC] wird über C hinaus um x cm verlängert und gleichzeitig wird die Diagonale [BD] von beiden Enden um 0,5x cm verkürzt.
   Zeichne das veränderte Prisma für x = 2 in die Zeichnung ein.
e) Berechne das Volumen der veränderten Prismen in Abhängigkeit von x.
f) Für welchen x-Wert erhält man das Prisma mit dem größten Volumen?
g) Für welchen x-Wert erhält man ein Prisma mit einem Volumen von 126 cm³?

Pyramide

Verbindet man die Eckpunkte eines Vielecks mit einem Punkt S, der nicht in der gleichen Ebene wie das Vieleck liegt, so entsteht eine **Pyramide**.
Eine Pyramide, deren Seitenkanten (Kanten, die von der Spitze S ausgehen) alle gleich lang sind, heißt **gerade Pyramide**.

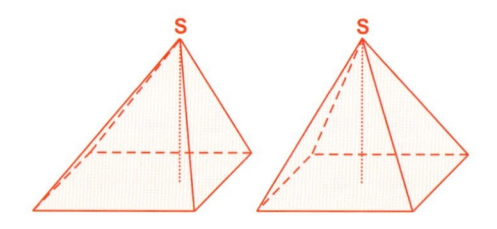

Merke

Eigenschaften von Pyramiden
- Die Höhe h einer Pyramide ist der Abstand der Spitze S von der Grundfläche G.
- Die **Mantelfläche M** besteht aus Dreiecken.
- Die Mantelfläche von **geraden Pyramiden** besteht aus **gleichschenkligen Dreiecken**.
- Die **Oberfläche O** setzt sich aus der Mantelfläche und der Grundfläche zusammen.
- Pyramiden, die im Grundflächeninhalt A_G und in der Höhe h übereinstimmen, besitzen das **gleiche Volumen**.

Volumen: $V = \frac{1}{3} \cdot A_G \cdot h$

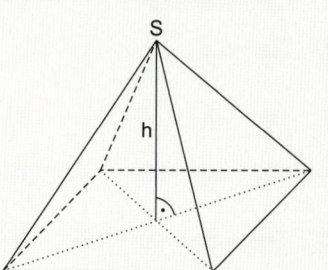

Beispiel

Die Pyramide ABCDS hat als Grundfläche das Rechteck ABCD mit $\overline{AB} = 8$ cm und $\overline{BC} = 6$ cm.
Die Spitze S liegt senkrecht über dem Diagonalenschnittpunkt M der Grundfläche. Dabei ist $\overline{MS} = 5$ cm.
a) Berechne Volumen, Mantelfläche und Oberfläche der Pyramide.
b) Berechne die Länge der Kante [CS] im Dreieck MCS (rechtwinklig!).
c) Berechne den Neigungswinkel α der Seitenfläche BCS zur Grundfläche.
d) Berechne den Neigungswinkel γ der Seitenkante [CS] zur Grundfläche.

Lösung:
a) Berechnung des Volumens:

$V = \frac{1}{3} \cdot A_G \cdot h$

$V = \frac{1}{3} \cdot \overline{AB} \cdot \overline{BC} \cdot \overline{MS}$

$V = \frac{1}{3} \cdot 8 \cdot 6 \cdot 5 \, \text{cm}^3$

$V = 80 \, \text{cm}^3$

Vorüberlegung zur Berechnung der Mantelfläche:
Die Mantelfläche besteht aus jeweils 2 zueinander kongruenten Dreiecken.

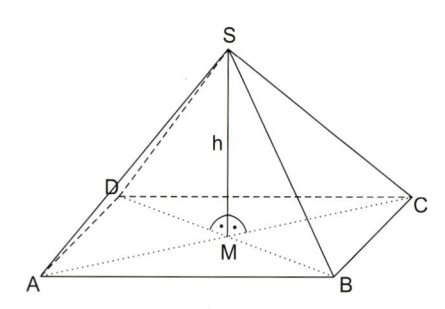

Berechnung des Flächeninhalts des Dreiecks ABS mithilfe der Höhe [SN]:

$\overline{SN} = \sqrt{\overline{NM}^2 + \overline{MS}^2}$ Satz des Pythagoras im Dreieck NMS

$\overline{SN} = \sqrt{3^2 + 5^2}$ cm $\overline{NM} = \frac{1}{2} \cdot \overline{BC}$

$\overline{SN} = \sqrt{34}$ cm

$\overline{SN} = 5{,}83$ cm

$A_{\Delta ABS} = \frac{1}{2} \cdot \overline{AB} \cdot \overline{SN}$

$A_{\Delta ABS} = \frac{1}{2} \cdot 8 \text{ cm} \cdot 5{,}83 \text{ cm}$

$A_{\Delta ABS} = 23{,}32 \text{ cm}^2$

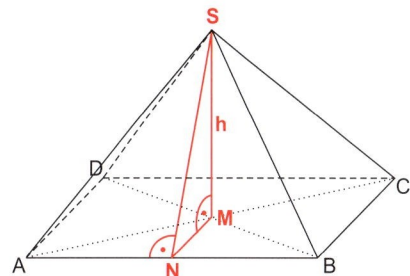

Berechnung des Flächeninhalts des Dreiecks BCS mithilfe der Höhe [PS]:

$\overline{PS} = \sqrt{\overline{MP}^2 + \overline{SM}^2}$ Satz des Pythagoras im Dreieck MPS

$\overline{PS} = \sqrt{4^2 + 5^2}$ cm $\overline{MP} = \frac{1}{2} \cdot \overline{AB}$

$\overline{PS} = \sqrt{41}$ cm

$\overline{PS} = 6{,}40$ cm

$A_{\Delta BCS} = \frac{1}{2} \cdot \overline{BC} \cdot \overline{PS}$

$A_{\Delta BCS} = \frac{1}{2} \cdot 6 \text{ cm} \cdot 6{,}40 \text{ cm}$

$A_{\Delta BCS} = 19{,}20 \text{ cm}^2$

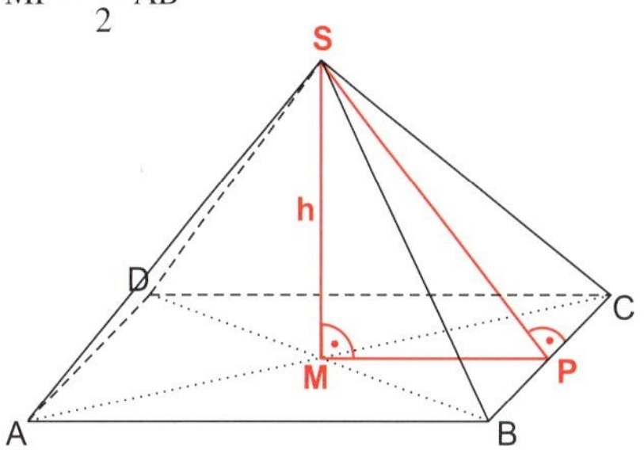

Berechnung der Mantelfläche: Netz der Pyramide ABCDS:

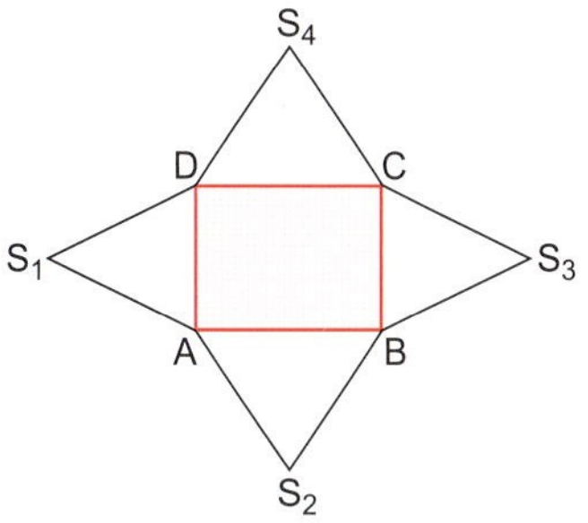

$M = 2 \cdot A_{\Delta ABS} + 2 \cdot A_{\Delta BCS}$

$M = 2 \cdot 23{,}32 \text{ cm}^2 + 2 \cdot 19{,}20 \text{ cm}^2$

$M = 85{,}04 \text{ cm}^2$

Berechnung der Oberfläche:

$O = M + A_G$

$O = 85{,}04 \text{ cm}^2 + 8 \text{ cm} \cdot 6 \text{ cm}$

$O = 85{,}04 \text{ cm}^2 + 48 \text{ cm}^2$

$O = 133{,}04 \text{ cm}^2$

b) $\overline{CS} = \sqrt{\overline{MC}^2 + \overline{SM}^2}$ Satz des Pythagoras im Dreieck MCS

[MC] ist die Hälfte der Diagonale [CA]:

$\overline{CA} = \sqrt{\overline{AB}^2 + \overline{BC}^2}$ Satz des Pythagoras im Dreieck ABC

$\overline{CA} = \sqrt{8^2 + 6^2}$ cm

$\overline{CA} = 10 \text{ cm} \Rightarrow \overline{MC} = 5 \text{ cm}$

also:

$\overline{CS} = \sqrt{5^2 + 5^2}$ cm

$\overline{CS} = \sqrt{50}$ cm

$\overline{CS} = 7{,}07$ cm

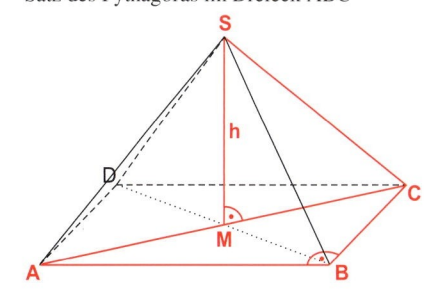

c) Der Neigungswinkel α ist der Winkel, den die Höhe des Dreiecks BCS mit der Grundfläche einschließt: α = ∢SPM

$$\tan\alpha = \frac{\overline{SM}}{\overline{MP}}$$

$$\tan\alpha = \frac{5\,\text{cm}}{4\,\text{cm}}$$

$$\tan\alpha = 1,25$$

$$\alpha = 51,34°$$

d) γ ist der Winkel, den die Kante [CS] mit der Diagonalen [CA] einschließt:
γ = ∢SCM

$$\tan\gamma = \frac{\overline{SM}}{\overline{MC}}$$

$$\tan\gamma = \frac{5\,\text{cm}}{5\,\text{cm}}$$

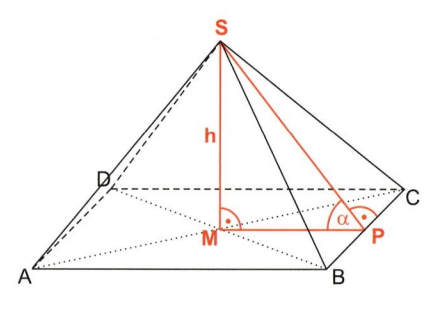

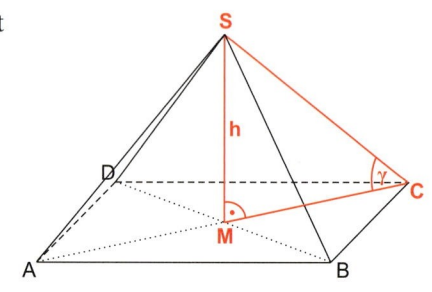

$$\tan\gamma = 1$$

$$\gamma = 45°$$

Aufgaben

184 Die gerade Pyramide $ABCDS_1$ hat als Grundfläche das Rechteck ABCD mit $\overline{AB} = 4\,\text{cm}$ und $\overline{BC} = 6\,\text{cm}$. Die Spitze S_1 liegt senkrecht über dem Mittelpunkt M der Diagonalen der Grundfläche mit $\overline{MS_1} = 5\,\text{cm}$.
a) Zeichne das Schrägbild der Pyramide mit [AB] auf der Schrägbildachse, q = 0,5 und ω = 45°.
b) Berechne die Länge der Seitenkanten. Zeichne dann das Netz der Pyramide und berechne die Oberfläche und das Volumen.

185 Die schiefe Pyramide $ABCDS_2$ hat dieselbe Grundfläche wie die Pyramide aus der obigen Aufgabe. Die Spitze S_2 liegt aber 5 cm senkrecht über dem Mittelpunkt E der Seite [DA].
a) Zeichne das Schrägbild der Pyramide mit [AB] auf der Schrägbildachse, q = 0,5 und ω = 45°.
b) Berechne die Länge der Seitenkanten. Zeichne dann das Netz der Pyramide und berechne Oberfläche und Volumen.

Interaktive Aufgaben
- 5. Quadratische Pyramide: Volumen
- 6. Rechteckige Pyramide: Volumen
- 7. Quadratische Pyramide: Höhe und Neigungswinkel
- 8. Quadratische Pyramide: Volumen
- 9. Quadratische Pyramide: Grundkante bestimmen

Training Grundwissen: 3 Grundwissen 10. Klasse — 137

Funktionale Abhängigkeiten und Extremwertberechnungen

In vielen Aufgaben mit Pyramiden lässt sich der Vierstreckensatz anwenden.
Suche gezielt nach folgenden Figuren:

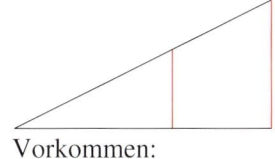

Vorkommen:
Höhe von einbeschriebenen Körpern ...

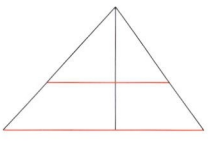

Vorkommen:
Pyramidenstumpf, Schnittebenen ...

Beispiel

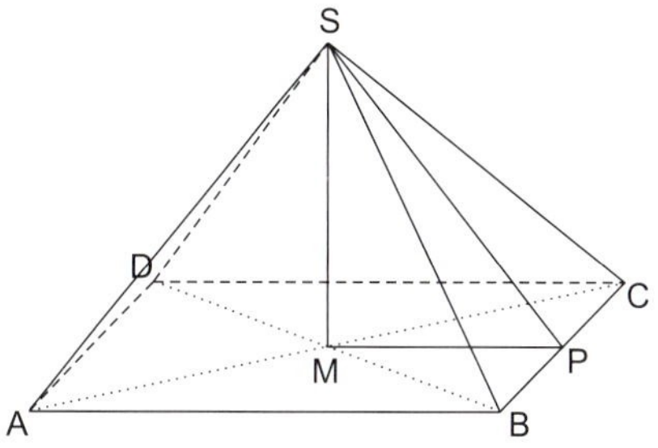

Gegeben ist die Pyramide ABCDS aus obigem Beispiel, die als Grundfläche das Rechteck ABCD mit $\overline{AB} = 8$ cm und $\overline{BC} = 6$ cm hat.
Die Spitze S liegt senkrecht über dem Diagonalenschnittpunkt M der Grundfläche, wobei $\overline{MS} = 5$ cm.
Die Punkte P_n liegen auf der Strecke [PS] in x cm Entfernung von P. Sie sind die Spitzen von Pyramiden $ABCDP_n$.

a) Zeichne die Pyramide $ABCDP_1$ für $x = 4$ mit ihrer Höhe h_1 ein.
b) Berechne anschließend das Volumen der Pyramiden $ABCDP_n$ in Abhängigkeit von x.
c) Berechne die Länge der Strecke $[P_1M]$ und das Maß ω des Winkels MP_1P.
d) Betrachte nun die Seitendreiecke DAP_n der einbeschriebenen Pyramiden. Für welchen x-Wert besitzt das Seitendreieck DAP_n den kleinsten Flächeninhalt?

Lösung:

a)

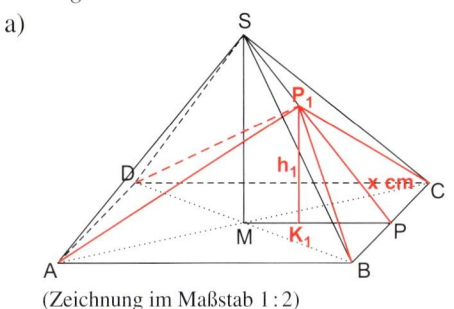

Die Strecke h_1 ist der Abstand des Punktes P_1 von der Grundfläche G. Der Fußpunkt des Lotes von P_1 auf G ist der Punkt K_1. Er liegt auf [MP].

(Zeichnung im Maßstab 1:2)

b) Formel:

$$V = \frac{1}{3} \cdot A_G \cdot h$$

Die Höhe h ist das Lot von P_n auf die Grundfläche. 2. Vierstreckensatz:

$$\frac{h}{\overline{MS}} = \frac{\overline{PP_n}}{\overline{PS}} \quad \big| \cdot \overline{MS}$$

$$h = \frac{\overline{PP_n}}{\overline{PS}} \cdot \overline{MS}$$

Überlege, welche Streckenlängen in der Formel von x abhängig sind. Hier ist $h = \overline{P_nK_n}$ veränderlich, während die Grundfläche unverändert bleibt.

Die Höhe h lässt sich mit dem 2. Vierstreckensatz im Dreieck MPS berechnen, da $h = [P_nK_n]$ stets parallel zu [SM] ist.

$$h(x) = \frac{x \text{ cm}}{6{,}40 \text{ cm}} \cdot 5 \text{ cm}$$

$$h(x) = 0{,}78x \text{ cm}$$

Einsetzen in die Formel:

$$V(x) = \frac{1}{3} \cdot 8 \text{ cm} \cdot 6 \text{ cm} \cdot 0{,}78x \text{ cm}$$

$$V(x) = 12{,}48x \text{ cm}^3$$

$\overline{PS} = \sqrt{4^2 + 5^2}$ cm $= 6{,}40$ cm

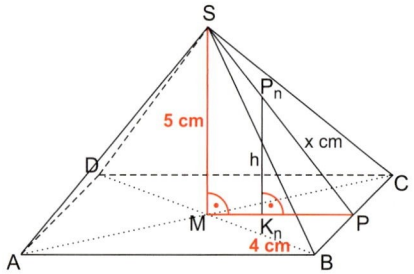

c) Im Dreieck MPP_1 gilt:

$\overline{PP_1} = 4$ cm

$\overline{MP} = 4$ cm

$\alpha = 51{,}34°$ (bekannt aus obigem Beispiel)

Kosinussatz im Dreieck MPP_1:

$$\overline{P_1M}^2 = \overline{MP}^2 + \overline{PP_1}^2 - 2 \cdot \overline{MP} \cdot \overline{PP_1} \cdot \cos\alpha$$

$$\overline{P_1M} = \sqrt{4^2 + 4^2 - 2 \cdot 4 \cdot 4 \cdot \cos 51{,}34°} \text{ cm}$$

$$\overline{P_1M} = 3{,}47 \text{ cm}$$

Suche ein Dreieck, von dem drei Bestimmungsstücke bekannt sind, und wende den Kosinussatz oder den Sinussatz an.

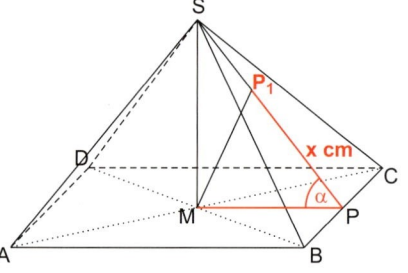

Sinussatz im Dreieck MPP_1:

$$\frac{\sin\omega}{\overline{MP}} = \frac{\sin\alpha}{\overline{P_1M}} \quad | \cdot \overline{MP}$$

$$\sin\omega = \frac{\sin\alpha}{\overline{P_1M}} \cdot \overline{MP}$$

$$\sin\omega = \frac{\sin 51{,}34°}{3{,}47 \text{ cm}} \cdot 4 \text{ cm}$$

$$\sin\omega = 0{,}9001\ldots$$

$\omega_1 = 64{,}18°$ ($\vee \quad \omega_2 = 180° - 64{,}18° = 115{,}82°$)

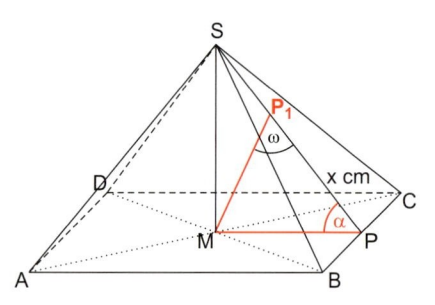

Wegen $\overline{PP_1} = 4$ cm $= \overline{MP}$ ist das Dreieck MPP_1 gleichschenklig.
Weil $\alpha + 2\omega_2 > 180°$, kann die zweite Lösung ausgeschlossen werden.

oder:

Wegen $\overline{PP_1} = 4$ cm $= \overline{MP}$ ist das Dreieck MPP_1 gleichschenklig. Es folgt:

$\omega = (180° - \alpha) : 2$

$\omega = (180° - 51{,}34°) : 2$

$\omega = 64{,}33°$

Der Unterschied zum Ergebnis des vorherigen Lösungswegs erklärt sich durch Rundungsungenauigkeiten.

d) Formel für den Flächeninhalt:

$$A = \frac{1}{2} \cdot g \cdot h$$

$$A = \frac{1}{2} \cdot \overline{DA} \cdot \overline{HP_n}$$

Nur die Höhe [HP$_n$] ist abhängig von x. Also hat das Dreieck den kleinsten Flächeninhalt, wenn die Höhe [HP$_n$] am kürzesten ist. Die kürzeste Strecke ist das Lot [HP$_0$] von H auf [PS]:

$h_{min} = \overline{HP_0}$

Berechnung des zugehörigen x-Wertes
(x cm = $\overline{PP_0}$):

Im rechtwinkligen Dreieck HPP$_0$ gilt:

$\cos\alpha = \dfrac{x\ cm}{\overline{HP}}$ $\quad | \cdot \overline{HP}$

$x\ cm = \cos\alpha \cdot \overline{HP}$

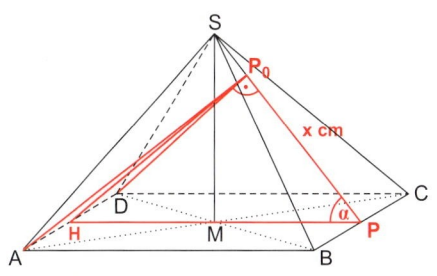

$x\ cm = \cos 51{,}34° \cdot 8\ cm$

$\quad x = 5{,}00$

Damit das Dreieck DAP$_0$ besser sichtbar ist, wurde in der obigen Darstellung ein kleinerer Verzerrungswinkel gewählt.

Aufgaben

186 Die Pyramide EFGHS hat das Rechteck EFGH mit $\overline{EF} = 7$ cm und $\overline{FG} = 9$ cm als Grundfläche. Die Spitze liegt senkrecht über dem Punkt H in 8 cm Höhe.
a) Zeichne ein Schrägbild mit [HG] auf der Schrägbildachse, q = 0,5 und ω = 45°.
b) Berechne die Länge der Seitenkante [GS].
c) Die Punkte S$_n$ liegen auf [HS] in x cm Entfernung von S. Die Punkte S$_n$ sind die Spitzen neuer Pyramiden EFG$_n$H$_n$S$_n$. Die Punkte G$_n$ erhält man durch Verlängerung von [HG] über G hinaus um 2x cm. Die Punkte H$_n$ entstehen durch Verlängerung von [GH] über H hinaus um 2x cm. Zeichne die Pyramide EFG$_1$H$_1$S$_1$ für x = 2 in das Schrägbild ein und berechne ihr Volumen.
d) Bestätige durch Rechnung, dass für das Volumen in Abhängigkeit von x Folgendes gilt: $V(x) = (-6x^2 + 27x + 168)$ cm^3
e) Berechne den x-Wert, für den die Pyramide mit dem größten Volumen entsteht.
f) Berechne den x-Wert, für den eine Pyramide mit 100 cm^3 Volumen entsteht.
g) Welchen prozentualen Anteil hat das Volumen der Pyramide EFGHS am Volumen der Pyramide EFG$_1$H$_1$S$_1$?

187 Im Drachenviereck ABCD liegt die Diagonale [AC] auf der Symmetrieachse und ist 10 cm lang. Die Diagonale [BD] mit $\overline{BD} = 8$ cm schneidet die Diagonale [AC] im Punkt M mit $\overline{AM} = 3$ cm. Das Drachenviereck ABCD ist die Grundfläche einer Pyramide ABCDS, deren Spitze S genau 9 cm senkrecht über dem Punkt A liegt.
a) Zeichne ein Schrägbild mit [AC] auf der Schrägbildachse mit q = 0,5 und ω = 45° und berechne die Länge der Strecke [CS] sowie das Maß γ des Winkels SCA.
b) Die Punkte P$_n$ auf der Kante [CS] legen neue Pyramiden BCDP$_n$ fest. Dabei ist $\overline{CP_n}$ = x cm lang. Zeichne die Pyramide BCDP$_1$ für x = 4 cm ein und berechne ihre Höhe (Vierstreckensatz!) sowie die Länge der Strecke [P$_1$M] und das Maß ω des Winkels P$_1$MS.
c) Berechne die Höhe der Pyramiden BCDP$_n$ in Abhängigkeit von x und anschließend ihr Volumen in Abhängigkeit von x.
d) Für welchen x-Wert entsteht eine Pyramide mit dem Volumen 20 cm^3?
e) Das Volumen der Pyramide BCDP$_3$ beträgt 80 % des Volumens der Pyramide BCDP$_1$. Berechne ihre Höhe.
f) Für welchen Wert von x hat das Dreieck DBP$_n$ den kleinsten Flächeninhalt? Berechne diesen.

188 Die Raute ABCD ist Grundfläche einer geraden Pyramide ABCDS mit 12 cm Höhe.
Die Diagonale [AC] der Grundfläche ist 8 cm lang. Die Diagonale [BD] ist 6 cm lang.
a) Zeichne das Schrägbild mit [BD] auf der Schrägbildachse, wobei $\omega = 45°$ und $q = 0{,}5$.
b) Der Punkt M_n liegt x cm über dem Diagonalenschnittpunkt M der Grundfläche ABCD.
   Eine zur Grundfläche parallele Ebene durch den Punkt M_n schneidet die Pyramide.
   Es entsteht so ein Pyramidenstumpf $ABCDE_nF_nG_nH_n$, wobei $E_n \in [AS]$.
   Zeichne den Pyramidenstumpf $ABCDE_1F_1G_1H_1$ für $x = 5$ in die Zeichnung ein.
c) Berechne mithilfe des Vierstreckensatzes die Länge der Diagonalen und der Seiten der Schnittfläche $E_1F_1G_1H_1$.
   [Teilergebnis $\overline{G_1H_1} = 2{,}92$ cm]
d) Berechne das Volumen des Pyramidenstumpfes $ABCDE_1F_1G_1H_1$. (Differenz zweier Pyramiden!)
e) Berechne die Länge der Seiten $[G_nH_n]$ in Abhängigkeit von x.
f) Berechne die Länge der Seiten $[H_nD]$ in Abhängigkeit von x.

Interaktive Aufgaben

/ 10. Tetraeder
/ 11. Quadratische Pyramide: maximales Volumen

Zylinder

Lässt man eine zweidimensionale Figur um eine Rotationsachse rotieren, so entsteht dabei ein dreidimensionaler **Rotationskörper**.
Nimmt man als Ausgangsfigur ein Rechteck und lässt es um eine seiner Seiten rotieren, so entsteht dabei als Rotationskörper ein **Zylinder**.

Der Axialschnitt durch einen Zylinder ist ein Rechteck mit den Seitenlängen d (Durchmesser) und h (Höhe).

Die Abwicklung der Mantelfläche eines Zylinders ist ein Rechteck. Die Seitenlängen dieses Rechtecks entsprechen dem Umfang des Grundkreises und der Höhe des Zylinders.

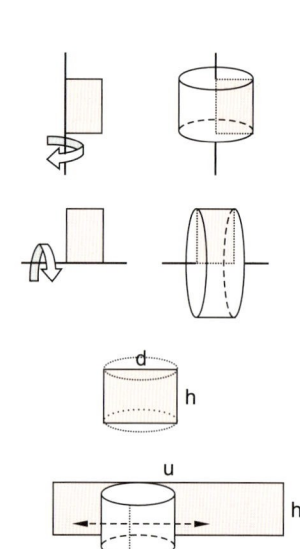

Merke

Eigenschaften von Zylindern
- Die Höhe h eines Zylinders ist der Abstand der Grundfläche G von der Deckfläche.
- Die **Mantelfläche M** ist ein Rechteck.
- Die **Oberfläche O** besteht aus der Mantelfläche und 2 kongruenten (deckungsgleichen) Kreisflächen.

Mantelfläche: $M = u \cdot h$
$M = 2 \cdot r \cdot \pi \cdot h$

Oberfläche: $O = M + 2 \cdot A_G$
$O = 2 \cdot r \cdot \pi \cdot (h + r)$

Volumen: $V = A_G \cdot h$
$V = r^2 \cdot \pi \cdot h$

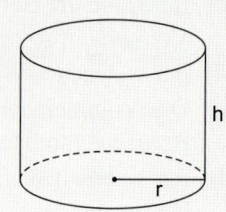

Training Grundwissen: 3 Grundwissen 10. Klasse 141

Beispiel

Zeichne den Axialschnitt eines Zylinders mit r = 5 cm und h = 8 cm und berechne das Volumen und die Mantelfläche.

Lösung:

$V = r^2 \cdot \pi \cdot h$
$V = (5\,\text{cm})^2 \cdot \pi \cdot 8\,\text{cm}$
$V = 628{,}32\,\text{cm}^3$
$M = 2 \cdot r \cdot \pi \cdot h$
$M = 2 \cdot 5\,\text{cm} \cdot \pi \cdot 8\,\text{cm}$
$M = 251{,}33\,\text{cm}^2$

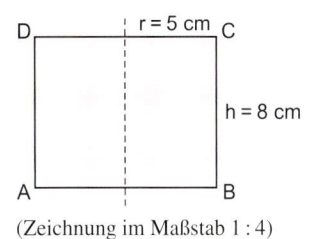

(Zeichnung im Maßstab 1 : 4)

Aufgaben

189 Ein Rohr hat den abgebildeten Querschnitt und eine Länge von 1 m.
Berechne das Fassungsvermögen und die Oberfläche des Rohrs bei dieser Länge.

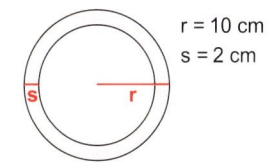

r = 10 cm
s = 2 cm

190 Eine Dose enthält 0,33 ℓ. Sie ist 12 cm hoch, aber abfüllbedingt nicht randvoll. Berechne die Füllhöhe der Dose und zu welchem Prozentsatz sie gefüllt ist, wenn die Banderole (Klebeetikett) von 23 cm Länge nur 1 cm überlappt?

Interaktive Aufgaben

- 12. Kakaodose
- 13. Einbeschriebener Zylinder
- 14. Farbeimer

Funktionale Abhängigkeiten und Extremwertberechnungen

Beispiel

Das Rechteck ABCD ist der Axialschnitt eines Zylinders mit r = 4 cm und h = 6 cm.
a) Zeichne den Axialschnitt des Zylinders.
b) Die Seite [BC] wird um x cm verkürzt und gleichzeitig wird die Seite [AB] an beiden Enden um x cm verlängert. Dadurch entstehen neue Zylinder mit dem Axialschnitt $A_nB_nC_nD_n$.
Zeichne den Axialschnitt für x = 2 ein.
c) Berechne die Mantelfläche der Zylinder mit Axialschnitt $A_nB_nC_nD_n$ in Abhängigkeit von x.
d) Berechne die maximale Mantelfläche und den zugehörigen x-Wert der Zylinder mit dem Axialschnitt $A_nB_nC_nD_n$ ohne zu runden.

Lösung:
a) und b)

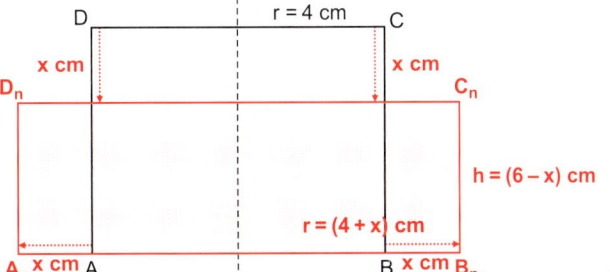

r = 4 cm
h = (6 – x) cm
r = (4 + x) cm

(Zeichnung im Maßstab 1 : 2)

c) $M = 2 \cdot r \cdot \pi \cdot h$
$M(x) = 2 \cdot (4+x) \cdot \pi \cdot (6-x) \text{ cm}^2$
$M(x) = (8+2x) \cdot (6-x) \cdot \pi \text{ cm}^2$
$M(x) = (48 - 8x + 12x - 2x^2) \cdot \pi \text{ cm}^2$
$M(x) = (-2x^2 + 4x + 48) \cdot \pi \text{ cm}^2$

Um Rundungen zu vermeiden, wird π üblicherweise ausgeklammert.

d) Berechnung des Extremwerts (ohne zu runden):
$M(x) = (-2x^2 + 4x + 48) \cdot \pi \text{ cm}^2$
$M(x) = \{-2 \cdot [x^2 - 2x - 24]\} \cdot \pi \text{ cm}^2$
$M(x) = \{-2 \cdot [x^2 - 2x + 1^2 - 1^2 - 24]\} \cdot \pi \text{ cm}^2$
$M(x) = \{-2 \cdot [(x-1)^2 - 25]\} \cdot \pi \text{ cm}^2$
$M(x) = \{-2(x-1)^2 + 50\} \cdot \pi \text{ cm}^2$
$M_{max} = 50\pi \text{ cm}^2$ für $x = 1 \text{ cm}$

Da nicht gerundet werden soll, setze eine zusätzliche geschweifte Klammer und führe die quadratische Ergänzung wie gewohnt innerhalb der geschweiften Klammern durch.

Bei der Angabe des Extremwerts darf man den Faktor π nicht vergessen.

Aufgabe 191

Ein Zylinder ist 4 cm hoch und hat einen Durchmesser von 12 cm. Der Radius wird um x cm verkürzt und gleichzeitig wird die Höhe um 2x cm verlängert.

a) Zeichne den Axialschnitt des ursprünglichen Zylinders und zeichne den Axialschnitt des Zylinders für x = 3 ein.
b) Berechne die Mantelfläche des entstandenen Zylinders in Abhängigkeit von x.
 (Teilergebnis: $M(x) = (-4x^2 + 16x + 48) \cdot \pi \text{ cm}^2$)
c) Berechne den Extremwert der Mantelfläche und den zugehörigen x-Wert.
d) Für welchen x-Wert beträgt die Mantelfläche 150 cm²?

Interaktive Aufgabe

15. Zwei Zylinder

Kegel

Ein **Kegel** (genauer: Kreiskegel) entsteht, wenn ein rechtwinkliges Dreieck um eine seiner beiden Katheten rotiert.

Der Axialschnitt eines Kegels ist ein gleichschenkliges Dreieck. Dessen gleich lange Schenkel werden als **Mantellinien m** bezeichnet. Sie schließen den sogenannten **Öffnungswinkel α** an der Spitze des Kegels ein.

Die Abwicklung der Mantelfläche eines Kreiskegels ist ein **Kreissektor** mit **Mittelpunktswinkel φ**. Der Radius dieses Sektors ist die Mantellinie m des Kegels. Die Länge des Kreisbogens b entspricht dem Umfang u des Grundkreises. Die Mantelfläche M des Kegels entspricht der Fläche des Kreissektors.

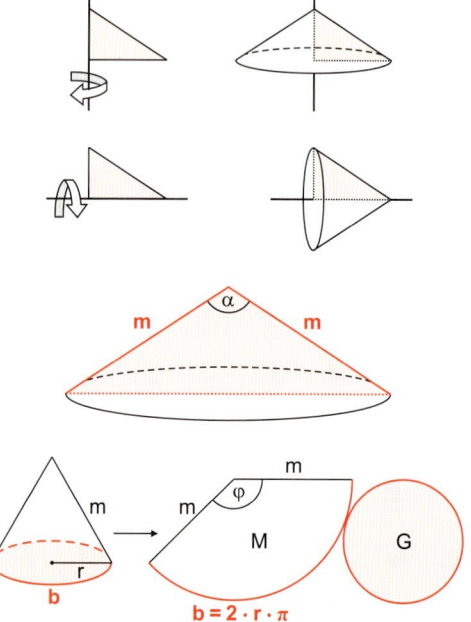

Training Grundwissen: 3 Grundwissen 10. Klasse

Merke

Eigenschaften von Kegeln
- Die Höhe h eines Kegels ist der Abstand der Spitze S von der Grundfläche.
- Die Abwicklung der **Mantelfläche M** ist ein Kreissektor.
- Die **Oberfläche O** besteht aus der Mantelfläche und dem Grundkreis.

Volumen:
$$V = \frac{1}{3} \cdot A_G \cdot h$$
$$V = \frac{1}{3} \cdot r^2 \cdot \pi \cdot h$$

Mantelfläche: $M = \frac{1}{2} \cdot b \cdot m$ oder: $M = \frac{\varphi}{360°} \cdot m^2 \cdot \pi$

$M = r \cdot \pi \cdot m$

Oberfläche: $O = M + A_G$

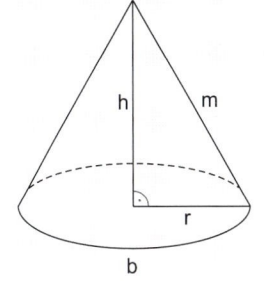

$O = r \cdot \pi \cdot (m + r)$

Mittelpunktswinkel φ der Abwicklung der Mantelfläche:

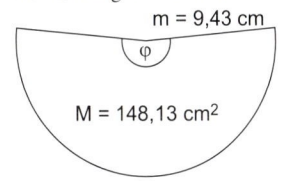

$$\varphi = \frac{r}{m} \cdot 360°$$

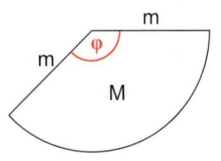

Beispiel

Berechne das Volumen, die Mantelfläche und den Mittelpunktswinkel φ der abgewickelten Mantelfläche für einen Kegel mit den Maßen r = 5 cm und h = 8 cm.

Lösung:
Berechnung des Volumens:

$$V = \frac{1}{3} \cdot r^2 \cdot \pi \cdot h$$

$$V = \frac{1}{3} \cdot (5\,\text{cm})^2 \cdot \pi \cdot 8\,\text{cm}$$

$$V = 209{,}44\,\text{cm}^3$$

Berechnung der Mantelfläche:

$M = r \cdot \pi \cdot m$

$M = 5\,\text{cm} \cdot \pi \cdot \sqrt{(5\,\text{cm})^2 + (8\,\text{cm})^2}$

$M = 5 \cdot \pi \cdot 9{,}43\,\text{cm}^2$

$M = 148{,}13\,\text{cm}^2$

Berechnung der Mantellinie m mit dem Satz des Pythagoras

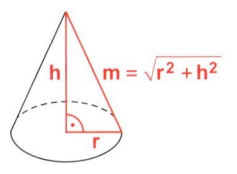

$m = \sqrt{r^2 + h^2}$

Berechnung des Mittelpunktswinkels:

$M = \dfrac{\varphi}{360°} \cdot m^2 \cdot \pi \quad \Big| \cdot \dfrac{360°}{m^2 \cdot \pi}$

$\varphi = \dfrac{M \cdot 360°}{m^2 \cdot \pi}$

$\varphi = \dfrac{148{,}13\,\text{cm}^2 \cdot 360°}{(9{,}43\,\text{cm})^2 \cdot \pi}$

$\varphi = 190{,}89°$

Abwicklung der Mantelfläche:
m = 9,43 cm
M = 148,13 cm²

oder:

$$\varphi = \frac{r}{m} \cdot 360°$$

$$\varphi = \frac{5\,\text{cm}}{9,43\,\text{cm}} \cdot 360°$$

$$\varphi = 190,88°$$

Aufgaben

192 Ein Kegel hat die Mantellinie m = 5 cm und den Radius r = 2,5 cm.
a) Zeige, dass die Abwicklung der Mantelfläche ein Halbkreis ist.
b) Zeige allgemein, dass die Mantelfläche immer ein Halbkreis ist, wenn der Axialschnitt ein gleichseitiges Dreieck ergibt.

193 Ein Kegel mit Radius r = 5 cm und Höhe h = 8 cm wird von einer zur Grundfläche parallelen Ebene in einem Abstand von 3 cm geschnitten. Dabei entsteht ein 3 cm hoher Kegelstumpf.
Berechne Volumen und Mantelfläche des entstandenen Kegelstumpfes.

Tipp ✏ Differenz zweier Kegel

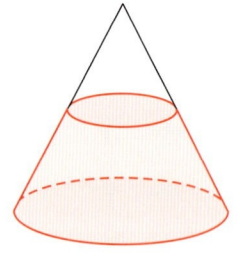

194 Das Dreieck ABC mit a = 5 cm, b = 6 cm und c = 7 cm rotiert um die Seite c. Dabei entsteht ein Doppelkegel.
Berechne Volumen und Oberfläche des Doppelkegels und zeichne den Axialschnitt dazu.

Interaktive Aufgaben
✏ 16. Kegel: Mantellinie
✏ 17. Kegel: Oberfläche
✏ 18. Tipi

Funktionale Abhängigkeiten und Extremwertberechnungen – Schnitt durch einen Kegel

Beispiel

Ein Kegel hat einen Radius von 3 cm und eine Höhe von 12 cm. Dieser Kegel wird durch eine zur Grundfläche parallele Ebene in einem Abstand von x cm zum Mittelpunkt M der Grundfläche geschnitten. Die Schnittfläche ist ein Kreis mit Radius r_K. Mit der Spitze S bildet dieser Kreis wieder neue Kegel mit dem Axialschnitt A_nB_nS.
a) Zeichne den Axialschnitt A_1B_1S des Kegels für x = 5 cm.
b) Berechne den Radius r_K der abgeschnittenen Kegel in Abhängigkeit von x.
c) Berechne die Mantelfläche der abgeschnittenen Kegel in Abhängigkeit von x.
d) Für welchen x-Wert beträgt die Mantelfläche des abgeschnittenen Kegels 2π cm²?

Training Grundwissen: 3 Grundwissen 10. Klasse

Lösung:

a)

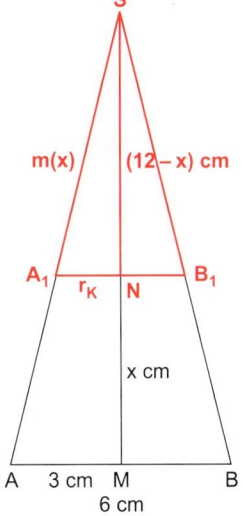

[Figure: Cone cross-section with apex S, points A_1, B_1 at top of inner section, r_K and N at center, A, M (3 cm), B at base (6 cm total), height x cm from M to N, $(12-x)$ cm from N to S, slant $m(x)$ from A_1 to S.]

(Zeichnung im Maßstab 1 : 2)

b) Vierstreckensatz mit Zentrum S:

$$\frac{r_K}{\overline{AM}} = \frac{\overline{SN}}{\overline{SM}} \quad | \cdot \overline{AM}$$

$$r_K = \frac{\overline{SN}}{\overline{SM}} \cdot \overline{AM}$$

$$r_K(x) = \frac{(12-x)\,\text{cm}}{12\,\text{cm}} \cdot 3\,\text{cm}$$

$$r_K(x) = \frac{(12-x)}{4}\,\text{cm}$$

$$r_K(x) = \left(3 - \frac{1}{4}x\right)\,\text{cm}$$

c) Bestimme zunächst die Mantellinie $\overline{SA_n} = m$.

Vierstreckensatz mit Zentrum S:

$$\frac{m}{\overline{SA}} = \frac{\overline{SN}}{\overline{SM}} \quad | \cdot \overline{SA}$$

$$m = \frac{\overline{SN}}{\overline{SM}} \cdot \overline{SA}$$

$$m(x) = \frac{(12-x)\,\text{cm}}{12\,\text{cm}} \cdot \overline{SA} \qquad \text{Bestimme } \overline{SA} \text{ im rechtwinkligen Dreieck AMS.}$$

$$m(x) = \frac{12-x}{12} \cdot \sqrt{\overline{AM}^2 + \overline{MS}^2}$$

$$m(x) = \left(1 - \frac{1}{12}x\right) \cdot \sqrt{3^2 + 12^2}\,\text{cm}$$

$$m(x) = (12{,}37 - 1{,}03x)\,\text{cm}$$

Mantelfläche der abgeschnittenen Kegel:
$M = r_K(x) \cdot \pi \cdot m(x)$

$M(x) = \left(3 - \frac{1}{4}x\right) \cdot \pi \cdot (12{,}37 - 1{,}03x) \, cm^2$

$M(x) = (37{,}11 - 3{,}09x - 3{,}09x + 0{,}26x^2) \cdot \pi \, cm^2$

$M(x) = (0{,}26x^2 - 6{,}18x + 37{,}11) \cdot \pi \, cm^2$

d) $\quad M(x) = (0{,}26x^2 - 6{,}18x + 37{,}11) \cdot \pi \, cm^2$
$\quad \wedge \; M(x) = 2\pi \, cm^2$

$\Rightarrow \; (0{,}26x^2 - 6{,}18x + 37{,}11) \cdot \pi = 2\pi \quad (I = II) \; |:\pi \quad$ π lässt sich durch Division beseitigen.

$\Leftrightarrow \quad 0{,}26x^2 - 6{,}18x + 37{,}11 = 2 \quad |-2$

$\Leftrightarrow \quad 0{,}26x^2 - 6{,}18x + 35{,}11 = 0 \quad$ Allgemeine Form der quadratischen Gleichung

$D = (-6{,}18)^2 - 4 \cdot 0{,}26 \cdot 35{,}11 \quad$ Diskriminante $D = b^2 - 4ac$

$D = 1{,}678$

$\Leftrightarrow \; x_{1/2} = \dfrac{6{,}18 \pm \sqrt{1{,}678}}{2 \cdot 0{,}26} \quad$ x_1 ist keine Lösung, da der Kegel nur 12 cm hoch ist und er daher im Abstand von 14,38 cm von der Grundfläche nicht von einer Ebene geschnitten werden kann.

$(x_1 = 14{,}38) \; \vee \; x_2 = 9{,}39$

$\mathbb{L} = \{9{,}39\}$

Für $x = 9{,}39$ beträgt die Mantelfläche $2\pi \, cm^2$.

Aufgaben

195 Einem Kegel mit Radius 4 cm und Höhe 10 cm sind Zylinder mit Radius x cm einbeschrieben.
a) Zeichne den Axialschnitt des Kegels und des einbeschriebenen Zylinders für $x = 2$ ein.
b) Berechne die Höhe der Zylinder in Abhängigkeit von x.
c) Berechne die Mantelfläche der Zylinder in Abhängigkeit von x.
d) Berechne den x-Wert, für den der Zylinder mit der größten Mantelfläche entsteht.
e) Prüfe rechnerisch, ob es einen Zylinder gibt, dessen Mantelfläche halb so groß ist wie die Mantelfläche des Kegels.

196 Ein Kegel hat eine Höhe von 10 cm. Der Radius beträgt 2 cm. Die Höhe wird um x cm verkürzt und der Radius um x cm verlängert.
a) Zeichne den Axialschnitt ABS des Kegels und den Axialschnitt $A_1B_1S_1$ des veränderten Kegels für $x = 2$.
b) Berechne die Länge der Mantellinie m der veränderten Kegel mit Axialschnitt $A_nB_nS_n$ in Abhängigkeit von x.
c) Für welchen x-Wert erhält man die kürzeste Mantellinie?
d) Für welchen x-Wert ist die Mantellinie 9 cm lang?

Interaktive Aufgabe

19. Kegel: Mantelfläche

Kugel

Eine **Kugel** entsteht, wenn ein Halbkreis um seinen Durchmesser rotiert. Der Mittelpunkt M des Durchmessers ist gleichzeitig auch der Mittelpunkt der Kugel.

Der Axialschnitt einer Kugel ist ein Kreis mit Radius r. Schneidet man die Kugel mit einer beliebigen Ebene, so entstehen als Schnitte Kreise mit Radien r' ≤ r.

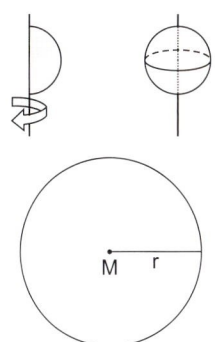

Merke

Eigenschaften von Kugeln
Jeder Punkt auf der **Oberfläche O** einer Kugel ist gleich weit vom **Mittelpunkt M** der Kugel entfernt.
Oberfläche: $O = 4 \cdot r^2 \cdot \pi$
Volumen: $V = \frac{4}{3} \cdot r^3 \cdot \pi$

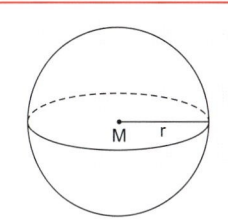

Beispiel

Ein Fußball hat einen Radius von 11 cm. Berechne Oberfläche und Volumen. Vernachlässige dabei, dass ein Fußball nur näherungsweise eine Kugel ist.

Lösung:
Berechnung der Oberfläche:
$O = 4 \cdot r^2 \cdot \pi$
$O = 4 \cdot (11\,\text{cm})^2 \cdot \pi$
$O = 1520{,}53\,\text{cm}^2$

Berechnung des Volumens:
$V = \frac{4}{3} \cdot (11\,\text{cm})^3 \cdot \pi$
$V = 5575{,}28\,\text{cm}^3$
$V = 5{,}58\,\text{dm}^3 \quad (V = 5{,}58\,\ell)$

Aufgaben

197 Die Abbildung zeigt den Axialschnitt einer Designer-Glasschüssel. Er rotiert um die Symmetrieachse f.
a) Welches Fassungsvermögen besitzt die Schüssel?
b) Welches Volumen besitzt die Schüssel?
c) Welche Oberfläche besitzt die Schüssel?

Tipp Zerlege die Oberfläche in Teilflächen verschiedener Grundkörper.

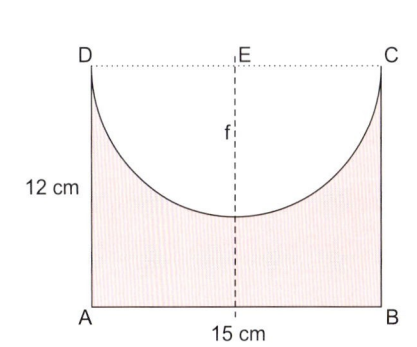

198 In einem Zylinder mit Radius r = 5 cm und Höhe h = 8 cm befindet sich eine Kugel.
a) Berechne die Oberfläche und das Volumen der größtmöglichen Kugel und zeichne einen Axialschnitt.
b) Welchen prozentualen Anteil am Volumen des Zylinders nimmt das Kugelvolumen ein?

199 Berechne das Volumen der Inkugel und der Umkugel des Kegels, dessen Axialschnitt abgebildet ist, wenn für den Kegel gilt:
Radius r = 5 cm und Höhe h = 8 cm.

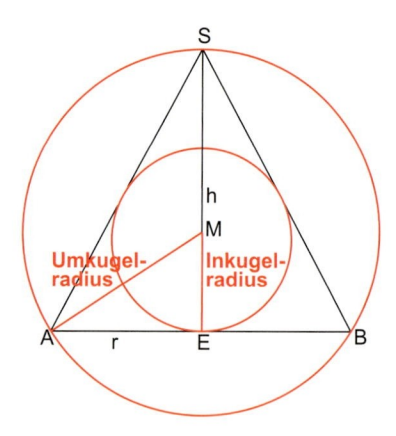

200 Einer Kugel mit Radius 5 cm wird ein Zylinder mit 6 cm Höhe einbeschrieben. Berechne das Volumen des einbeschriebenen Zylinders (Axialschnitt ABCD).

✏ 20. Bowlingkugel
✏ 21. Planet

Funktionale Abhängigkeiten und Extremwertberechnungen

Beispiel

Einem Kegel ist eine Kugel einbeschrieben. Der Kegel hat einen Radius von 6 cm und eine Höhe von 8 cm.
a) Zeichne den Axialschnitt ABS des Kegels mit einbeschriebener Kugel und berechne den Radius der Inkugel.
b) Gib den prozentualen Anteil des Kugelvolumens am Volumen des Kegels an.
c) In den Raum über der Inkugel wird eine weitere Kugel in den Kegel einbeschrieben.
In welchem Verhältnis stehen die Volumina der beiden Kugeln?
In welchem Verhältnis stehen die Oberflächen der beiden Kugeln?
In welchem Verhältnis stehen die Radien der beiden Kugeln? Was fällt dir auf?

Lösung:
a)

Der Axialschnitt der Inkugel ist der Inkreis des Dreiecks ABS. Der Inkreismittelpunkt M ist der Schnittpunkt der Winkelhalbierenden im Dreieck ABS.

(Zeichnung im Maßstab 1 : 2)

Im rechtwinkligen Dreieck AES gilt:

$\tan \alpha = \dfrac{\overline{ES}}{\overline{AE}}$

$\tan \alpha = \dfrac{8\text{ cm}}{6\text{ cm}}$

$\tan \alpha = 1{,}3333\ldots$

$\alpha = 53{,}13°$

Also: $\sphericalangle EAM = \dfrac{\alpha}{2} = 26{,}57°$

Im rechtwinkligen Dreieck AEM gilt:

$\tan \dfrac{\alpha}{2} = \dfrac{\overline{EM}}{\overline{AE}} \qquad |\cdot \overline{AE}$

$\overline{EM} = \tan \dfrac{\alpha}{2} \cdot \overline{AE}$

$\overline{EM} = \tan 26{,}57° \cdot 6\text{ cm}$

$\overline{EM} = 3{,}00\text{ cm} = r_{\text{Inkugel}}$

b) Berechnung des Kugelvolumens:

$V_{\text{Kugel}} = \dfrac{4}{3} \cdot r_{\text{Inkugel}}{}^3 \cdot \pi$

$V_{\text{Kugel}} = \dfrac{4}{3} \cdot (3{,}00\text{ cm})^3 \cdot \pi$

$V_{\text{Kugel}} = 113{,}10\text{ cm}^3$

Berechnung des Kegelvolumens:

$V_{\text{Kegel}} = \dfrac{1}{3} \cdot r_{\text{Kegel}}{}^2 \cdot \pi \cdot h$

$V_{\text{Kegel}} = \dfrac{1}{3} \cdot (6\text{ cm})^2 \cdot \pi \cdot 8\text{ cm}$

$V_{\text{Kegel}} = 301{,}59\text{ cm}^3$

Berechnung des prozentualen Anteils:

$\dfrac{V_{\text{Kugel}}}{V_{\text{Kegel}}} = \dfrac{113{,}10}{301{,}59} = 0{,}375 = 37{,}5\ \%$

c) Vierstreckensatz mit Zentrum S:

$\dfrac{\overline{HD}}{\overline{AE}} = \dfrac{\overline{SD}}{\overline{SE}} \qquad |\cdot \overline{AE}$

$\overline{HD} = \dfrac{\overline{SD}}{\overline{SE}} \cdot \overline{AE}$

$\overline{HD} = \dfrac{\overline{SE} - 2 \cdot r_{\text{Inkugel}}}{8\text{ cm}} \cdot 6\text{ cm}$

$\overline{HD} = \dfrac{8\text{ cm} - 2 \cdot 3\text{ cm}}{8\text{ cm}} \cdot 6\text{ cm}$

$\overline{HD} = \dfrac{2\text{ cm}}{8\text{ cm}} \cdot 6\text{ cm}$

$\overline{HD} = 1{,}5\text{ cm}$

Betrachte das Dreieck HDT:

$\sphericalangle DHT = \sphericalangle EAM = \dfrac{\alpha}{2} = 26{,}57°$

Berechne den Grundkreisradius $\overline{HD}$ des Kegels mit Axialschnitt HIS.

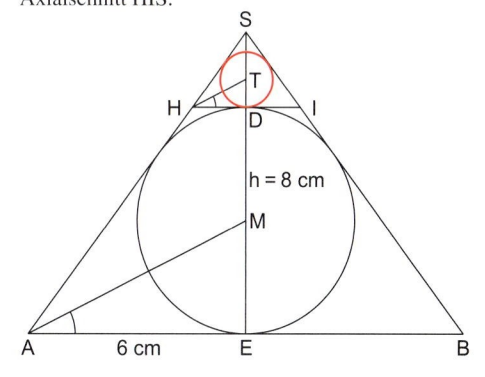

[HT] ist die Winkelhalbierende des Winkels DHS (Inkreiskonstruktion).

Stufenwinkel!

Berechnung des Radius r_{klein} der kleinen Inkugel:

$$\tan\frac{\alpha}{2} = \frac{\overline{DT}}{\overline{HD}} \qquad |\cdot \overline{HD} \qquad r_{klein} = \overline{DT}$$

$$\overline{DT} = \overline{HD} \cdot \tan\frac{\alpha}{2}$$

$$\overline{DT} = 1,5\,cm \cdot \tan 26,57°$$

$$\overline{DT} = 0,75\,cm = r_{klein}$$

Berechnung der Volumina:

$$V_{klein} = \frac{4}{3} \cdot r_{klein}{}^3 \cdot \pi = \frac{4}{3} \cdot (0,75\,cm)^3 \cdot \pi = 1,77\,cm^3$$

$$V_{groß} = 113,10\,cm^3 \quad \text{(siehe Teilaufgabe b)}$$

Berechnung der Oberflächen:

$$O_{klein} = 4 \cdot r_{klein}{}^2 \cdot \pi = 4 \cdot (0,75\,cm)^2 \cdot \pi = 7,07\,cm^2$$

$$O_{groß} = 4 \cdot r_{Inkugel}{}^2 \cdot \pi = 4 \cdot (3\,cm)^2 \cdot \pi = 113,10\,cm^2$$

Aufstellen der Verhältnisse:

$$\frac{V_{groß}}{V_{klein}} = \frac{113,10\,cm^3}{1,77\,cm^3} = \frac{64}{1}$$

$$\frac{O_{groß}}{O_{klein}} = \frac{113,10\,cm^2}{7,07\,cm^2} = \frac{16}{1}$$

$$\frac{r_{groß}}{r_{klein}} = \frac{3\,cm}{0,75\,cm} = \frac{4}{1}$$

Beobachtung: Vervierfacht sich der Radius, dann nimmt die Oberfläche auf das 4^2-Fache und das Volumen auf das 4^3-Fache zu!

Hinweis: Diese Beobachtung stimmt für alle Kugeln, deren Radius vervierfacht wird, und ist unabhängig vom ursprünglichen Radius:

$$\frac{V_{groß}}{V_{klein}} = \frac{\frac{4}{3} \cdot (4r)^3 \cdot \pi}{\frac{4}{3} \cdot r^3 \cdot \pi} = \frac{4^3 r^3}{r^3} = \frac{4^3}{1}$$

$$\frac{O_{groß}}{O_{klein}} = \frac{4 \cdot (4r)^2 \cdot \pi}{4 \cdot r^2 \cdot \pi} = \frac{4^2 r^2}{r^2} = \frac{4^2}{1}$$

Aufgabe 201

Aus einem rechteckigen Stück Blech ABCD mit $\overline{AB} = 5\,cm$ und $\overline{BC} = 3\,cm$ werden zwei Viertelkreise ausgeschnitten. Es gilt $r_1 = \overline{CF_n}$ und $r_2 = \overline{BF_n} = x\,cm$.
Dieses Blech rotiert um die Achse [BC].
a) Skizziere den Rotationskörper, der dabei entsteht.
b) Berechne die Oberfläche des Körpers in Abhängigkeit von x.
c) Für welchen x-Wert entsteht der Körper mit der kleinsten Oberfläche?
d) Für welchen x-Wert entsteht ein Körper mit $100\pi\,cm^2$ Oberfläche?

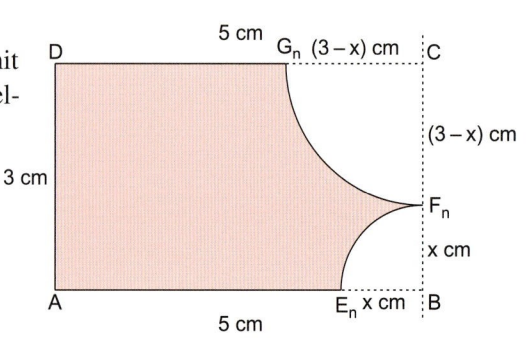

▶ **Komplexe Aufgaben**

Komplexe Aufgaben

Wenn du dich in den Inhalten der vorhergehenden Kapitel fit fühlst, kannst du anhand der folgenden komplexen Aufgaben die wichtigsten Themengebiete der Abschlussprüfung intensiv trainieren. Alle Zwischen- und Endergebnisse sind auf 2 Stellen nach dem Komma zu runden.

Quadratische Funktionen

Aufgaben

1

Die Parabel p: $y = -x^2 + 6x - 4$ mit $\mathbb{G} = \mathbb{R} \times \mathbb{R}$ schneidet die Gerade g: $y = \frac{1}{4}x - 2$ mit $\mathbb{G} = \mathbb{R} \times \mathbb{R}$ in den Punkten P und Q.

a) Zeichne die Gerade g und die Parabel p in ein Koordinatensystem und gib die Definitionsmenge und die Wertemenge der Parabel p an.
   Platzbedarf: $-1 \leq x \leq 6$; $-4 \leq y \leq 5$
   [Teilergebnis: S(3|5)]

b) Berechne die Koordinaten der Schnittpunkte P und Q.

c) Die Punkte A_n auf der Parabel p und die Punkte B_n auf der Geraden g haben dieselbe Abszisse x und bewegen sich zwischen den Punkten P und Q. Die Punkte A_n und B_n sind Eckpunkte von Quadraten $A_n B_n C_n D_n$.
   Zeichne für x = 1 die Strecke $[A_1 B_1]$ und das zugehörige Quadrat $A_1 B_1 C_1 D_1$.

d) Ermittle die Länge der Strecken $[A_n B_n]$ in Abhängigkeit von x und gib den Umfang der Quadrate in Abhängigkeit von x an.
   [Teilergebnis: $\overline{A_n B_n}(x) = (-x^2 + 5{,}75x - 2)$ LE]

e) Für welchen x-Wert entsteht das Quadrat mit dem größten Umfang?
   Gib den Flächeninhalt dieses Quadrats an.

f) Für welche x-Werte entstehen Quadrate mit der Seitenlänge 3 LE?

g) Welches der abgebildeten Diagramme stellt die Länge der Strecken $\overline{A_n B_n}$ in Abhängigkeit von der x-Koordinate der Punkte A_n dar? Begründe kurz.

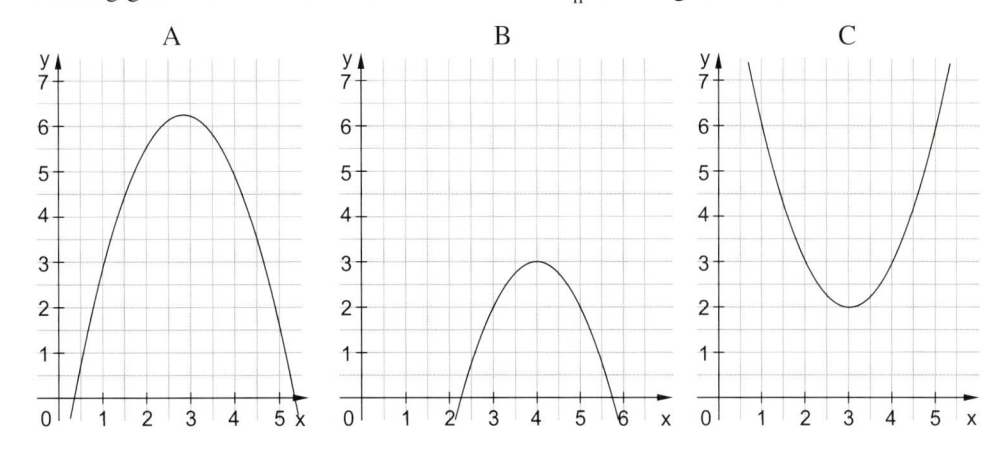

2 Die Parabel p hat die Gleichung $y = -\frac{1}{4}x^2 + x - 4$ mit $\mathbb{G} = \mathbb{R} \times \mathbb{R}$. Die Gerade g hat die Gleichung $y = \frac{1}{2}x + 2$ mit $\mathbb{G} = \mathbb{R} \times \mathbb{R}$.

a) Berechne die Koordinaten des Scheitelpunktes S der Parabel und gib ihre Definitions- und Wertemenge an.
Zeichne anschließend die Parabel p und die Gerade g in ein Koordinatensystem.
Platzbedarf: $-6 \leq x \leq 8$; $-11 \leq y \leq 5$

b) Punkte A_n auf der Parabel p und Punkte C_n auf der Geraden g haben jeweils die gleiche Abszisse x und sind zusammen mit Punkten B_n und D_n Eckpunkte von Rauten $A_nB_nC_nD_n$. Für alle Rauten gilt: $\overline{B_nD_n} = 5$ LE.
Zeichne die Raute $A_1B_1C_1D_1$ für $x = -1$ in das Koordinatensystem ein.

c) Berechne zunächst die Länge der Diagonale $[A_nC_n]$ in Abhängigkeit von x und anschließend den Flächeninhalt der Raute $A_2B_2C_2D_2$ für $x = 5\frac{1}{2}$.
$\left[\text{Ergebnis: } \overline{A_nC_n}(x) = \left(\frac{1}{4}x^2 - \frac{1}{2}x + 6\right) \text{LE}\right]$

d) Stelle den Flächeninhalt der Rauten $A_nB_nC_nD_n$ in Abhängigkeit von der Abszisse x dar und berechne sodann den kleinstmöglichen Flächeninhalt A_{min}.

e) Überprüfe rechnerisch, ob es unter den Rauten $A_nB_nC_nD_n$ Quadrate gibt.

3 Die Punkte $U(-2|7)$ und $V(8|2)$ liegen auf der Parabel p: $y = \frac{1}{4}x^2 + bx + c$ mit $\mathbb{G} = \mathbb{R} \times \mathbb{R}$. Die Gerade g hat die Gleichung g: $y = \frac{1}{2}x + 2$ mit $\mathbb{G} = \mathbb{R} \times \mathbb{R}$.

a) Berechne die Gleichung der Parabel p und zeichne die Parabel p und die Gerade g in ein Koordinatensystem.
Platzbedarf: $-3 \leq x \leq 10$; $-5 \leq y \leq 9$

b) Berechne die Koordinaten der Schnittpunkte A und B der Geraden g mit der Parabel p, wobei gilt: $x_A > x_B$.

c) Zeichne die Gerade h, die parallel zur Geraden g und durch den Punkt $P(1|-3,75)$ verläuft, in das Koordinatensystem ein und ermittle die Gleichung der Geraden h.

d) Die Punkte C_n liegen auf der Geraden h und sind Eckpunkte von Dreiecken ABC_n. Zeichne das Dreieck ABC_1 für $C_1(2|?)$ in das Koordinatensystem ein und berechne die Seitenlängen der Dreiecksseiten sowie die Maße α (des Winkels BAC_1), β (des Winkels C_1BA) und γ der Innenwinkel des Dreiecks ABC_1.

e) Zeige, dass es zwei gleichschenklige Dreieck ABC_n mit der Basis $[BC_n]$ gibt und zeichne eines davon als ABC_2 in das Koordinatensystem ein.

4 Die Parabel p hat die Gleichung p: $y = -x^2 - 2x + 3$ mit $\mathbb{G} = \mathbb{R} \times \mathbb{R}$. Die Gerade g hat die Gleichung g: $y = -3x + 3,25$ mit $\mathbb{G} = \mathbb{R} \times \mathbb{R}$.

a) Erstelle für die Parabel p eine Wertetabelle für $x \in [-4; 4]$ in Schritten von $\Delta x = 1$ und zeichne die Parabel p und die Gerade g in ein Koordinatensystem.
Für die Zeichnung: $-4 \leq x \leq 3$; $-5 \leq y \leq 5$; Längeneinheit 1 cm.

b) Berechne die Nullstellen der Parabel p und gib die Koordinaten der Schnittpunkte mit der x-Achse an.

c) Zeige rechnerisch, dass die Gerade g Tangente an die Parabel p ist, und gib die Koordinaten des Berührpunktes B an.

Komplexe Aufgaben

d) Die Punkte A_n und C_n liegen auf der Parabel p und sind zusammen mit dem Punkt B Eckpunkte von Dreiecken A_nBC_n. Die Abszisse der Punkte C_n ist stets um 2 größer als die Abszisse x der Punkte A_n.
Zeichne das Dreieck A_1BC_1 für $x = -2{,}5$ in das Koordinatensystem ein.

e) Gib an, für welche Werte von x Dreiecke A_nBC_n existieren.

f) Die Dreiecke A_2BC_2 und A_3BC_3 haben einen Flächeninhalt von 5 FE.
Berechne die zugehörigen Werte für x.

Ebene Geometrie

Aufgaben 5

In einem Windpark stehen bereits 3 Windräder in den Punkten A, B und C.

a) Fertige eine Skizze des Windparks anhand folgender Messdaten im Maßstab 1:4 000 an.
$\overline{AB} = 220\,m$; $\sphericalangle CBA = 50°$; $\sphericalangle BAC = 75°$

b) Der Mindestabstand zwischen den einzelnen Windrädern muss 180 m betragen, um Windschatten zu vermeiden.
Rechne nach, ob dieser Mindestabstand eingehalten wurde.

c) Der Betreiber des Windparks will ein viertes Windrad im Punkt D errichten. Es soll von den Windrädern in A und C genau den Mindestabstand besitzen.
Zeichne das Windrad ein und berechne das Maß δ des Winkels ADC.
[Teilergebnis: $\delta = 69{,}71°$]

d) Wegen möglicher Gefahren durch herabfallendes Eis sollte sich im Umkreis von 40 m um jedes der Windräder niemand aufhalten.
Berechne den Anteil des Gefahrenbereichs an der Gesamtfläche des Grundstücks ABCD in Prozent.

e) Ein Wartungsgebäude H soll gleich weit von den Windrädern A, B und C entfernt sein.
Zeichne den Standort H ein und berechne die Entfernung von den drei Windrädern.
[Teilergebnis: $\overline{HA} = 134{,}29\,m$]

f) Wie weit ist der Weg vom Wartungsgebäude H zum Windrad D?

Komplexe Aufgaben

6 Ein Dreieckssegel ABC ist in den Punkten K und C am Mast befestigt. Es hat folgende Maße:
$\overline{AB} = 8$ m; $\overline{KC} = 12$ m; $\sphericalangle KAC = 70°$.

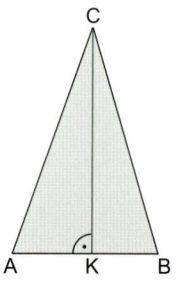

a) Berechne $\overline{CA}$ und zeichne das Segel im Maßstab 1 : 100.

b) Berechne das Maß β des Winkels CBK und die Länge der Seite [BC].

c) In 2 m Entfernung von C liegt auf der Strecke [CA] der Punkt D. Vom Punkt D aus verläuft ein Holzstab zur Verstärkung des Segels parallel zur Strecke [AB] zum Punkt E auf [BC]. Der Holzstab ist im Punkt T am Mast befestigt.
Zeichne diesen Stab und die genannten Punkte ein und berechne die Länge $\overline{DE}$ des Stabes sowie den Abstand des Stabes vom Punkt C.

d) Ein weiterer Stab [FG] verläuft parallel zu [DE] (F ∈ [CA], G ∈ [BC]). Dieser Stab ist im Punkt Z am Mast befestigt. Der Punkt Z ist x m vom Punkt C entfernt.
Berechne die Länge $\overline{FG}$ des Stabes in Abhängigkeit von x.

e) Der Punkt Z wurde so gewählt, dass der Stab [FG] das Segeltuch ABC in zwei gleich große Flächen teilt.
Berechne den zugehörigen Wert für x und zeichne den Stab [FG] ein.

f) Berechne den prozentualen Anteil des trapezförmigen Segeltuchteils FGED an der Gesamtfläche des Segels.

g) Das Segel wird mit einem roten Kreis verziert. Der Schnittpunkt Z der Strecke [FG] mit der Strecke [KC] ist der Mittelpunkt dieses Kreises k. k ist der größtmögliche Kreis mit Mittelpunkt Z, der noch vollständig im Segeltuch ABC eingezeichnet werden kann.
Zeichne den Kreis ein und berechne seinen Flächeninhalt.

h) Als weitere Verzierung wird ein Kreissektor rot eingefärbt. Der Kreissektor mit Mittelpunkt B berührt den Kreis k.
Zeichne den zugehörigen Kreisbogen $\overset{\frown}{PQ}$ ein, wobei P ∈ [BC] und Q ∈ [AB].
Berechne den Flächeninhalt dieses Sektors.

i) Berechne den Flächeninhalt der im Viereck ZKBG nicht rot gefärbten Restfläche.

j) Um das Segel zu verstärken, wird ein Seil von A nach E eingenäht.
Wie lang ist die Strecke [AE] und welches Maß α_1 hat der Winkel EAC?

7 Das Fünfeck ABCDE ist die Grundform eines symmetrischen Flugdrachens. Es gilt:
$\overline{AM} = \overline{ME} = 80$ cm; $\overline{AC} = \overline{CM} = 40$ cm;
$\overline{AB} = \overline{BC}$; β = 26,57°; $\overline{ED} = 60$ cm

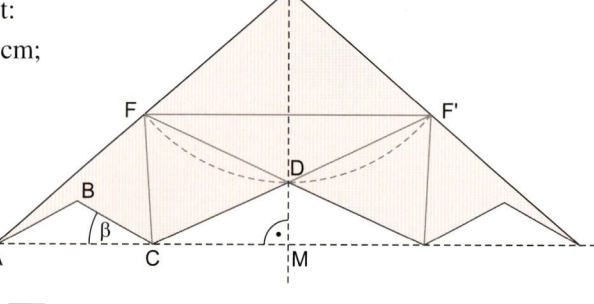

a) Zeichne den Bauplan im Maßstab 1 : 20 und berechne die Länge der Strecken [AB] und [CD] sowie das Maß γ des Winkels EDC.
[Teilergebnisse: $\overline{AB} = 22,36$ cm; $\overline{CD} = 44,72$ cm; γ = 116,57°]

b) Wie groß ist die Segelfläche (Flächeninhalt) des Flugdrachens auf cm² gerundet?
[Teilergebnis: A = 5 200 cm²]

c) Der Kreis um E mit Radius r = $\overline{DE}$ schneidet die Strecke [AE] im Punkt F.
   Berechne die Länge der Querverstrebungen [DF] und [FF'] sowie das Maß α des Winkels DFE.
   [Teilergebnisse: $\overline{DF}$ = 45,92 cm; $\overline{FF'}$ = 84,85 cm]

d) Um den Flugdrachen für höhere Windstärken zu versteifen, sollen zwei zusätzliche Stangen [DP] und [DP'] eingebaut werden, wobei P ∈ [EF] und P' ∈ [EF']. Diese beiden Stangen sollen möglichst kurz sein.
   Zeichne diese beiden Stangen ein und berechne ihre Länge.

e) Das Viereck EFDF' soll mit gelbem Segeltuch bespannt werden.
   Welchen Anteil an der Gesamtfläche in Prozent nimmt das gelbe Segeltuch ein?

f) Wie lang ist der Holm [FC]?
   [Teilergebnis: ∢EDF = 67,50°]

8 Das Trapez ABCD mit [AB] ∥ [CD] ist die Grundform eines Klettergerüsts im Kindergarten. Es besitzt folgende Maße:
$\overline{AB}$ = 4 m; $\overline{MB}$ = 2 m; $\overline{EC}$ = h = 1,50 m;
∢ACB = 90°; ∢BAD = α = 45°.

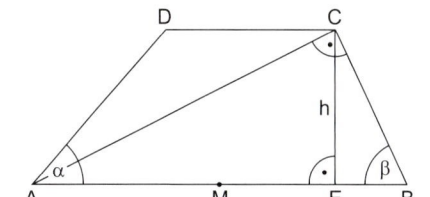

a) Zeichne das Klettergerüst im Maßstab 1:50.

b) Berechne das Maß ω des Winkels BMC, das Maß β des Winkels CBA und die Länge der Strecke [BC].
   [Teilergebnisse: ω = 48,59°; $\overline{BC}$ = 1,65 m]

c) Berechne den Umfangs des Klettergerüsts.
   [Teilergebnisse: $\overline{AF}$ = 1,50 m; $\overline{EB}$ = 0,68 m]

d) Vom Punkt D verläuft eine Stahlstange kreisbogenförmig zum Punkt Q auf [AC]. Zeichne den Bogen ein und berechne die Bogenlänge b des Kreisbogens $\stackrel{\frown}{DQ}$. (Der Mittelpunkt des zugehörigen Kreises ist der Punkt C.)

e) Auf der Strecke [DA] liegt der Punkt P. Von P nach Q verläuft eine Stange parallel zur Strecke [DC]. Zeichne die Stange ein und berechne ihre Länge.

f) Wie hoch ist die Stange [PQ] über dem Boden befestigt?

Raumgeometrie

Aufgaben

9 Die Raute ABCD mit der 12 cm langen Diagonalen [AC] und der 9 cm langen Diagonalen [BD] ist die Grundfläche einer Pyramide ABCDS. Die Spitze S liegt dabei senkrecht über dem Diagonalenschnittpunkt M. Das Maß α des Winkels MAS beträgt 60°.

a) Zeichne ein Schrägbild mit q = 0,5, ω = 30°. [AC] soll auf der Schrägbildachse liegen.

b) Berechne die Länge von [AS].

c) Die Punkte P_n auf der Kante [AS] sind x cm von A entfernt und sind Spitzen von Pyramiden $ABDP_n$.
Zeichne die Pyramide $ABDP_1$ für x = 7 in das Schrägbild ein.
Berechne dann das Volumen der Pyramide $ABDP_1$ und das Maß ε des Neigungswinkels P_1MA der Seitenfläche BDP_1 zur Grundfläche.

d) Ermittle rechnerisch die Streckenlänge $\overline{MP_n}$ in Abhängigkeit von x.
[Teilergebnis: $\overline{MP_n}(x) = \sqrt{x^2 - 6x + 36}$ cm]

e) Berechne die zugehörigen x-Werte, sodass die Strecken [MP_n] jeweils 5,5 cm lang sind.

f) Die Pyramide $ABDP_2$ hat das Volumen V = 50 cm³.
Berechne den zugehörigen Wert für x, die Streckenlänge $\overline{MP_2}$ und das Maß φ des Winkels AP_2M.
[Teilergebnis: $V(x) = 4{,}5\sqrt{3} \cdot x$ cm³]

10 Ein gerader Kegel hat einen Grundkreisradius von 2 cm und eine Höhe von 8 cm. Verlängert man den Radius um x cm und verkürzt man die Höhe gleichzeitig um 2x cm, so entstehen neue Kegel.

a) Zeichne den Axialschnitt ABS des ursprünglichen Kegels und den Axialschnitt $A_1B_1S_1$ des veränderten Kegels für x = 2,5.
Berechne dann das Maß α des Winkels zwischen der Mantellinie und der Grundfläche des Kegels mit Axialschnitt $A_1B_1S_1$.

b) Berechne den Flächeninhalt des Axialschnitts $A_nB_nS_n$ in Abhängigkeit von x.
[Teilergebnis: $A_{\Delta A_nB_nS_n}(x) = [-2x^2 + 4x + 16]$ cm²]

c) Berechne den Radius und die Höhe des Kegels, für den der Axialschnitt $A_nB_nS_n$ den maximalen Flächeninhalt besitzt. Gib A_{max} an.

d) Berechne den Wert für x, für den ein Axialschnitt $A_2B_2S_2$ mit 12 cm² Flächeninhalt entsteht.

e) Berechne das Maß ε des Winkels $S_3B_3A_3$ für den Kegel, der für den x-Wert 1,5 entsteht.

f) Für welchen x-Wert ist die Streckenlänge $\overline{B_nS_n}$ 6 cm lang?
[Teilergebnis: $\overline{B_nS_n} = \sqrt{5x^2 - 28x + 68}$ cm]

g) Berechne das Maß φ des Mittelpunktswinkels des Kreissektors, den man als Abwicklung der Mantelfläche des Kegels mit der 6 cm langen Mantellinie m erhält.

Komplexe Aufgaben 159

11 Das gleichseitige Dreieck ABC mit der Seitenlänge a = 6 cm ist Grundfläche eines geraden Prismas ABCDEF mit der Höhe $\overline{AD}$ = 6 cm.

a) Zeichne ein Schrägbild des Prismas ABCDEF. Dabei soll [AC] auf der Schrägbildachse liegen. Für die Zeichnung: $q = \frac{1}{2}$; $\omega = 45°$.

b) Punkte P_n mit $\overline{CP_n}$ = x cm (x < 6; x ∈ $\mathbb{R}^+$) liegen auf der Strecke [CF] und bilden mit den Punkten A und B gleichschenklige Dreiecke ABP_n.
Zeichne das Dreieck ABP_1 für x = 4 in das Schrägbild zu Teilaufgabe a ein und berechne das Maß ε_1 des Winkels CMP_1, wobei M Mittelpunkt von [AB] ist.

c) Berechne den Flächeninhalt des Dreiecks ABP_1.

d) Berechne das größte Maß ε_{max} der Winkel CMP_n.

e) Der Punkt C ist die Spitze der Pyramide ABP_1C. Berechne die Höhe dieser Pyramide und zeichne sie ein.

f) Berechne den Umfang des Dreiecks ABP_2 für ε_2 = 40°.

g) Berechne das Volumen des Körpers mit den Eckpunkten ABP_nDEF in Abhängigkeit von x.

h) Das Volumen der Pyramide $ABCP_3$ beträgt 80 % des maximalen Volumens der Pyramiden $ABCP_n$. Berechne das Maß ε_3 des Winkels CMP_3.

i) T ist der Mittelpunkt der Seite [DE]. Berechne das Maß γ des Winkels TP_1M.

12 Die Raute ABCD mit den Diagonalenlängen $\overline{AC}$ = 10 cm und $\overline{BD}$ = 8 cm ist die Grundfläche der Pyramide ABCDS. Die Spitze S liegt senkrecht über dem Diagonalenschnittpunkt M der Grundfläche mit $\overline{MS}$ = 8 cm.

a) Zeichne das Schrägbild der Pyramide ABCDS, wobei [BD] auf der Schrägbildachse liegen soll.
Für die Zeichnung gilt: $q = \frac{1}{2}$; $\omega = 60°$.

b) Berechne das Maß δ des Winkels BSD sowie die Länge der Strecke [AS].

c) Eine zur Grundfläche parallele Ebene schneidet die Pyramide im Abstand von x cm zur Grundfläche. Die Schnittflächen sind die Rauten $P_nQ_nR_nT_n$ mit P_n ∈ [AS], Q_n ∈ [BS], R_n ∈ [CS] und T_n ∈ [DS]. Die Diagonalenschnittpunkte der Rauten $P_nQ_nR_nT_n$ sind die Punkte U_n mit $\overline{MU_n}$ = x cm. Der Punkt M ist die Spitze von Pyramiden $P_nQ_nR_nT_nM$.
Zeichne die Pyramide $P_1Q_1R_1T_1M$ für x = 5 in die Zeichnung zu Teilaufgabe a ein.
Gib an, für welche Werte von x es Pyramiden $P_nQ_nR_nT_nM$ gibt.

d) Berechne das Maß ε des Winkels R_1P_1S sowie die Länge der Strecke [U_1T_1].

e) Berechne den Flächeninhalt der Rauten $P_nQ_nR_nT_n$ in Abhängigkeit von x.
[Teilergebnisse: $\overline{T_nQ_n}(x)$ = (8 – x) cm; A(x) = (0,625x^2 – 10x + 40) cm²]

f) Schwer: Die Seitenkante [MQ_2] der Pyramide $P_2Q_2R_2T_2M$ schließt mit der Kante [BS] den Winkel BQ_2M = 60° ein. Berechne den zugehörigen x-Wert.
[Teilergebnis: x = 3,43]

g) Der Flächeninhalt der Raute $P_3Q_3R_3T_3$ beträgt 32 cm². Berechne das zugehörige Winkelmaß φ des Winkels MQ_3S.

▶ **Aufgaben im Stil der Prüfung**

Aufgaben im Stil der Prüfung
Mathematik II/III

Teil A

Aufgabe A 1

A 1.0 Die Spannung einer Autobatterie beträgt 12 V. Vergisst man, das Licht auszuschalten, so verringert sich die Spannung der Batterie alle 25 min um jeweils 15 %. Die Spannung y Volt der Batterie nach x min lässt sich daher nach folgender Funktionsgleichung berechnen:
$f: y = 12 \cdot 0{,}85^{0{,}04x}$

3 Punkte

A 1.1 Ergänzen Sie für die Funktion f folgende Wertetabelle. Runden Sie auf eine Stelle nach dem Komma. Zeichnen Sie dann den Graphen der Funktion ein.

x	0	25	50	75	100
y					

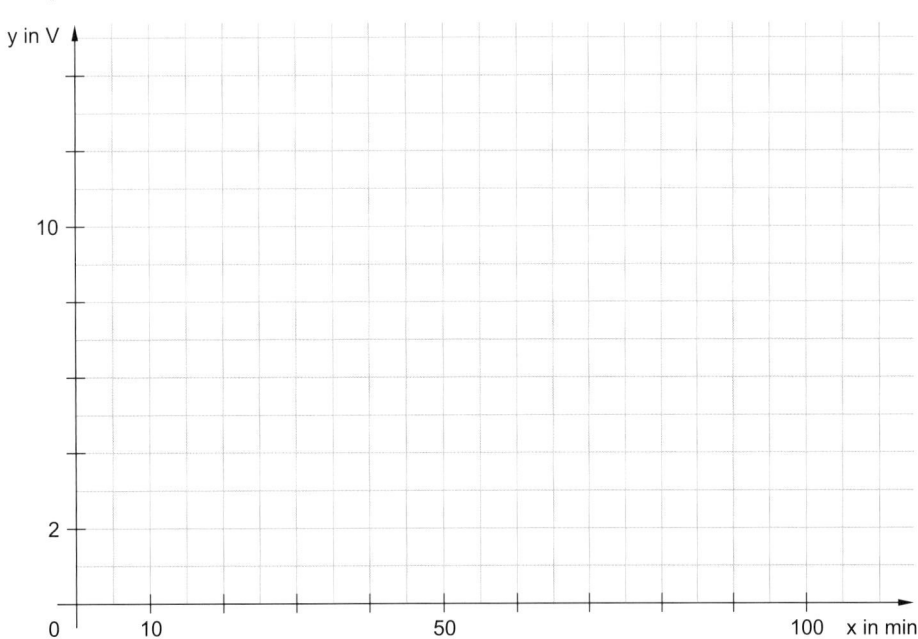

2 Punkte

A 1.2 Entnehmen Sie dem Graphen, wie lange es dauert, bis die Spannung der Batterie auf 8 V gesunken ist.

2 Punkte

A 1.3 Berechnen Sie, welche Spannung die Batterie nach drei Stunden besitzt. Runden Sie auf eine Stelle nach dem Komma.

Aufgabe A 2

A 2.0 Gegeben ist das Viereck ABCD (siehe Skizze). Es gelten folgende Maße:
$\overline{DA} = 16$ cm; $\overline{BC} = 30$ cm; $\sphericalangle CBD = 60°$.
Der Flächeninhalt A des Dreiecks ABD beträgt 180 cm².
Hinweis für die Berechnungen:
Runden Sie jeweils auf eine Stelle nach dem Komma.

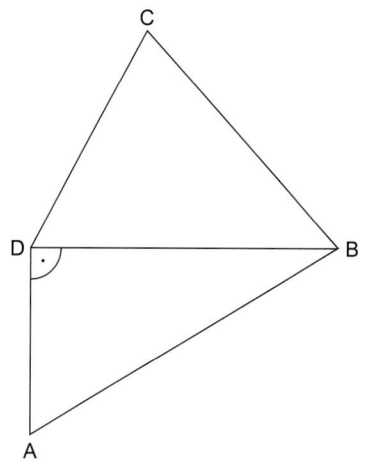

4 Punkte   **A 2.1** Zeigen Sie, dass für das Maß δ des Winkels BDC gilt: δ = 74,2°.
[Teilergebnisse: $\overline{BD} = 22{,}5$ cm; $\overline{CD} = 27{,}0$ cm]

1 Punkt   **A 2.2** Berechnen Sie den Flächeninhalt des Dreiecks DBC.

2 Punkte   **A 2.3** Berechnen Sie den Umfang des Vierecks ABCD.

Aufgabe A 3

5 Punkte   **A 3.0** Das Schrägbild zeigt den Dachstuhl einer Kirche mit rechteckiger Grundfläche und gleichschenkligen Seitendreiecken (Maße in m). Das Dach soll neu gedeckt werden. Wie viele Quadratmeter Dachziegel werden benötigt?
Es gelten folgende Maße: a = 30 m; b = 16,50 m; c = 18 m; α = ε = 60°.

Schrägbild:

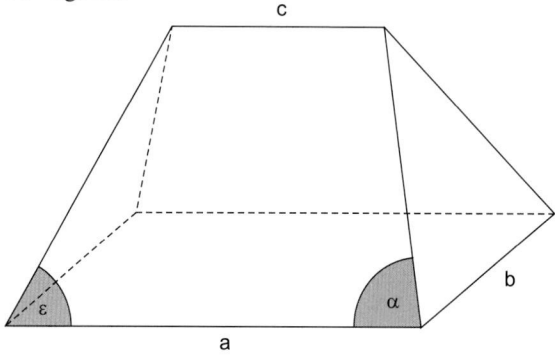

19 Punkte

Teil B

Aufgabe B 1

B 1.0 Die Parabel p: $y = -0{,}5x^2 + bx + c$ verläuft durch die Punkte $A(-2\,|\,0)$ und $C(5\,|\,3{,}5)$. Die Gerade g hat die Gleichung $3{,}5x + 7y = 7$.

4 Punkte — **B 1.1** Bestimmen Sie die Gleichung der Parabel p. Zeichnen Sie die Parabel p und die Gerade g in ein Koordinatensystem.
Platzbedarf: $-3 \leq x \leq 7;\ -4 \leq y \leq 8$
[Teilergebnis: p: $y = -0{,}5x^2 + 2x + 6$]

2 Punkte — **B 1.2** Die Punkte $D_n\,(x\,|\,-0{,}5x^2 + 2x + 6)$ auf der Parabel p sind Eckpunkte von Drachenvierecken AB_nCD_n mit Symmetrieachse AC. Zeichnen Sie das Drachenviereck AB_1CD_1 für $x = 2$ ein. Geben Sie anschließend an, für welche x-Werte solche Drachenvierecke existieren.

3 Punkte — **B 1.3** Berechnen Sie den Flächeninhalt der Drachenvierecke AB_nCD_n in Abhängigkeit von x.
[Teilergebnis: $A(x) = (-3{,}5x^2 + 10{,}5x + 35)$ FE]

1 Punkt — **B 1.4** Bestimmen Sie die x-Koordinate von D_0 für das Drachenviereck AB_0CD_0 mit dem größten Flächeninhalt.

5 Punkte — **B 1.5** Unter den Drachenvierecken gibt es nur eine Raute AB_2CD_2. Zeichnen Sie diese Raute ein und berechnen Sie dann die Koordinaten des Punktes D_2.

2 Punkte — **B 1.6** Es existieren zwei Drachenvierecke mit 5 FE Flächeninhalt. Berechnen Sie die zugehörigen x-Koordinaten der Punkte D_n.

17 Punkte

Aufgabe B 2

B 2.0 Einem rechtwinkligen Dreieck ABC mit den Kathetenlängen $\overline{AB} = 4$ cm und $\overline{BC} = 5$ cm werden Rechtecke $D_nBE_nF_n$ mit $\overline{D_nB} = x$ cm einbeschrieben.
Skizze:

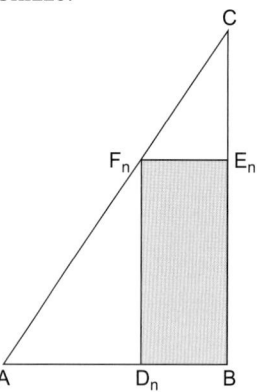

B 2.1 Das Dreieck ABC und die Rechtecke $D_nBE_nF_n$ rotieren um die Achse BC.
Zeichnen Sie einen Axialschnitt des Rotationskörpers, der für den Wert $x = 1{,}5$ entsteht.

B 2.2 Berechnen Sie das Maß φ des Öffnungswinkels des Kegels sowie das Volumen und die Oberfläche des Kegels.

B 2.3 Berechnen Sie die Höhe der entstehenden Zylinder in Abhängigkeit von x.

B 2.4 Zeigen Sie, dass sich die Mantelfläche der Zylinder folgendermaßen darstellen lässt: $M(x) = (-2{,}5x^2 + 10x) \cdot \pi$ cm^2
Zeigen Sie dann rechnerisch, dass es nur einen Zylinder gibt, dessen Mantelfläche 10π cm^2 beträgt.

B 2.5 Für welche Belegung von x erhält man den Zylinder mit der größtmöglichen Mantelfläche? Geben Sie die maximale Mantelfläche an und zeichnen Sie den Axialschnitt PQRN dieses Zylinders ein.

B 2.6 Im Rechteck $D_2BE_2F_2$ beträgt der Winkel F_2BD_2 genau 60°. Berechnen Sie den prozentualen Anteil des Volumens des zugehörigen Zylinders am Volumen des Kegels.

▶ **Original-
Abschlussprüfung**

Abschlussprüfung an Realschulen 2019
Bayern – Mathematik II/III

Teil A

Aufgabe A 1

A 1.0 Pia möchte einen Flugdrachen bauen. Dazu erstellt sie nebenstehende Skizze eines Drachenvierecks ABCD mit der Symmetrieachse AC und dem Diagonalenschnittpunkt M.

Es gilt:
$\overline{AB} = 95$ cm; $\overline{AC} = 150$ cm; $\overline{BC} = 75$ cm.

Runden Sie im Folgenden auf Ganze.

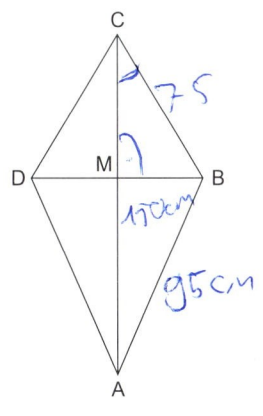

2 Punkte A 1.1 Zeigen Sie rechnerisch, dass für das Maß des Winkels ACB gilt:
$\sphericalangle ACB = 32°$.

2 Punkte A 1.2 Berechnen Sie die Länge der Diagonale [BD] und den Flächeninhalt A des Drachenvierecks ABCD.
[Ergebnis: $\overline{BD} = 79$ cm]

1 Punkt A 1.3 Da es im Baumarkt nur Holzstäbe mit einer Länge von 100 cm gibt, beschließt Pia, für die Diagonale [AC] diese Länge zu verwenden. Die Diagonale [BD] bleibt unverändert.

Kreuzen Sie an, um wie viel Prozent sich der Flächeninhalt dadurch verringert.

☐ 25 %   ☐ 33 %   ☐ 50 %   ☒ 67 %

Aufgabe A 2

A 2.0 Gegeben sind die Parabeln p_1 mit der Gleichung $y = 0{,}4x^2 - 1{,}8x - 4$ und p_2 mit der Gleichung $y = -0{,}2x^2 + 1{,}5x + 1$ ($\mathbb{G} = \mathbb{R} \times \mathbb{R}$).
Runden Sie im Folgenden auf zwei Stellen nach dem Komma.

A 2.1 Punkte $B_n(x \mid 0{,}4x^2 - 1{,}8x - 4)$ auf p_1 und Punkte $C_n(x \mid -0{,}2x^2 + 1{,}5x + 1)$ auf p_2 haben dieselbe Abszisse x. Sie sind zusammen mit $A(0 \mid 1)$ für $x \in \,]0;\,6{,}74[$ Eckpunkte von Dreiecken AB_nC_n.
Zeichnen Sie das Dreieck AB_1C_1 für $x = 3$ in das Koordinatensystem zu A 2.0 ein.
Zeigen Sie sodann, dass für die Länge der Strecken $[B_nC_n]$ in Abhängigkeit von der Abszisse x der Punkte B_n gilt:
$\overline{B_nC_n}(x) = (-0{,}6x^2 + 3{,}3x + 5)$ LE.

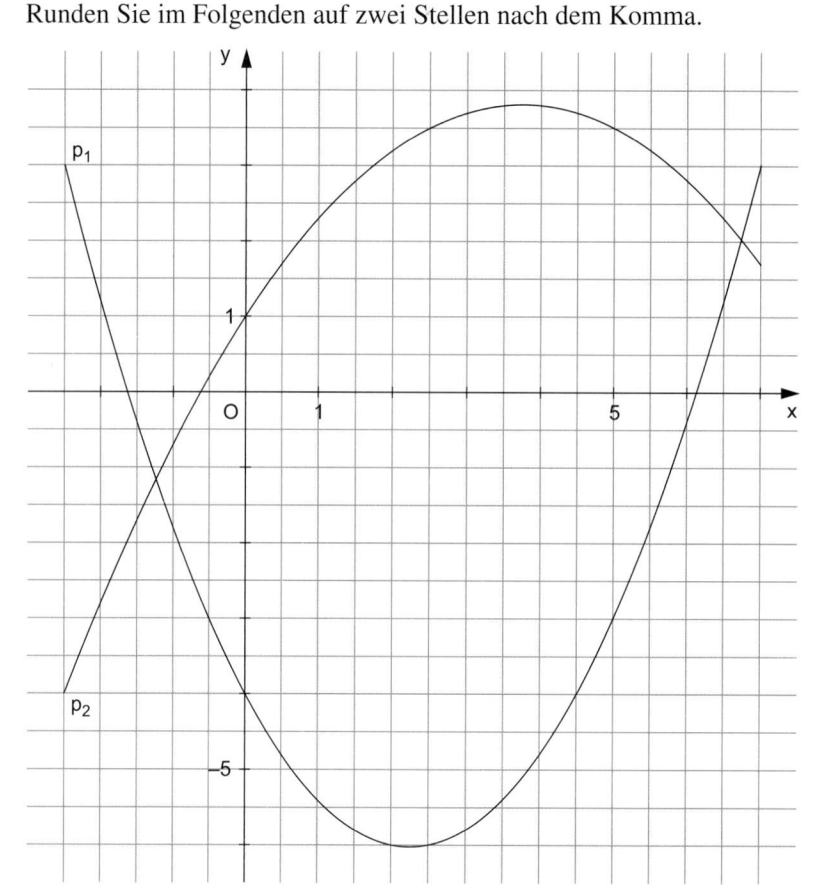

2 Punkte

A 2.2 Begründen Sie, weshalb es unter den Dreiecken AB_nC_n kein Dreieck AB_0C_0 gibt, dessen Seite $[B_0C_0]$ eine Länge von 10 LE besitzt.

1 Punkt

A 2.3 Die Mittelpunkte M_n der Seiten $[B_nC_n]$ haben dieselbe Abszisse x wie die Punkte B_n.
Zeigen Sie, dass für die y-Koordinate y_{M_n} der Punkte M_n gilt:
$y_{M_n} = 0{,}1x^2 - 0{,}15x - 1{,}5$.

3 Punkte

A 2.4 Das Dreieck AB_2C_2 ist gleichschenklig mit der Basis $[B_2C_2]$.
Berechnen Sie die x-Koordinate des Punktes M_2.

Aufgabe A 3

A 3.0 Die nebenstehende Skizze zeigt den Axialschnitt ABCDEFGH eines Körpers mit der Rotationsachse MS. Diese Skizze dient als Vorlage zur Herstellung einer Sitzgelegenheit.
Es gilt:
$\overline{AM} = \overline{GO} = \overline{FN} = 21$ cm; AM ∥ GO ∥ FN;
$\overline{FG} = 5$ cm; FG ∥ ED; ∢ASM = 16°;
$\overline{MN} = 45$ cm.

Runden Sie im Folgenden auf eine Stelle nach dem Komma.

A 3.1 Berechnen Sie die Längen der Strecken [MS] und [HC].
[Ergebnisse: $\overline{MS} = 73,2$ cm; $\overline{HC} = 19,0$ cm]

A 3.2 Bestimmen Sie rechnerisch das Volumen V des Rotationskörpers.

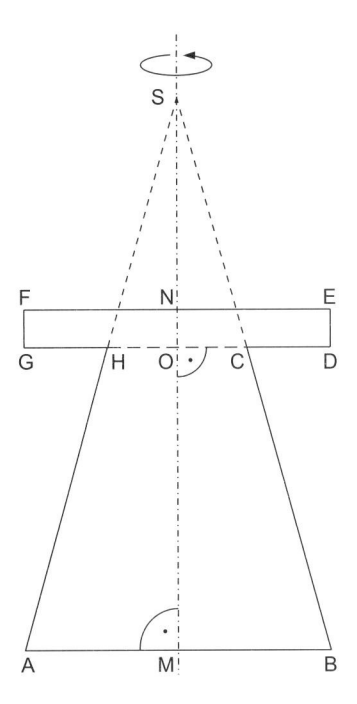

Teil B

Aufgabe B 1

B 1.0 Nebenstehende Skizze zeigt das Trapez ABCD.

Es gilt:
$\overline{AB} = 7$ cm; $\overline{BC} = 10$ cm; $\overline{AC} = 14$ cm;
$\sphericalangle CAD = 50°$; AB ∥ CD.

Runden Sie im Folgenden auf zwei Stellen nach dem Komma.

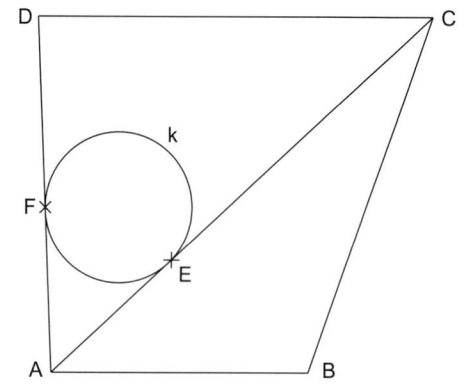

4 Punkte   **B 1.1** Zeichnen Sie das Trapez ABCD und berechnen Sie das Maß β des Winkels CBA sowie das Maß ε des Winkels BAC.
[Ergebnisse: β = 109,62°; ε = 42,28°]

3 Punkte   **B 1.2** Die Strecke [BP] ist die kürzeste Verbindung des Punktes B zur Strecke [AC].
Ergänzen Sie in der Zeichnung zu B 1.1 die Strecke [BP].
Berechnen Sie sodann den Umfang u des Dreiecks ABP.

3 Punkte   **B 1.3** Berechnen Sie den Flächeninhalt A des Trapezes ABCD.
[Ergebnis: A = 83,51 cm²]

3 Punkte   **B 1.4** Der Kreis k mit dem Mittelpunkt M berührt die Strecke [AC] im Punkt E und die Strecke [AD] im Punkt F. Für den Radius r gilt: $r = \overline{ME} = \overline{MF} = 2$ cm.
Ergänzen Sie in der Zeichnung zu B 1.1 den Kreis k mit dem Mittelpunkt M.
Berechnen Sie sodann den prozentualen Anteil des Flächeninhalts des Kreises k am Flächeninhalt des Trapezes ABCD.

4 Punkte   **B 1.5** Berechnen Sie den Flächeninhalt der Figur, die durch die Strecken [AE] und [AF] sowie den Kreisbogen $\overset{\frown}{FE}$ mit dem zugehörigen Mittelpunkt M begrenzt wird.

17 Punkte

Aufgabe B 2

B 2.0 Die nebenstehende Skizze zeigt ein Schrägbild der Pyramide ABCDS mit der Höhe [AS], deren Grundfläche das Drachenviereck ABCD mit dem Diagonalenschnittpunkt M ist.

Es gilt:
$\overline{AC} = 9$ cm; $\overline{AM} = 3$ cm; $\overline{BD} = 8$ cm; $\overline{AS} = 10$ cm.
Runden Sie im Folgenden auf zwei Stellen nach dem Komma.

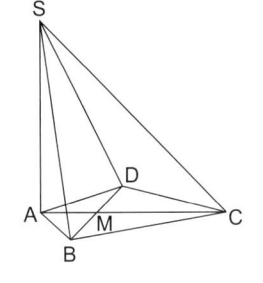

B 2.1 Zeichnen Sie das Schrägbild der Pyramide ABCDS, wobei die Strecke [AC] auf der Schrägbildachse und der Punkt A links vom Punkt C liegen soll.
Für die Zeichnung gilt: $q = \frac{1}{2}$; $\omega = 45°$. **Links vom Punkt A sind 5 cm frei zu halten.**
Berechnen Sie sodann die Länge der Strecke [MS] und das Maß φ des Winkels SMA.
[Ergebnisse: $\overline{MS} = 10{,}44$ cm; $\varphi = 73{,}30°$]

B 2.2 Für Punkte P_n auf der Strecke [MS] gilt: $\overline{SP_n}(x) = x$ cm ($x \in \mathbb{R}$ und $0 < x < 10{,}44$).
Verlängert man die Diagonale [AC] über den Punkt A hinaus um $1{,}5x$ cm, so erhält man Punkte A_n und es entstehen neue Pyramiden $A_n BCDP_n$.
Zeichnen Sie die Pyramide $A_1 BCDP_1$ und die zugehörige Höhe $[P_1 F_1]$ mit dem Höhenfußpunkt $F_1 \in [A_1 C]$ für $x = 3$ in das Schrägbild zu B 2.1 ein.

B 2.3 Berechnen Sie das Maß α des Winkels $MA_1 P_1$.

B 2.4 Zeigen Sie rechnerisch, dass für das Volumen V der Pyramiden $A_n BCDP_n$ in Abhängigkeit von x gilt: $V(x) = (-1{,}92x^2 + 8{,}48x + 120)$ cm^3.
[Teilergebnis: $\overline{P_n F_n}(x) = (10 - 0{,}96x)$ cm]

B 2.5 Unter den Pyramiden $A_n BCDP_n$ hat die Pyramide $A_0 BCDP_0$ das maximale Volumen V_{max}. Berechnen Sie, um wie viel Prozent V_{max} größer als das Volumen der ursprünglichen Pyramide ABCDS ist.

B 2.6 Zwei der folgenden Graphen stellen nicht das Volumen der Pyramiden $A_n BCDP_n$ in Abhängigkeit von x dar. Geben Sie diese an und begründen Sie Ihre Entscheidung.

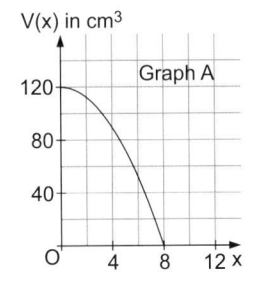

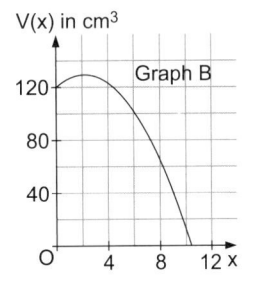

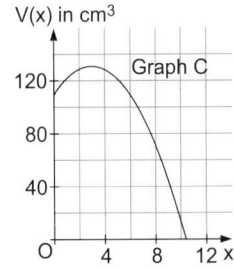

Abschlussprüfung an Realschulen 2020
Bayern – Mathematik II/III

Das Corona-Virus hat im vergangenen Schuljahr auch die Prüfungsabläufe durcheinandergebracht und manches verzögert. Daher sind die Aufgaben zur Prüfung 2020 in diesem Jahr nicht im Buch abgedruckt, sondern erscheinen in digitaler Form. Sobald die Original-Prüfungsaufgaben 2020 zur Veröffentlichung freigegeben sind, können sie als PDF auf der Plattform MyStark heruntergeladen werden. Deinen persönlichen Zugangscode findest du vorne im Buch.

Prüfung 2020

www.stark-verlag.de/mystark

Notizen

Notizen

ONLINE LERNEN

mit **STARK** und StudySmarter

STARK LERNINHALTE GIBT ES AUCH ONLINE!

Deine Vorteile:

- ✔ Auch einzelne Lerneinheiten – sofort abrufbar
- ✔ Gratis Lerneinheiten zum Testen

WAS IST STUDYSMARTER?

StudySmarter ist eine intelligente **Lern-App** und **Lernplattform**, auf der du …

- ✔ deine Mitschriften aus dem Unterricht hochladen,
- ✔ deine Lerninhalte teilen und mit der Community diskutieren,
- ✔ Zusammenfassungen, Karteikarten und Mind-Maps erstellen,
- ✔ dein Wissen täglich erweitern und abfragen,
- ✔ individuelle Lernpläne anlegen kannst.

Google Play

Apple App Store

StudySmarter – die Lern-App kostenlos bei Google Play oder im Apple App Store herunterladen. Gleich anmelden unter: **www.StudySmarter.de/schule**

Richtig lernen, bessere Noten
7 Tipps wie's geht

1. **15 Minuten geistige Aufwärmzeit** Lernforscher haben beobachtet: Das Gehirn braucht ca. eine Viertelstunde, bis es voll leistungsfähig ist. Beginne daher mit den leichteren Aufgaben bzw. denen, die mehr Spaß machen.

2. **Ähnliches voneinander trennen** Ähnliche Lerninhalte, wie zum Beispiel Vokabeln, sollte man mit genügend zeitlichem Abstand zueinander lernen. Das Gehirn kann Informationen sonst nicht mehr klar trennen und verwechselt sie. Wissenschaftler nennen diese Erscheinung „Ähnlichkeitshemmung".

3. **Vorübergehend nicht erreichbar** Größter potenzieller Störfaktor beim Lernen: das Smartphone. Es blinkt, vibriert, klingelt – sprich: es braucht Aufmerksamkeit. Wer sich nicht in Versuchung führen lassen möchte, schaltet das Handy beim Lernen einfach aus.

4. **Angenehmes mit Nützlichem verbinden** Wer englische bzw. amerikanische Serien oder Filme im Original-Ton anschaut, trainiert sein Hörverstehen und erweitert gleichzeitig seinen Wortschatz. Zusatztipp: Englische Untertitel helfen beim Verstehen.

5. **In kleinen Portionen lernen** Die Konzentrationsfähigkeit des Gehirns ist begrenzt. Kürzere Lerneinheiten von max. 30 Minuten sind ideal. Nach jeder Portion ist eine kleine Verdauungspause sinnvoll.

6. **Fortschritte sichtbar machen** Ein Lernplan mit mehreren Etappenzielen hilft dabei, Fortschritte und Erfolge auch optisch sichtbar zu machen. Kleine Belohnungen beim Erreichen eines Ziels motivieren zusätzlich.

7. **Lernen ist Typsache** Die einen lernen eher durch Zuhören, die anderen visuell, motorisch oder kommunikativ. Wer seinen Lerntyp kennt, kann das Lernen daran anpassen und erzielt so bessere Ergebnisse.

Kompakt zusammengefasst.
Wie dein Spickzettel

STARK KOMPAKT

Wir wissen, was Schüler brauchen.

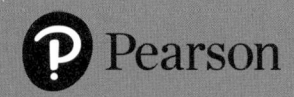

Pearson www.stark-verlag.de **STARK**

schultrainer.de
Der Blog, der Schule macht

Witzige, interessante und schlaue Storys, Fakten und Spiele zum Thema Lernen und Wissen – gibt's nicht? Gibt's doch! Auf **schultrainer.de** machen dich die Lernexperten vom STARK Verlag fit für die Schule.

Schau doch vorbei: **www.schultrainer.de**